Roland Barthes

罗兰·巴尔特文集

Le Neutre
Cours au Collège de France(1977-1978)

中性

法兰西学院课程讲义 (1977—1978)

[法]罗兰·巴尔特 (Roland Barthes) /著

托马·克莱尔 (Thomas Clerc) /文字辑录、诠解、推介

张祖建/译

中国人民大学出版社
·北京·

总　序

罗兰·巴尔特（1915—1980）是已故法兰西学院讲座教授，法国当代著名文学思想家和理论家，结构主义运动主要代表者之一，并被学界公认为法国文学符号学和法国新批评的创始人。其一生经历可大致划分为三个阶段：媒体文化评论期（1947—1962）、高等研究院教学期（1962—1976）以及法兰西学院讲座教授期（1976—1980）。作者故世后留下了5卷本全集约6 000页和3卷本讲演录近千页。这7 000页的文稿，表现出了作者在文学、文化研究和人文科学诸领域内的卓越艺术品鉴力和理论想象力，因此可当之无愧为当代西方影响最大的文学思想家之一。时至今日，在西方人文学内最称活跃的文学理论及批评领域，巴尔特的学术影响力仍然是其他文学批评家和理论家难以企及的。

1980年春，当代法国两位文学理论大师罗兰·巴尔特和保罗·萨特于三周之内相继谢世，标志了第二次世界大战后法国乃至西方两大文学思潮——结构主义和存在主义的终结。4月中旬萨特出殡时，数万人随棺送行，场面壮观；而3月下旬巴尔特在居住地Urt小墓园下葬时，仅有百十位朋友学生送别（包括格雷马斯和福科）。两人都是福楼拜的热爱者和研究者，而彼此的文学实践方式非常不同，最后是萨特得以安息在巴黎著名的Montparnasse墓地内福楼拜墓穴附近。萨特是雅俗共赏的社会名流，巴尔特则仅能享誉学界。

1976年，巴尔特以其欠缺研究生资历的背景（据说20世纪50年代末列维-斯特劳斯还曾否定过巴尔特参加研究生论文计划的资格），在福科推荐下，得以破格进入最高学府法兰西学院。1977年1月，挽臂随其步入就职讲演大厅的是他的母亲。8个月后，与其厮守一生的母亲故世，巴尔特顿失精神依持。在一次伤不致死的车祸后，1980年，时当盛年的巴尔特，竟"自愿"随母而去，留下了有关其死前真实心迹和其未了（小说）写作遗愿之谜。去世前两个月，他刚完成其最后一部讲演稿文本《小说的准备》，这也是他交付法兰西学院及留给世人的最后一部作品。而他的第一本书《写作的零度》，则是他结束6年疗养院读书生活后，对饱受第二次世界大战屈辱的法国文坛所做的第一次"个人文学立场宣言"。这份文学宣言书是直接针对他所景仰的萨特同时期发表的另一份文学宣言书《什么是文学？》的。结果，30年间，没有进入过作为法国智慧资历象征的"高等师范学院"的巴尔特，却逐渐在文学学术思想界取代了萨特的影响力，后者不仅曾为"高师"哲学系高材生，并且日后成为法国第二次世界大战后首屈一指的哲学家。如今，萨特的社会知名度仍然远远大于巴尔特，而后者的学术思想遗产的理论价值则明显超过了前者。不过应当说，两人各为20世纪文学思想留下了一份巨大的精神遗产。

如果说列夫·托尔斯泰是19世纪"文学思想"的一面镜子，我们不妨说罗兰·巴尔特是20世纪"文学思想"的一面镜子（请参阅附论《罗兰·巴尔特：当代西方文学思想的一面镜子》）。欧洲两个世纪以来的社会文化内容和形成条件变迁甚巨，"文学思想"的意涵也各有不同。文学之"思想"不再专指作品的内容（其价值和意义须参照时代文化和社会整体的演变来确定），而须特别指"文学性话语"之"构成机制"（形式结构）。对于20世纪特别是战后的环境而言，"文学实践"的重心或主体已大幅度地转移到批评和理论方面，"文学思想"从而进一步相关于文学实践和文学思想的环境、条件和目的等方面。后者遂与文学的"形式"（能指）研究靠近，而与作为文学实践"材料"（素材）的内容（"所指"）研究疏远。而在当代西方一切文学批评和文学理论领域，处于文学科学派和文学哲学派中间，并处于理论探索和作品分析中间的罗兰·巴尔特文学符号学，遂具有最能代表当代"文学思想"的资格。巴尔特的文学结构主义的影响和意义，也就因此既不限于战后的法国，也不限于文学理论界，而可扩展至以广义"文学"为标志的一般西方思想界了。

中国人民大学出版社编选的这套"罗兰·巴尔特文集"，目前包括10卷12部作品，它们在一定程度上反映了罗兰·巴尔特文学思想的基本面貌。由于版权问题，出版社目前尚不能将他的其他一些重要作品一一收入。① 关心巴尔特文学思想和理论的读者，当然

① 在"10卷12部作品"之后，已经获得版权的巴尔特作品有：《萨德·傅立叶·罗犹拉》（1971）、《明室》（1979）、《中国行日记》（1974）、《哀悼日记》（1977—1979）、《偶遇琐记·作家索莱尔斯》、《恋人絮语》（1974—1976），并有附卷《罗兰·巴尔特最后的日子》（Herve Algalavrondo 著）。——编者注

可以参照国内其他巴尔特译著，以扩大对作者思想学术的更全面了解。此外，文集还精选了菲利普·罗歇（Philippe Roger）的著名巴尔特评传：《罗兰·巴尔特传》（1985），作为本文集的附卷。

现将文集目前所收卷目及中译者列示于下：

1. 写作的零度（1953）·新文学批评论文集（1972）·法兰西学院就职讲演（1977）：李幼蒸

2. 米什莱（1954）：张祖建

3. 文艺批评文集（1964）：张智庭（怀宇）

4. 埃菲尔铁塔（1964）：李幼蒸

5. 符号学原理（1964）：李幼蒸

6. 符号学历险（1985）：李幼蒸

7. 罗兰·巴尔特自述（1976）：张智庭

8. 如何共同生活（讲演集1）（2002）：张智庭

9. 中性（讲演集2）（2002）：张祖建

10. 小说的准备（讲演集3）：李幼蒸

附卷：罗兰·巴尔特传：张祖建

讲演集是在法国巴尔特专家埃里克·马蒂（Eric Marty）主持下根据作者的手写稿和录音带，费时多年编辑而成的。这三部由讲演稿编成的著作与已经出版的5卷本全集中的内容和形式都有所不同，翻译的难度也相对大一些。由于法文符号学和文学批评用语抽象，不易安排法中术语的准确对译，各位译者的理解和处理也就不尽相同，所以这部文集的术语并不强求全部统一，生僻语词则附以原文和适当说明。本文集大致涉及罗兰·巴尔特著作内容中以下五个主要方面：文本理论、符号学理论、作品批评、文化批评、讲演集。关于各卷内容概要和背景介绍，请参见各卷译者序或译后记。

在组织翻译这套文集时，出版社和译者曾多方设法邀约适当人选共同参与译事，但最后能够投入文集翻译工作的目前仅为我们三人。张智庭先生（笔名怀宇）和张祖建先生都是法语专家。张智庭先生为国内最早从事巴尔特研究和翻译的学者之一，且已有不少相关译作出版。早在1988年初的"京津地区符号学座谈会"上，张智庭先生对法国符号学的独到见解即已引起我的注意，其后他陆续出版了不少巴尔特译著。张祖建先生毕业于北京大学法语文学系，后在美国获语言学博士学位，长期在法国和美国任教至今，并有多种理论性译著出版。我本人在法语修养上本来是最无资格处理文学性较强的翻译工作的，最后决定勉为其难，也有主客观两方面原因。一方面，我固然希望有机会将自己的几篇巴尔特旧译纳入文集，但更为主要的动力则源自我本人多年来对作者理论和思想方式的偏爱。大约30年前，当我从一本包含20篇结构主义文章的选集中挑选了巴尔特的《历史的话语》这一篇译出以来，他的思想即成为我研究结构主义和符号学的主要"引线"之一。在比较熟悉哲学性理论话语之后，1977年下半年，我发现了将具体性和抽象性有机结合在一起的结构主义思维方式。而结构主义之中，又以巴尔特的文学符号学最具有普遍的启示性意义。这种认知当然也与我那时开始研习电影符号学的经验有关。我大约是于20世纪70年代末同时将巴尔特的文学符号学和克里斯丁·麦茨、艾柯等人的电影符号学纳入我的研究视野的。1984年回国后，在进行预定的哲学本业著译计划的同时，我竟在学术出版极其困难的条件下，迫不及待地自行编选翻译了那本国内（包括港、澳、台）最早出版的巴尔特文学理论文集，虽然我明知他的思想方式不仅不易为当时长期与世界思想脱节的国内文学理论界主流所了解，也并不易为海外主要熟悉英美文学批评的中国学人所了解。结果两年来在多家出版社连续碰壁，拖延再三之后，才于1988年由三联书店出版（这要感谢当时刚设立的

"世界与中国"丛书计划,该丛书还把我当时无法在电影界出版的一部电影符号学译文集收入)。这次在将几篇旧译纳入本文集时,也趁便对原先比较粗糙的译文进行了改进和订正。我之所以决定承担巴尔特最后之作《小说的准备》的译事工作,一方面是"从感情上"了结我和作者的一段(一相情愿的)"文字缘",即有意承担下来他的第一部和最后一部书的译事,另一方面也想"参与体验"一段作者在母亲去世后心情极度灰暗的最后日子里所完成的最后一次"美学历程"。我自己虽然是"不可救药的"理性主义者,但文学趣味始终是兼及现实主义和唯美主义这两个方向的。

中国人民大学出版社在"列维-斯特劳斯文集"之后决定出版另一位法国结构主义思想家的文集,周蔚华总编、徐莉副总编、人文分社司马兰社长,表现了对新型人文理论的积极关注态度,令人欣慰。本文集策划编辑李颜女士在选题和编辑方面发挥了重要的判断和组织作用。责任编辑姜颖映女士、翟江虹女士、李学伟先生等在审校稿件方面尽心负责,对于译文差误亦多所更正。对于出版社同仁这种热心支持学术出版的敬业精神,我和其他两位译者均表感佩。

最后,我在此对中国人民大学出版社再次约请我担任一部结构主义文集总序的撰写人一事表示谢意。这不仅是对我的学术工作的信任,也为我提供了再一次深入研习罗兰·巴尔特思想和理论的机会。巴尔特文学思想与我们的文学经验之间存在着多层次的距离。为了向读者多提供一些背景参考,我特撰写了"附论"一文载于书后,聊备有兴趣的读者参阅。评论不妥之处,尚期不吝教正。

李幼蒸(国际符号学学会副会长)

2007 年 3 月于美国旧金山湾区

译者前言

从1977年1月到1980年3月6日去世之前，罗兰·巴尔特在法兰西学院连续讲授了三门与"文学符号学"有关的课程，"中性"是其中第二门课（1978年2—6月）。这三门课程虽然题目不同，却有着明显的连贯性，是一个整体。2002年，三门课的讲稿终获刊行。

当年62岁的巴尔特已经达到了事业的顶峰。20世纪50—60年代，他把结构主义语言学的方法运用于符号学理论和叙事学，以及包括服饰在内的各种视觉艺术、饮食、汽车、戏剧和《圣经》等众多社会现象。巴尔特当年是整个结构主义思潮公认的代表人物之一。不过，进入70年代以后，他从理论性著述转入更加关注文化现象的散文写作。

在"中性"这一课程中，巴尔特完全脱离了他一度成功地倡导和示范过的、以二元对立原则为特点的结构主义方法，转向另一个视野——中性，而且直截了当地把中性定义为一个能够消除二元对立原则的概念。他从语法概念"中性"入手，将其涵盖面扩大到写作活动、意识形态、社会和政治行为等不同领域，力图展示中性的非冲突和非说教的性质对于西方认识论、伦理学和政治等话语的丰富意义。巴尔特素以不断开拓知名，关于中性的思想无疑标志着其思想历程的最后一个重要阶段。

关于中性的思想轨迹大概可追溯到巴尔特1953年发表的《写作的零度》。1971年，他在《原样》杂志上把自己20多年来的工作概括为"陶醉于一场追求科学性之梦"。在法兰西学院的《就职演讲》里，他也大谈在"幻象"的指引下"教授己所不知"，这些似乎都预告了他将另辟蹊径。但是直到在这门课上，巴尔特才开始全面阐发关于中性的新思想（虽然备课笔记未能全部讲完）。在讨论中性的23种正面和负面的表现时，巴尔特做出的征引可谓蔚为大观，从老庄、禅宗、古希腊智者和怀疑派、中世纪德国玄学、卢梭、波德莱尔、托尔斯泰、本雅明、纪德、尼采，直到戏剧、音乐和绘画艺术。我们觉得，这些广征博引的用意之一是打消"中性本是消极的"的素常理解，证明中性所展现的前景在无论认识论还是伦理学层面的积极作用：有助于摆脱冲突性的、僵硬的二元思维模式，避开非此即彼的意指作用，以及随之而来的社会行为和责任。此外，例如他说："对于中性的思考是我在与时代的抗争中一种寻找自身风格的方式——一种自由的方式"（《中性》，33页①），"我希望循着细微的差异去生活"（《中性》，

① 指原书页码，即本书边码，后文不再一一注明。——编者注

37 页）。这些话既可视为巴尔特心声的告白，也是他一贯反对权势和因循守旧的鲜明个性的反映。在这门课上，巴尔特还第一次公开了他的案头阅读书目，它们大部分来自于他在乡下的藏书。这些对于研究巴尔特的思想源流无疑都是很有价值的材料。

　　了解巴尔特有关中性的思想，不应忽略这门课的社会背景。我们知道，巴尔特有个著名的社会语言学观点："全部语言结构就是一种普遍化的支配力量……语言为权势服务。"（见《就职演讲》）在后结构主义时期，"个人在日常生活里如何摆脱受到包括语言结构在内的各类权势的支配"是一个法国知识界普遍关心的问题。就在这门课开讲以前，他在接受摩洛哥《见解》杂志的采访时，对于总是被要求取此舍彼，甚至做出凌驾一切的针砭表示厌恶，呼吁享有悬置判断的权利（《巴尔特全集》，第 5 卷，539～540 页）。对于这种关心和忧虑，《中性》再次作出回答。如果说，在上一年的课程"如何共同生活"里，巴尔特提出的答案是"独修"（idiorrhythmie），即每个人都能够从中找到、实现和保存自身生活节奏的方式，"中性"则在更大范围内探讨了冲破语言和观念形态的束缚的方法和前景，尽管巴尔特把"中性"叫做"欲望"和"幻象"，即现实所无的理想境界。

　　那么，"中性"究竟是什么？我们这里只提出几点常见的误解，供读者判断。首先涉及中性的认识论背景。根据索绪尔以来的结构主义语言学传统，A 与 B 两项之间的对立是任何纵聚合关系的基础，即所谓二元性或者二项对立。二者必居其一方可产生意义（例如音位学上的区别性特征）。这种纵聚合关系的二元性却被中性所打破。中性被定义为既非 A，亦非 B，代表着另外一个迥然不同的领域。既如此，它很容易被混同于 A 与 B 中和之后的第三个结构项——零度。在《写作的零度》里，中性曾被用做零度的同义语。

巴尔特在这门课上则试图把中性与零度区别开来，认为后者仍属对立性纵聚合关系，中性却"避开聚合关系和冲突"，是一个"用非聚合关系的强度构成的领域"（《中性》，246 页）。其实，巴尔特两年前在《罗兰·巴尔特自述》中提出的"中性"的定义是与此一致的："中性不是积极与消极的平均值……简单地说，我们不妨认为它是一个跟二律背反相反的东西……在既是语义的，也是冲突性的一组对立当中，中性不是第三项——零度；它位于无限的语链的另一个环节，是一种新的聚合关系的第二项，其原初项是暴力（争斗、赢取、做戏、傲慢）。"（132～133 页）显然，用三元结构取代二元结构绝不是巴尔特的本意。

其次是"中性＝躲避矛盾"。这门课结束以后的 1979 年 2 月，巴尔特在北美《法语评论》的访谈里重申中性"并不是彻底和全面的退隐"，而是要"寻找新的介入领域"。他提醒说，勿把中性当成一副治疗现代社会的弊病的现成良药，他从事的只是一种试验，是为了摆脱观念形态和语言的陈旧代码而发掘新的前景。读者对巴尔特所说的中性将有自己的理解，但至少，巴尔特不会把本质上非说教的中性本身变成说教。

再次涉及如何评价结构主义。巴尔特在这门课上触及结构主义分析方法的定位（只分析意指作用的有效性，不涉及话语的真理性）和局限（只讲对立，缺乏有关程度的方法论概念），而且假如这位结构主义大师能够进一步谈下去的话，那无疑会很有意思。可是，巴尔特看来只是针对二元对立的思想后果而发，目的不是全面否定和清算结构主义，而是指出一条被成见所贬斥，被时代所忽略的不同的思路。

最后，这部讲稿多次引用老庄和禅宗的思想，视之为中性的正面表现。中国读者自然关心巴尔特对东方哲学究竟有多少了解。对此巴尔特其实十分清醒。在上文提到的《法语评论》的采访中，到过日本和中国的巴尔特说，西方人碍于语言很难真正进入东方哲学，他们能看到的"顶多只是一道模糊的光影"；不过，对于西方知识分子来说，东方哲学毕竟代表着"一种真切的外异性"，而且西方需要"我"与"他"之间的碰撞（《巴尔特全集》，第 5 卷，539～540 页）。这些话应当看做巴尔特对待东方思想的基本态度，至于引用得是否处处贴切，倒还在其次。

总之，从《中性》当中，我们可以看到一个思想敏锐深邃、学识广博深厚、拒绝因袭和追求精神自由的巴尔特。借用一个巴尔特喜用的比喻："中性者，波纹之谓也：外表有着细腻的变化，意义或许也有细腻的变化，要看主体从哪个角度关注它。"（《中性》，83 页）希望这个译本有助于读者领会"中性"的丰富性，从而增进对巴尔特晚期思想的了解。

还需对《中性》中文译本体例做如下说明：

——每页脚注为原文注解；也有一些译者说明，都标为译者注。

——原文左侧页边的文字用［［黑体双方括号 10 号字］］括起；

——原文斜体字仍用斜体字。

——凡原文中西文的汉译名，或者汉译的西文原文用字，均用｛｝号扩起；例如 veritas ｛真理｝；原文脚注另有说明者不在此例。

——译者照录了原文注解中的缩写字 OC 表示巴黎色伊出版社 1994—1995 版《罗兰·巴尔特全集》；例如 OC-Ⅲ，177 是指《罗兰·巴尔特全集》卷 3，第 177 页。

译者在翻译过程中参考了《中性》的英译本（*The Neutral*，by Roland Barthes，translated by Rosalind E. Krauss and Denis Holli-

er, Columbia University Press, New York, 2005), 在这里向两位
英语译者致谢。另外要感谢老友比德加拉 (Philippe Bidegaray) 和
吉尔比埃 (Laurent Gerbier) 多次移烛相照,以及人大出版社李颜、
瞿江虹、赵建荣等编辑的细致工作。译者虽尽力大致不离地传达思
想家兼散文家巴尔特的文理和意趣,但疏误与力所不逮之处,还望
得到识者教正。

张祖建

2008 年 9 月 20 日

于加州佛利蒙市

这项巴尔特所授课程的刊行工程已经有一篇总"前言"，本说明为其概要。"前言"的内容详见上一部题为《如何共同生活》的讲稿。

授课进度是编排每一部讲稿的依据。这是真实的阅读节奏，也是巴尔特每次下课以后在手稿上标注的节奏。他逐日注明当日几点讲至何处，下一个星期当从何处讲起。

经过这样的界分，这部讲稿便有了自身的结构，其中包括"特征"或段落的主题，即与整个题旨衔接起来的单位，以及标题、小标题、纵向书写的列举等，后者在一个段落或一项"特征"的内部形成次一级的衔接单位。

我们对课程本身的"文本"采取了尽量少介入

的原则。我们保留了巴尔特在表示例如某种逻辑结构时所运用的一些简写符号。不过，如果某个缩写词属于常见的惯用表达方式（例如《鲁宾逊漂流记》缩写为 R. C. ①），我们便主动保留了补全此类缩写词的权利，或者纠正了有时过于含混的标点符号。

如果出现巴尔特所写的内容过于晦涩难懂的情形，为使读者免于不必要的困惑，我们在脚注里把中心意思换个说法重申一遍。需要补充的是，我们保留了巴尔特亲自删去的为数不多的若干段落，并且相应地在脚注里说明了删减的起止之处。如果每一课的讲稿前面冠有对来函或者前一周话题的评论，此类文字均用斜体字排印。最后应当说明，讲稿中凡属编辑人员的介入文字均用方括弧"[ ]"括起，凡是巴尔特本人介入讲稿的引文之处，则用尖括弧"〈 〉"括起。

所有的脚注都是传统意义上的文字疏注，对于这样一部经常只是点到为止的讲稿来说，这是十分必要的。凡属征引文字、专名、外文（尤其是用拉丁字母转写的古希腊文）、地名、历史事件，只要能够做到，我们都在脚注里一一做出解释。一份完整的"文献索引"也避免了脚注过于繁冗。除了这份人名和书名的索引②以外，我们还补编了一份"主题索引"，但未加解说，仅按字母排序而已。此外亦需说明，如果巴尔特提到的参考文献的版本过于陈旧或者湮没难求，我们就在脚注中为读者推荐了一个相对容易觅得的版本。

一篇简短的前言介绍了这门课的背景和突出的特点。

---

① 指这部小说的英文名字"*Robinson Crusoe*"两词的开首字母。——译者注

② 原著未见这样一份"文献索引"，原著末尾的专名索引也只列人名，未举参考文献。这里也许指巴尔特在下文"篇中篇"里开列的参考书目。——译者注

目　录

从 1978 年 2 月 18 日到 6 月 3 日，罗兰·巴尔特在法兰西学院讲授了 13 个星期的题为"中性"的课程。巴尔特于 1976 年 3 月 14 日入选法兰西学院，并于 1977 年 1 月 7 日宣读了就职演讲。本课程是继题为"如何共同生活"的课程之后，他开设的第二门系列课程。每个星期六上课，每次堂授两小时，中间有一次短暂的休息。"开场白"占去了第一堂课的大部分时间，他用来介绍了自己的研究工作。此后，历时数月，巴尔特连续阐述了 20 多个熟语（figure）①（基本上每堂课讲两个），实际上共 23 个，

---

① "熟语"的译法系根据巴尔特在这部讲稿和《恋人絮语》里对 figure 一词的定义。——译者注

他也称这些熟语为"表征"或者"闪现"。从"睡眠"到"沉默"，从"愤怒"到"傲慢"，这些熟语都是中性（包括反中性）的可能的体现。按照巴尔特在第一堂课上的解释，阐述这些熟语的顺序是随意的，目的是不给这门课程预先规定一个含义，以避免与中性的概念本身产生矛盾。表征的排序完全依照他在一份统计学杂志里偶然看到的数字和字母而定。这样，他就为前一年采用的按字母排序的方法增添了一种随机性。虽然这种游戏的特点并未如他不无幽默地宣称的那样遇到任何"反响"，却多少打破了授课的神圣规则。费时长短不一的熟语并非总是用一堂课处理完毕，而是往往留给下一堂课讲完。"善意"是费时最少的熟语（也是他头一个处理的熟语），只用了两页篇幅；而最长的"引退"则足足占去九页手稿。这样一来，按照授课时段而不按表征截分，这种做法在结构上跟课程进度是吻合的。

16　　本课程的资料存放在当代梓行纪念学会（IMEC）[①]，分为以下几类：共四大包共约八百张小卡片，录载文献书目，概要，笔记，有关最终放弃的熟语的计划。这套资料配有一些评注。另有一套录音磁带和数码光盘（20 多张），录有差不多全部 26 个小时的发言。当然，最后还有课程本身的手稿，共 180 页，用蓝墨水写在 21 厘米×29.7 厘米开本的纸上，笔迹工整、清晰、紧凑。文字基本上写满整个纸面，但是留出了相当宽阔的左侧页边，巴尔特用来注明他征引的文本的出处（引用的著者名和书籍页码），以及强调有关段落里的关键词语，或者写下一个能够点明他的题旨的词语。这些页

---

① 全称 L'Institut de la Mémoire de l'Edition Contemporaine。该学会成立于 1988 年，专门收藏与当代文艺创作、作者和出版过程有关的档案资料，收藏地点分别在巴黎和岗城。——译者注

边留言与他在《恋人絮语》里的做法一脉相承，对阅读正文有指导作用。这个做法既为显豁和有所依归，也显示了一种利用页面的审美爱好。

讲稿的文本采取了笔记的形式，行文相对简约是一个显著的特点，不过中心意思表达得很清楚。巴尔特的课程基本上照本宣科。逻辑的衔接虽然常常用标点符号代替，大量采用冒号和箭头，但是整部讲稿读起来并不让人感到吃力。实际上，巴尔特很少脱离讲稿，这倒符合他认为书面话语优先于口头话语的构想。这个选择导致随口说出的题外话不仅很少，而且有一定之规，从而起到一种反衬的作用。这一类题外话我们有时放在了脚注。这部文稿既不属于撰写完毕的书籍，更不是惯于即席发挥的演说家所使用的详细提纲。因此，它适合于一种特殊的阅读方式：ne-uter，既非此，亦非彼。

第一堂课的内容包括分发给听众的一份文献的"篇中篇"（intertexte），它属于参考书目的性质。随着研究的展开，后来又追补了一些书目。这份"篇中篇"内容十分驳杂，包括一些东方和古代的神秘主义著作、哲学文本和虚构成分其实不大的文学作品。征引的作家包括托尔斯泰和普鲁斯特（虽然后者只是从乔治·邓肯·潘特①的传记转述的）；不过，发掘更深入的则是帕斯卡尔、波德莱尔、米什莱和《一个孤独散步者的遐想》中的卢梭。由于这份书单无法预测，所以很难归入传统意义上所说的"涵盖"某一主题的参考书目。与其说这份书单是对中性的一种概括，不如说是一种方向，何况这样的概括是不存在的。这份书单所建立的理念是一门学

---

① 乔治·邓肯·潘特（George Duncan Painter，1914—2005），英国作家，尤以其普鲁斯特、纪德和波德莱尔的传记知名。——译者注

科之间的符号学（intersémiotique），而这正是巴尔特始终十分关注的，因为跟名目纷殊的参考文献一样，语言学、神学、哲学、科学和文学都显示了中性的丰富内容。有了这样一个提法，布朗绍与凯奇、德勒兹与拉康、帕斯卡尔与波德莱尔、皮浪与迈斯特，便分别结成了对子。巴尔特承认，自己的知识往往来自第二手资料，所依据的多为著作的汇辑（一些有关希腊和东方哲学家的文本尤其如此），或者对一些著作家的评论，例如，对于雅各布·鲍姆、斯宾诺莎和维科等人，巴尔特就是从亚历山大·科伊雷①、希尔万·扎克②和米什莱的著作里转引的。

既然授课的艺术在于使中性闪烁光辉，所以，一种意趣盎然的愉悦——这个词需按原义理解③——始终贯穿着巴尔特选择的研究道路。授课伊始，巴尔特就宣布："材料务必精纯。"他提出了将优先眷顾的文献和作家，以及觅得他们的图书馆，其中一部分书籍来自他在法国西南部乌尔特村的度假房舍。因此，巴尔特选用的都是一些经常萦绕于心头的参考书籍，不是他很久以来一直喜爱和诵读的篇章，就是晚近发现的一些关于东方哲学的著作，这些著作颇使他感到心有戚戚焉。巴尔特时常把他摘录下来的瑰丽篇章与听众一道分享，他的课程因此增添了一个唯美的侧面；在引用文字和著作

---

① 亚历山大·科伊雷（Alexandre Koyré，1892—1964），俄裔法国科学哲学家和历史学家。在这部讲稿里，巴尔特多次引用了他的关于雅各布·鲍姆的著作。——译者注

② 希尔万·扎克（Sylvain Zac，1909—1994），法国当代哲学家，斯宾诺莎专家。——译者注

③ 指"兴味盎然的"的原文用字 dilettante，其本义为"热爱意大利音乐的人"。——译者注

者之间，无论二者多么不同，他都不失时机地作出比照，从而加强了这个唯美的侧面。这种互相参照地运用文本的做法，其动机仅仅出于一种欲望，因为它使我们再次看到了他在就职演讲中表达的一个心愿：教学伊始，就必须"永远植入一个幻想"。因此，巴尔特没有自诩能够为一个西方世界不太熟悉的概念提供一把钥匙，他提议的是一种研究，前人的工作无疑必须重视，但它首先是一种个性化的研究。巴尔特经常提到布朗绍，不过他的角度与之完全不同；他也承认曾经附带地采用过现象学的研究方法，即"胡塞尔的中性化意识"；最后，尽管他是从一种陈旧的语言学直觉（他的零度理论来自于维格·布隆达尔①）出发的，然而这门课并不是关于语言的课程。巴尔特宁愿把中性当成一个尽情发挥的机会。这就使得这门课更像一部著作，或者按照尼采的分类，使得一位教授更像艺术家，恰如他顺带宣布的那样，"无奖章可领"。因此，巴尔特在"本课概述"（《中性》，261页）里说，中性"并非是在语言现象里，而是在话语现象里"得到把握的。他感兴趣的是哪些人谈论中性，怎样谈论，并且要通过这门课程，进一步充实中性的阐发者的名单。因此，这门课于是被设想为从事一场短暂而热烈的媒介活动的场所。

18

各个熟语都附有巴尔特所说的"补充"，以七篇为数。它们是每一堂课打出的头一张牌。这些"补充"提示上一堂课的主要内容，首先可使每个星期六的授课相互联系，同时也使巴尔特能够重提一些熟语，再次申说上一堂课未能如愿以偿地阐述的要点；此外，这些"补充"还建立起一种与听众的对话方式，因为这些要点

---

① 维格·布隆达尔（Rasmus Viggo Brøndal，1887—1942），丹麦语言学家，哥本哈根语言学派的创立者之一，在结构主义语义学和介词理论方面建树颇丰。——译者注

均基于巴尔特在一周当中获悉的听课者以书面或口头表达的意见。例如，一位女听众便指出了巴尔特不太清楚的一段福音书的出处；巴尔特也宣读过一位听众写给他的信件。至于他接到的匿名纸条，则让他有机会进行一次简短的语用学分析，最终捍卫了他对于写作的见解：写作者应该负起署名之责。最后，这些"补充"让高密度的课程舒缓下来，这使之带有交流的性质，这个方面被难以避免的讲堂气氛多少削弱了。

这些"补充"所采取的形式和长度不一。"补充之一"（3月4日）出现在第三堂课上，很简短，目的在于有机会阅读帕索利尼的一首诗，那是巴尔特前一堂课提到过的。"补充之二"（3月11日）回到"典雅"和"断言"的熟语上来，同时启动了关于本课程的意义的一番评论。"补充之三"（3月18日）是最长的一篇：除了对已经处理过的熟语做出几处纠正以外，它答复了有人递交的书面意见，而且给了巴尔特一个机会，可以明确指出中性的关键在于研究疑难（aporie）或无定所现象（atopie）。"补充之四"（3月25日）也是如此，这种话外语对于理解中性的精髓看来是可贵的辅助工具。巴尔特通过继续这种评论，把思考扩展到一个微妙的、意义很难把握的概念。这些"补充"虽然与课程内容本身不可分离，但是逐渐趋于削减。因为随着研究的深入，它们的必要性越来越小了。中性的幻想尽管命途多舛，却一直得到坚定不移的推动。

在课上念诵文章是常有的事。巴尔特在开场白里就念了四条"题铭"。其中一条引自约瑟夫·迈斯特，一条是卢梭的，还有托尔斯泰的一段文字，以及一段老子的自我描述。这些片段巴尔特虽然未做任何评论，后来也重新提及，但它们却预示着中性的取向。这是因为迈斯特——他的著述十分吸引巴尔特——明确地指向我们不

妨称之为反中性的东西。至于引证卢梭和托尔斯泰，则是为了表明
对于一种意识状态变化（晕眩、空间意识紊乱）的兴趣。老子自画
像是关于愚笨的一篇悖论式的歉辞，它宣告了东方神秘主义将在中
性的营造过程中扮演核心的角色。后来，当巴尔特觉得有必要时，
他还诵读了其他文章，从而使人更清楚地了解到这个概念的影响所
及。这些文章包括伏尔泰的有关容忍的大段论述，卢梭的好几段文
字（涉及熟语"引退"），帕索利尼的题为《绝望的生命力》的短
诗，让-米歇尔·李柏特有关厌食症的一封信，沃尔特·本雅明的一
段谈论吸毒经验的文字，以及用于说明避而不答这个概念的《佩利
亚斯与梅丽桑德》里的一幕场景。

　　在巴尔特的心智历程中，《中性》的位置介于《恋人絮语》
（1977）和关于他的专题研讨会"托词：罗兰·巴尔特"（塞利榭，
1977）以及发表《就职演讲》（1978）之间。后一篇是他在法兰西
学院就任文学符号学讲座教授时的演讲全文。就他讲授的系列课目
而言，"中性"在头一年的课程"如何共同生活"之后，第三年即最
后一年的课程"小说的准备"之前。1980 年 3 月 6 日，巴尔特去世，
课程至此中断。所以，出于生命中的种种偶然，这部《中性》今日占
据着三联幅的中间一幅，而且带有一点悲剧性的反讽意味，巧妙地反
映出整个课程的精神。中性的探索过程正是巴尔特创造力最旺盛的时
期，这个时期的突出标志既有个人生活中遇到的困难（母亲过世，巴
尔特从开场白起就没有掩饰丧母对他的影响），也包括具有反讽意味
的——也就是说，间接的，如果从辞源学上看①——深入推敲概念的

20

----

　　① 拉丁文 ironia（反讽）原指一种修辞手法，意思是"佯装不知地提
问"，以使对方意识到自己的无知。——译者注

办法。从《写作的零度》到《符号帝国》，从《亮室》（又译《明室》）到《偶然事件》，《中性》在我们此后看到的全部著作里熠熠生辉。这套课程讲稿的出版终于让《中性》找到了光芒四射的契机（kairos，即适恰的时刻，也是本课所处理的熟语之一），它展现出罗兰·巴尔特的另一个形象，一个在我们的文学中独特的形象：教授兼艺术家。

——托马·克莱尔（Thomas Clerc）

1978 年 2 月 18 日

开场白

　　今年没有研修班①，只有课程，由我本人主持，每堂课两个小时，总共 13 周。每堂两小时的课中间有一次休息，大约 10 分钟。因为复活节要放假，所以今后几周的课程将出现一次中断，也就是说，4 月 8 号、15 号和 22 号不上课。

　　这门课名叫"中性"，或者不如说，"对于中性

---

　　① 指前一年的名为"维持一部话语"的研修班。见《巴尔特全集》，第 3 卷（1974—1980），21 页，巴黎，Seuil，1995［以下简写为 OC-Ⅲ，21；这部全集的第一卷（1942—1965）和第二卷（1966—1973）分别于 1993 年和 1994 年由同一出版社出版］。

的欲望"。

篇中篇

你们在这里找不到一份关于"中性"的参考书目，尽管这样的参考书目并非不可设想。这是因为这个概念跨越好几个学科（语法、逻辑、哲学、绘画、国际法等）。我这里只有一份选文目录。在备课过程中，我曾经在不同方面受益于阅读这些文章。①

安捷鲁斯·西里西乌斯②：——《漂泊的二品天使》，前言为罗歇·拉鲍特撰写，巴黎，Planète，1970。

26　巴什拉③：——《关于绵延的辩证法》，巴黎，PUF，1950。

弗朗西斯·培根：——《新工具论》，巴黎，Hachette，1857。

　　　　　　——《学术的尊严与进展，兼论道德与政治》④，收入《培根全集》，两卷本，巴黎，Charpentier，1843。

---

① 这些"篇中篇"在第一节课上便已分发给听众。巴尔特在这一年的课程当中还使用了其他文本，我们将在脚注里随时说明。此外，这个清单所举的文本中，有几篇实际上并没有得到阐述，如莱辛的《汉堡剧评》和马提亚利斯的《短律》。巴尔特在本课程的概述（OC-Ⅲ，887）中谈到关于中性的参考文献时说道："这些变化的统计是通过一部不可能穷尽的语料库完成的。"

② 安捷鲁斯·西里西乌斯（Angelus Silesius，真名 Johann Scheffler，1624—1677），反对宗教改革的德国神秘论者。——译者注

③ 加斯东·巴什拉（Gaston Bachelard，1884—1962），法国哲学家和诗人，他的科学哲学和认识论思想影响了一批 20 世纪下半叶的法国哲学家。——译者注

④ 培根 1605 年的著作 *Dela dignité et de I'accroise mentdes sciences*，又译《学术的进展》。——译者注

波德莱尔：——《人造天堂》，巴黎，Garnier-Flammarion，1966。

沃尔特·本雅明①：——《神话与暴力》，《新笺》丛书，巴黎，Denoël，1971。

布朗绍②：——《无尽的交谈》，巴黎，Gallimard，1969。

　　　　　——《即将问世的书》，《理念》丛书，巴黎，Gallimard，1959。

亚历山大·科伊雷：——《雅各布·鲍姆③的哲学》，巴黎，Vrin，1971。

约翰·凯奇④：——《为鸟而作》，巴黎，Belfond，1976。

元老院士丢尼修⑤：——《丢尼修全集》，由冈迪亚克译成法文，巴黎，Aubier-Montaigne，1943。

狄奥根尼·拉尔修⑥：——《名哲的生平、教义和箴言》，两卷

---

① 沃尔特·本雅明 (Walter Benjamin，1892—1940)，德国马克思主义批评家、哲学家和散文作家。——译者注

② 布朗绍 (Maurice Blanchot，1907—2003)，法国 20 世纪最重要的哲学家和文学家之一。——译者注

③ 雅各布·鲍姆 (Jacob Boehme，1575—1624)。德国神学家和神秘论者，有条顿民族的神智学鼻祖之誉。——译者注

④ 约翰·凯奇 (John Milton Cage，1912—1992)，美国著名先锋派音乐家。——译者注

⑤ 应指伪丢尼修 (Pseudo-Denys)，公元 5 世纪、6 世纪之交的希腊神学家和哲人，被视为反证神学的创始人。据说他以圣徒丢尼修 (Saint Denys l'Aréopagite) 之名行世，以获取基督教世界的信任，而后者是雅典第一位基督教大主教并见于《圣经·使徒行传》。因此直到 19 世纪末假冒被戳穿之前，人们往往把两人混同。——译者注

⑥ 狄奥根尼·拉尔修 (Diogéne Laërce，生卒年不详)，为希腊哲人作传的罗马时期作家。一般认为他活跃于公元 3 世纪上半叶。——译者注

本，巴黎，Garnier-Flammarion，1965。

弗拉季米尔·劳斯基：——《艾克哈德①大师的反证神学和关于上帝的知识》，巴黎，Vrin，1960。

费希特：——《获得幸福生活的方法》，巴黎，Ladrange，1845。

弗洛伊德：——《达·芬奇的童年回忆》，《论文》丛书，巴黎，Gallimard，1927。

纪德：——《小娘子实录》②，第四卷（1945—1951），《安德烈·纪德实录》丛书，巴黎，Gallimard，1977。

黑格尔：——《哲学史讲义》，第四卷《希腊哲学》，巴黎，Vrin，1975。

莱辛：——《汉堡剧评》，巴黎，Didier，1869。

约瑟夫·德·迈斯特③：——《E. M. 西奥朗遴选和推介的文章》，摩纳哥，Du Rocher，1957。

马提亚利斯④：——《马提亚利斯全集》，卷一《短律》，巴黎，Garnier，1885。

米什莱：——《女巫》，巴黎，Hetzel-Dentu，1862。

帕斯卡尔（又译帕斯卡）：——《思想录》两卷本，《书页》丛

---

① 艾克哈德（Maître Eckhart，1260—1328），德国神学家、哲学家和神秘论者。

② 纪德的情人玛丽亚·范·黎塞伯格（Maria Van Rysselberghe）的 18 本笔记，记录了纪德从 1918 年到 1945 年的写作、交游和日常生活情景。从 1973 年起，法国 Gallimard 书局分卷刊行，原名 *Cahiers de la Petite Dame，Notes pour l'histoire authentique d'André Gide*。——译者注

③ 约瑟夫·德·迈斯特（Joseph de Maistre，1753—1821），法国政治家和作家，曾担任参议员，政治上反对法国大革命。大革命期间从故乡萨瓦省流亡到瑞士洛桑。——译者注

④ 马提亚利斯（Marcus Valerius Martial），罗马时期讽刺诗人。——译者注

书，巴黎，Gallimard，1977。

德·昆西①：——《一个英国瘾君子的忏悔》，巴黎，Stock，1921。

卢梭：——《一个孤独散步者的遐想》，巴黎，Garnier，日期不详。

维克多·布洛沙：——《希腊怀疑派》，巴黎，Vrin，1959（1887 年初版）。

亚历山大·科耶夫：——《异教哲学史辩》，卷 3，巴黎，Gallimard，1973。

让-保罗·杜蒙：——《古希腊怀疑派，——让-保罗·杜蒙选编文集》，巴黎，PUF，1966。

智者：——《智者。散篇和见证》，巴黎，PUF，1969。

希尔万·扎克：——《斯宾诺莎的道德观》，巴黎，PUF，1972。

M. 马戴尔：——《艾玛纽埃尔·斯韦登堡②的生平，著述和教理》，巴黎，Didier，1863。

亨利·马伯乐③：——《关于中国宗教和历史的遗作》，卷 2《道家》，巴黎，SAEP，集美博物馆馆刊，1950。

让·葛罗涅④：——《道家精义》，巴黎，Flammarion，1973。

---

① 德·昆西（Thomas de Quincey，1785—1859），英国作家和批评家，以《一个英国瘾君子的忏悔》知名。——译者注

② 艾玛纽埃尔·斯韦登堡（Emmanuel Swedenborg，1688—1772），瑞典科学家、哲学家和神学家，自称能够通灵。留有 3 卷本《哲学和逻辑学著作集》等著作，晚年致力于研究《圣经》。巴尔特下文还要多次提到他。——译者注

③ 亨利·马伯乐（Henri Maspero，1883—1945），法国著名汉学家。——译者注

④ 让·葛罗涅（Jean Grenier，1898—1971），法国哲学家，阿尔伯特·加缪曾经师从他研习哲学。20 世纪 60 年代担任巴黎大学美学和艺术科学教授，1968 年因《回忆阿尔伯特·加缪》一书获得国家文学大奖。——译者注

托尔斯泰：——《战争与和平》，《七星文库》丛书，巴黎，Gallimard，1947。

瓦莱里：——《戴斯特先生》，巴黎，Gallimard，1929。

儒勒·米什莱：——《维科选集》，巴黎，Flammarion。

儒勒·沙辉：——《维科哲学思想的形成》，巴黎，PUF，日期不详。

（一）权充题铭

整个课程→阅读四段文章①：

（1）约瑟夫·德·迈斯特的《宗教裁判所》，165页。

（2）托尔斯泰的《奥斯特利茨之夜》，375页。

（3）卢梭的《1776年10月24日星期四》，46页。

（4）道家的《老子自画像》，37页。

1. 约瑟夫·德·迈斯特

在欧洲，宗教裁判所在法庭施行酷刑，用火刑惩罚背教的罪孽，这引起了轩然大波。在这个对于哲学情怀大有助益的话题上，法国作家没完没了地大喊大叫，可是，面对冰冷的逻辑，所有这些夸张的言论眨眼之间就消失无踪了。裁判者们是根据西班牙的法律下令施行酷行的，而且所有的西班牙法庭都颁发这样的命令。从前，希腊和罗马的法律就采用过这种酷刑；在据信对自由有那么点了解的雅典，连自由人也不能例外。所有现代国家为了获得真理，都采用过这种可怕的手段；不过，至于议论者是否都准确地了解它，古代运用它和当今废

---

① 巴尔特接下去念了这四段文本。

除它是否都有正当的理由，此文绝非详加考察的场所。无论如何，只要酷刑像不属于任何其他法庭一样，也不专属于宗教裁判法庭，任何人就无权拿它来责备后者。……首先，世上没有比西班牙大法庭更公正、更有学问、更廉洁的了。而且，如果在这个一般特点之外，再加上天主教司铎的神职，那么，不待任何体验，人们就一定会信服，天下不可能有比宗教裁判法庭更镇静自若、更慎重其事、本质上更富于人性的了。这个法庭为震慑想象力而设，而且务必用各种神秘和严厉的形式环绕起来，以便造成法官所期待的效果，而宗教原则永远维持其无法解释的性格；这个判决过程的装置温和，慈悲，而且由于司铎的进入，这个法庭与任何其他法庭都不一样。的确，它上面横悬着世界上任何别的法庭都没有的一句箴言：慈悲与正义{miséricorde et justice}。在其他地方，正义只属于法庭，慈悲只属于君主。法官如果干涉宽恕便形同反叛，会被认为僭夺君权。但是，如果司铎被召唤在法官席入座，他会拒绝落座，除非君主赐予他伟大的特权。因此，慈悲同正义同席而坐，甚至位于正义之前：带到在这个法庭前的被告尽可忏悔过错，请求宽恕，接受宗教对其罪过的救赎。从这一刻起，违规变成了罪孽，受刑变成了赎罪。罪犯守斋，祈祷，苦修。他不是走向接受刑罚之处，而是念诵赞美诗，忏悔罪孽，聆听弥撒；众人考验他，赦免他，让他重返家庭和社会。如果罪孽深重，罪人顽固不化，非得流血不可，教士此时便抽身引退，只等再次出现在绞刑台上安慰被行刑人。①

29

---

①　巴尔特从西奥朗的《文选》中选取的这段文章是《致某俄国绅士函：关于西班牙宗教裁判所》（1815）。此件收入在日内瓦出版的《约瑟夫·德·迈斯特全集》，第 3 卷，326 页，Slatkine Reprints。

2. 托尔斯泰

"这是怎么回事？我倒下了吗？我两腿发软，"他自语道，然后仰面颓然倒下。他睁开眼睛，希望看到法国人和炮兵的搏斗是如何结束的，他亟盼知道那个棕红头发的炮手是否被打死了，大炮是否被夺走。可是他什么也看不见。除了头顶上的天空，乌云密布的高高的天空，高得无边无际，只有灰色的云朵在天际缓缓浮动。"多么安静，多么安详，多么雄伟啊！"他在遐想，"这跟我们在呐喊和炮击当中狂奔的样子多么不同啊！跟这些在深厚无边的高空里缓缓前行的云朵相比，那两个疯狂抢夺洗膛杆的家伙的愚蠢模样是多么不同啊！我怎么就一直没见过这天空呢？我毕竟还是发现了它，真是幸福啊！是啊！除了这无边无涯的苍穹以外，一切的一切都是虚荣，都是欺骗。除了它，一切都不存在……或许这是一个诱饵，或许除了寂静和安息之外，什么都不存在。感谢上帝！……"①

3. 卢梭

1776 年 10 月 24 日是个星期四，晚餐后我沿着大街一直走到绿巷，从那儿登上了梅尼尔蒙当②的高地。随后沿着在葡萄树和草场里的蜿蜒小径穿行，一直走到沙蒿尼③的高处，饱览了两个村庄之间的怡人风景。我随后掉转身，打算沿着一条与

---

① 安德烈公爵在奥斯特利茨战役中昏迷是《战争与和平》中的一个插曲。见《战争与和平》，第一卷，第三部，第 16 章，357 页。

② 梅尼尔蒙当（Ménilmontant），巴黎市第 20 区的一个街区。——译者注

③ 沙蒿尼（Charonne）是巴黎一个街区的名字。——译者注

来时不同的小路返回那片草场。……正当我从梅尼尔蒙当往下走的时候，大约六点钟光景，迎面遇到了礼貌有加的花匠，当时走在我前面的人都往道路两旁猛然躲闪，只见一条体形硕大的丹麦犬朝我冲过来。它在一辆四轮马车前头狂奔而至，在看见我的当口根本来不及刹住脚或拐向一边。我当时想到，避免被扑倒的唯一办法是就地倏地跃起，好让它从胯下穿过。这个念头比闪电来得还要快，不容多想，也来不及行动，这只是事故发生之前的最后一闪念。直到苏醒过来以前，我没有感觉到任何冲撞跌扑，以及任何接下来发生的事。苏醒时差不多已经是夜晚了。我发现自己躺在三四个年轻人的臂弯里。他们讲了事故发生的经过。那条丹麦大狗未能停止前冲，扑了上来……夜色渐深了。我辨认出天空，寥落的星辰和花草的一丁点儿绿色。这种最初的感觉是一个非常奇妙的时刻。我也只能意识到这么多了。我在这一刻重新获得了生命，感到我似乎在用看到的一切充实我那卑微的存在。这个时刻我仍然回忆不起来任何事情；我对自己的身体没有任何清晰的概念，对于究竟发生了什么全然不晓，不知道我是谁，身在何处；既没有感觉不适，也没有害怕和不安。我看到自己的血在流淌，小溪似的流淌，根本没有想到这血是属于我自己的。我在整个生命里感到一种令人欣悦的平静；每次回想起来，我都感到这种平静是我所体验过的任何乐趣都无法比拟的。①

---

①　见《一个孤独散步者的遐想·散步之二》的开头部分。

4. 老子自画像

熙攘的世人兴高采烈，好像参享祭牛的盛宴，又像登高望春。唯有我一人安详淡泊，无动于衷；我混混沌沌，好像尚不会嬉笑的婴儿；颓丧闲散，好像缺少归宿的游子。众人都满足于物有所余，而我却似乎一无所有。我只有一颗愚人的心！世人都聪颖自炫，唯独我糊里糊涂；世人都精细苛刻，唯独我愚笨昏昧，好像被沧海所席卷，恍惚而漂泊，无处羁留。世人都有所依归，唯独我冥顽不灵。我与世人的唯一不同在于敬重生母。[①]

31

(二) 论据

我先说明一下本课程的对象，它的论据。

（1）我把中性定义为破除聚合关系（paradigme）之物，或者不如说，我把凡是破除聚合关系的东西都叫做中性。这是因为我不给一个词下定义，我指称一个事物：我在一个名目之下做出汇集，这个名目就是中性。

什么是聚合关系？它是指两个潜在的项次之间的对立，我为了说话，为了产生意义而显现二者之一。例如：

---

① 这个从法语转译的片段引自让·葛罗涅著《道家精义》一书，但采用了亨利·马伯乐的译文（第230页）。原文见《道德经》第20章（各种版本间有出入）："众人熙熙，如享太牢，如春登台。我独泊兮，其未兆；沌沌兮，如婴儿之未孩；儡儡兮，若无所归。众人皆有余，而我独若遗。我愚人之心也哉，沌沌兮！俗人昭昭，我独昏昏。俗人察察，我独闷闷。淡兮，其若海；望兮，若无止。众人皆有以，而我独顽似鄙。我独异于人，而贵食母。"——译者注

1）日语没有 l 和 r 之间的对立，只有一个不确定的发音，所以没有聚合关系。不像法语里的 l/r，因为法语 je lis ｛我念｝ ≠je ris ｛我笑｝：意义由此产生。s/z 也是同一个道理（我常用这个例子①），因为吃 poisson ｛鱼｝和吃 poison ｛毒药｝不是一码事。这是音位学上的事情。可是也有语义方面的对立：白与黑。换句话说，按照索绪尔的观点——在这一点上我依然忠实于他——聚合关系属于意义方面，凡是有意义的地方，就有聚合关系；凡是有聚合关系（对立）的地方，就有意义。简略地说，意义的基础是冲突（取此而舍彼），而且任何冲突都会产生意义：取此而舍彼，意味着作出意义方面的牺牲，生产意义，把意义提供给人消费。

2）由此产生了一种结构上的创造，即通过一个第三项→tertium②，甩掉、消除或反制聚合关系的僵硬的二分法：首先，在结构主义语言学上，叶姆斯列夫③、布隆达尔和语音学家们④：A/B→A＋B（复杂⑤），而且既非 A 亦非 B：一个无形的中性项（音位

---

①　例如在《符号学原理》里（OC-Ⅰ，1504）或是在《S/Z》（OC-Ⅱ，626）里，巴尔特说："将 Sarrasine 中的 S 与 Zambinella 中的 Z 对立起来的分隔线（/）……标显聚合关系，即意义。"

②　拉丁语"第三项"。——译者注

③　路易·叶姆斯列夫（Louis Hjelmslev，1899—1965），丹麦结构主义语言学家，哥本哈根语言学派的创立者之一。——译者注

④　"我们知道，有些语言学家在某种偏极现象的两极（单数—复数，过去时—现在时）之间建立起一个第三项，一个中性的项次，或者零项次。"（见《写作的零度》，OC-Ⅰ，179；又见于《节奏问题》，OC-Ⅲ，724）

⑤　巴尔特在课堂上指出，可以"把 A 和 B 结合起来，复杂操作"，或者"取消 A 和 B 的对立"。

32 中和①)或者零度。其次，移入"伦理"层面：世界面临胁迫：非得"选择"、产生意义、介入冲突、"承担责任"不可。→尝试挡开、破除和避开聚合关系，它的胁迫、傲慢→免除意义→这个避开聚合关系和冲突的形态多样的领域＝中性。我们将自认为有权处理一切与冲突及其消除、避开和搁置相关的状态、行为、感受、话语（并无穷尽之意，绝不可能）。

3）我给中性所下的定义仍然是结构性的。我的意思是，依我看，中性并不指涉什么晦暗的、"中和性"的、冷漠的"印象"。中性——我所说的中性——可以指涉一些密集的、强有力的、前所未闻的状态。"破除聚合关系"是一场热情洋溢的、激情似火的活动。

（2）范围。从词汇的角度说，中性指涉这样一些领域：1）语法：性属既非阳性，也非阴性；动词（拉丁语）既非主动式，也非被动式，或者说无须后置成分②的动作：走，死（永远是语法的好例子，语言学论文的好题目：关于"死"或者重击的语法！③）。2）政治：在候选人④当中不采取立场者（中性状态）。3）植物学：中性花朵，即生殖器官总是夭折的花卉（这不是一幅讨人喜欢的图景）。4）动物学：工蜂无性器官，无法交配。5）物理学：中性物

---

① 根据让-杜布瓦著的《语言学词典》："音位中和是指这样一种现象：音位对立在话语链当中的某些位置上……失去相关性。"

② 当动词所表达的行为不非得有后置成分不可时，这些动词就是不及物动词。

③ 巴尔特在课堂上指出，语法书上的例子不是生硬的就是病态的。

④ contendants（候选人）源于拉丁语 contendo，其词义之一就是"打架"。

体，完全不带电、没有任何电流的导体。6）化学：中性盐，既非酸性，又非碱性。中性的这些经典形象我们回头还要谈到（在利特雷词典①里，在语言中），中性的基础显然还是性②。当然，我们的目标并不在学科方面，因为我们对中性这一范畴的探索将跨越话语、姿态、举动、身体等。但是，由于我们对于中性的探索涉及聚合关系、冲突、选择，我们思考的一般范围将是有关"从善而择"，或"不选择"，抑或"从旁选择"的话语的伦理学（不玩弄政治的文字游戏！③）：即在相关的选择之外，聚合关系的冲突之外的话语。伦理学：即使仅仅从受压制者会流转更替的结构性规律来看，这个字眼也很可能会变得时尚（等着瞧吧！）。马克思和弗洛伊德的著作里都没有关于伦理学的话语，因为他们没有让自己得到（或者没有打算得到）达成一部伦理学话语的手段；或者毋宁说，伦理学也许在他们那里被压抑了。但是，实际上，伦理学一直存在，无处不在；惟其理由、被假定或者受压抑的方式不同而已：这在任何话语里都可以见到。再者，假如这个字眼有点吓人怎么办：praxis〔实践〕（基于 proairésis④）。

　　让我补充一句：对我来说，对于中性的思考是一种办法，为的

33

---

① 利特雷（Émile Littré，1801—1881），法国语文学家、哲学家和医生。他编写的《利特雷法语词典》得到广泛的使用。——译者注

② 整个这一段都跟路易·马兰的下列著作有关：《乌托邦：空间的游戏》，27～30 页，巴黎，Minuit，1973。

③ 影射 1977 年立法选举时，瓦莱里·吉斯卡尔·德斯坦的政治口号。

④ 希腊语 proairésis 意为"意志，偏好，欲望"，巴尔特用"做出取舍的行为"来解释这个字眼。

是寻找——无拘无束地——在时代抗争中的自身风格①。

(三) 准备和阐述的步骤

1. 藏书楼

(1) 主题。为了准备这门课程，我曾经带着中性这个词"游逛"，因为它的所指物是我内心的一种感受（实际上自《写作的零度》② 起就有），在我阅读一系列书籍的过程中，这种感受一直伴随着我＝主题的步骤：一副我们把"主题"在它上面移来移去的栅格。请注意，主题的方法并不像表面上看起来那么陈旧：任何"入世"的话语都会使用它。以当今一个有"魔力"③ 的字眼"权势"为例，让它跟任何一个词结合，然后说说看：《权势和无意识》（维蒂格利奥内④）、《权势和性》、《权势和静物》等。然而，我希望

---

① 见"语言学寓意"，收入《罗兰·巴尔特自述》（OC-Ⅲ，189）。

② 可参阅 OC-Ⅰ，174。

③ "魔力"（mana）这个词源于美拉尼西亚，列维-斯特劳斯在《马塞尔·莫斯著作引论》一书中使用过（巴黎，PUF，1950）。后又出现在《罗兰·巴尔特全集》当中（见 OC-Ⅰ，1510，OC-Ⅱ，1343），特别是 OC-Ⅲ，194 中说："在一位作者使用的语汇里，是否总是应当有一个带有神力的词呢？这个词的含义热烈、多重形式、难以把握和近乎神圣，使人产生能够回答一切的幻觉。"

④ 阿曼多·维蒂格利奥内（Armando Verdiglione）把 1975 年 12 月举行的国际心理分析学大会的论文收入了一本论文集，书名为《权势和性》（巴黎，Payot，1976）。此外还有一本名为《性和政治》的书，巴黎，UGE，《10/18》丛书，1976。

（维蒂格利奥内出生于 1944 年，1970—1980 年在意大利传播和实践拉康一派的心理分析学颇有成效，可以说红极一时，但 1986 年被起诉并被判处欺诈罪，即著名的"维蒂格利奥内事件"。他本人后来成为"江湖郎中"的代名词。——译者注）

（我敢相信）我的主题并没有那么怪僻；这是因为我不是沿着一张词语的栅格"散布"中性，而是按照一张阅读的网络，也就是说一批藏书。这批书既没有经过仔细推敲（我不跟着一套参考书目走：参见发给你们的篇中篇①），也不是巨细无遗：无尽无休的书籍；甚至此刻我也可以拿过一本新书读起来。其中一些段落能够围绕中性的概念汇聚，仿佛一场随心所欲的 sourcellerie/sourcery〔占卜地下水源的巫术〕。我阅读时高擎卜杖：那边当有中性；中性的概念于是延伸，曲折，改变：我锲而不舍，同时不断自我调整。

（2）那么，是什么样的藏书呢？我的度假屋里的藏书。也就是说，在这样一个时间加地点当中，虽然没有一丝不苟的方法，却从随心所欲的密集和愉快的阅读中得到补偿。描述这些藏书，解说其来源，将让我们进入生平传记，家史：有关一个主题的藏书＝一种强有力的、完整的一致性，一幅"肖像"（参见药品柜②）。我只能粗略地说：古典（文学和哲学）＋一种止于 40 年代的战争的"人文主义的"现代性＋一个单方面的贡献，都来源于我本人的生命之旅当中的一些偶然性。有两种看法：

1）参考文献的既定性（或给定性）是随意的（私家藏书：参见"私家音乐会"③）：我得之于别处（家庭）的藏书：例如，"典型

---

①　见本讲稿原文第 25 页：这里说的是涵盖整个课程的参考文献，巴尔特告诉听众可以在课间休息时拿到。

②　巴尔特在课堂上说道，药品柜跟藏书一样能够说明一个人。

③　指克罗德·莫博梅主持的名为"法国—音乐"的无线电台音乐会，巴尔特受到了邀约。

的"匮乏：有关胡塞尔的中性化①的书籍几乎一本也没有（这个状态迄今未变）；可是，比这更严重的是，这批藏书我完全是信手拈来地读的，我自认为不应违背我所说的一套工作美学（一种不见容于科学的价值）：有些书籍，思想和形式都是"非唯美的"；我总是希望材料务须"精纯"，例如，在心理分析学方面，我只留意弗洛伊德和拉康的著作，可是卡伦·霍妮和海伊克②呢，二者在我的阅读兴趣之外，因而也不在此番研究之内，因为我跟他们"不来电"（情话）。

2）这批藏书的作者均已作古→这也许显得有点颓丧，食古不化（≠doxa③：对现今感兴趣；任凭死者埋葬死者，等等）。我不这么看：（a）被评论过的、评判过的距离：若想对同代人真正发生兴趣，我可能需要绕道死亡（历史），以米什莱为例：置身于他自己的世纪，却专门研究已故者的"生活"：我让已故者在我心中思想：

35 活人围绕着我，沁渗我，把我放入一个产生回声的系统——多少有意为之，可是，只有已故者才是富于创造性的客体＝我们都被"时

---

① 按照胡塞尔的看法，现象学过程的一个阶段是世界的某种形式的中性化。这种中性化可用"悬置"相比拟，"中止一切判断"。参阅《纯粹现象学通论》，巴黎，Gallimard，1950。巴尔特在讲述熟语"强度"时提到了此书，见本讲稿原文第250页。

② 卡伦·霍妮（Karen Horney，1885—1952），德国新弗洛伊德派心理分析学家。海伊克可能指威廉·海伊克（Wilhelm Reich，1897—1957），这位原籍奥地利的美国心理学家是一位颇具争议的人物，曾因发明收集空中能量的装置被判徒刑，死在美国的监狱里。——译者注

③ 巴尔特数次解释过希腊哲学概念 doxa（定见）。例如在《罗兰·巴尔特自述》的"傲慢"一节中："doxa 即通行的看法，多数人的精神，小资产阶级的共识，自然的声音，成见的暴力。"（OC-Ⅳ，2002，627）——译者注

髦"一网打尽了；时髦有用处，可是只有死亡才有创造性。可以参考那位资本家的智慧（他的名字我忘记了①），据说此人会资助共产党：有人问他如何看待阅读索尔仁尼琴，他回答说：我读列宁和马克思，"我只读死人的书"。(b) 对我来说，阅读已故者的书是活生生的经验，因为文章的浓郁的生活气息和伤心地明知作者已死，二者有矛盾，这种意识让我感动、折磨我。我总是为一位作家已逝而黯然神伤，为记录作家逝去的叙述而感动（托尔斯泰，纪德②）→丧礼是活生生的。

2. 熟语→中性三十说

（1）跟去年一样，一组（连贯的）散篇，每篇有一个题目＝中性的各个熟语。

熟语：[[散篇]] 修辞学暗示（＝截取下来的话语片段，因为可以称谓，所以能够甄别）＋带有"样态"或"表情"的面孔：不是专论中性的散篇，而是模糊得多的包含中性的散篇，这一点跟那些猜画谜相仿：必须把猎人、兔子等形象找出来。并非一本罗致各条定义的词典，而是一种闪烁的现象。

（2）为什么？为什么要用这种断断续续的阐述？或许是我本人无力"构建"一次铺陈，一门课程？是无力，还是厌恶？（又有谁

---

① 此人是让-奥古斯都·杜芒（Jean-Auguste Doumeng, 1919—1987），与法国共产党相友善的商人。

② 关于纪德之死的描述来自于《安德烈·纪德实录》丛书中的《小娘子实录》，卷四（1945—1951），243～245 页，巴黎，Gallimard，1977。巴尔特提到的托尔斯泰之死是他最近从 M. 霍夫曼和 A. 皮埃尔合著的《托尔斯泰生平》一书里读到的。

能区别无能和缺乏兴趣呢?) 也许出于我本人的情由? 不在现场的证明而已?

1) [[连续不断的变化]] 一连串散篇: 这将等于把"某个东西"(主题, 中性?) 置于一种连续不断地变化的状态(而不是为了达到某个最终意义而把它连接起来): 与现代音乐的联系: 各种形式的"内容"不如它们的转移重要, 也许跟德勒兹目前的研究也有联系。①

2) 每个熟语: 如同建造一座桥的桥头, 然后每个人都随意地分散到乡下去, 自己的乡下。[[投射的空间]] 已经确定的非穷尽性的原则: 创造一个投射的空间, 没有组合段的规则。

36

3) 一连串无章法的熟语是中性本身所要求的, 因为它拒绝独断论: 既然阐述非独断论, 阐述本身便不能是独断的。无章法＝无结论。[[非独断论的]]

4) [[掌握]] 制度, 课程→都为某种掌控准备了场所。[[道家, 葛罗涅, 14 页]] 然而, 我经常遇到的课题: 化解控制("挡开")。把熟语并列摆放: 试验道家提出的一个"悖论", 道"既是要走的路, 又是走路的结束; 既是方法, 又是完成。手段和目的之间无区别……一旦上了路, 路就走完了"② →每一个熟语既是对中性的探索, 也彰显(≠演示) 中性。话语的无结果的自相矛盾的范畴: 或者不如说, 这个范畴不摒除效果, 但不管后果如何。西方的话语认为这是不可取的。[[培根《学术的尊严》, 卷 1, 241 页(卷

① 见《千座高原》, 361 页, 巴黎, Minuit, 1980。"速度之变, 动物之变, 隐而难察之变"和"翻唱曲调", 等等。

② 这是葛罗涅本人对道的定义之一(不区分手段和目的), 并非老子或庄子的原话。见前引《道家精义》, 14 页。——译者注

5），第 3 章]] 培根："亚里士多德不乏机智却有点冒险地嘲笑他那个时代的智者，说他们像鞋匠，不教如何制造鞋，而满足于展示各种式样和尺寸的鞋子。"我不制造中性的概念，只展示各式中性。

（3）对于中性的每个熟语，既不解释，也不规定，[[描写]] 仅描写而已（并不详尽）。

描写＝"拆解"一个字眼（每个熟语的标题），因而将频繁求助于词源。能够用于隐喻的古字：parfiler 〈拆线〉：[[拆线]] 伏尔泰："蓬巴杜尔夫人的打扮。"（《论文集》，Ⅳ，455 页，1765）："牛顿拆掉了太阳的光线，就像我们这儿的太太们拆除一方织物上的金线那样。——先生，拆线是什么意思？——太太，你在西塞罗的演说词里找不到相同的字眼。那是把织成一块布的线一根根地拆掉，让它们跟金子分离。"①

描写、拆解什么？各种细微的差异。如果确为我的能力所及，我打算把这些熟语——意象（从中性开始）扫视一遍，[[微差]] 彰显出细微的差异（一道日益稀少的食品，一种脱离了言语行为的真正奢侈；希腊语＝diaphora，尼采用语②）。务必正确理解：这绝非追求一种智能的矫揉造作。在准备这门课的过程中，我寻找的是

37

---

① "古人与今人，或蓬巴杜尔夫人的打扮"，见《伏尔泰论文集》，736 页，巴黎，Gallimard，《七星文库》丛书，1961。

② 希腊语 diaphora 意为"差异"或"纷争"，在这里被巴尔特用于"细微差异"之义。尼采在《教育家叔本华》一文（收入《非显在的思考》，巴黎，Gallimard，1990）里说道："宗教改革宣称曾经有过很多 adiaphora，一些属于跟宗教思想无关的领域的事物。"（44 页）此类 adiaphora 都是无区别的事物。Diaphoralogie 即关于差异和波纹的学问，在巴尔特的著述里随处可见。例如在《思忖》一文里（OC-Ⅲ，1009）。

一个生活的起点，生命的引导（伦理学计划）：我希望循着细微的差异去生活。然而，细微的差异有一位老师：文学。试图按照文学教给我的细微的差异去生活（"我的舌头贴在你的皮肤上，嘴唇贴在你的手上"①）→文学符号学讲座＝1）文学：集细微差异之大成＋2）符号学：对细微差异的倾听或者关注。

（4）偶然。既然意义不应固定，那么应当按照什么顺序安排熟语呢？老问题了，每一项新工作都会遇到，去年在这里的课程也是一样，今年更为突出，只因中性没有确定的意义：任何关于中性的"方案"（主题的组合）都不可避免地会使中性和傲慢形成对立，也就是说，都会重建一个聚合关系，这却正是中性要破除的东西：中性会在话语中变成对立的两项之一：展示它反而会加强它打算化解的意义。因此才有了随意的排序方法。去年：字母表②。今年的随机性更大：标题→按字母顺序→编号→抽签：任意一张桌子的号码：巴黎大学统计学院的第 9 号桌子［《应用统计学杂志》，1959，7（4）］：分成 10 纵行的一系列两位数字：我从左到右地逐行阅读：彻头彻尾的偶然性。

---

① 指写于 1977 年 12 月 10 日的一封致埃尔维·纪尔白的私人信件（后者于 1986 年在《另类杂志》上发表了这封信）。巴尔特在信中写道："我绝对不想把'舌头贴在你的皮肤上'，而只是想，还是换个方式，把'嘴唇贴在你的手上'。"巴尔特并没有点明这封纯属两人之间的私事的信，然而此后讲到"优雅"的熟语时，他却用只有他本人才明白的方式再度暗示了这封信。参阅《关于印度大麻的片段》（OC-Ⅲ，1297）。

② 指巴尔特上一年度（1976—1977）以"如何共同生活"为题的法兰西学院的课程。不过，随机程序在这里运用了两次，因为巴尔特事先把各个熟语按照字母顺序编了号，然后又依照统计学杂志里的一张数字表，抽签式地排定了它们的出现次序。

　　我想提请注意，在运用和验证一种随机的阐述方式（跟作"论文"的方法迥异）方面，我的再三努力从未引起任何反响。人们可以评论和讨论关于片段的想法，也接受了有关片段的理论，我还因此接受过采访——可是人们并没有意识到，决定把它们放入什么样的顺序才是问题所在。而且这也正是片段的真正问题：想想看，对于帕斯卡尔的《思想录》，尼采著作中的有序与无序的辩证法（尤其对《强能意志》而言①），这个问题会有多么尖锐吧。而我，仍然在咿呀学语阶段："电子的"随机性②＝解决办法。

38

（四）中性之欲

1. 感性诉求〔pathos③〕

　　所有这些都是：超然的理智安排：本课的论据＋阐述的原则。仍然得提出本课的本质：作为缘起和本课程所展示的欲望。本课之所以存在，是因为有一种对于中性的欲望，一种 pathos〔感性诉求〕（一门感性诉求之学?）。

　　（1）重提《就职演讲》④：许诺过每个年度的课程和研究都会公布一个自己的遐想，当做出发点。简言之：我意欲中性，故假定中

---

　　①　参阅《华尤蒙学刊·尼采》专号（巴黎，Minuit，1967）里让·德·瓦尔的《尼采思想中的秩序和无秩序》一文（85～94 页）和吉尔·德勒兹的《关于强能意志和永恒回归之说》一文（275～288 页）。

　　②　这一次用了统计学的随机程序。

　　③　希腊语 pathos 有"悲伤"、"怜悯"、"运用情感的修辞术"等义。——译者注

　　④　"我真诚地相信，对于这样的教学，应当接受永远把某种幻想放在其本源当中。"（《就职演讲》，OC-Ⅲ，813）

性的存在。凡有所欲者必有所假定（幻想）。

（2）对这种中性之欲进行专题的、穷尽的、终极的描写不属于我的事：这是我的一个谜，也就是说，只有别人才能看到属于我的东西。我能够做的，只是猜想在我自身的荆棘丛中有个深幽的洞穴，中性在里面显露和深化。[[欲望]] 因此，我想说，中性之欲是这样一种欲望：

首先，[[搁置]] 搁置（悬置①）各种范畴、法则、胁迫、傲慢、恐怖主义、催逼、要求、攫取意志。

其次，深入一步，拒绝单纯的抗争话语。搁置自恋倾向：不再害怕一些意象（imago）②：消解自身意象（这种愿望接近消极的神秘话语，或者禅宗、道家）。

（3）中性之欲永远是一个悖论：[[悖论]] 作为一个对象，[[暴力]] 中性搁置暴力；作为一种欲望，中性便是暴力。因此，有必要理解，本课自始至终都有一种中性的暴力，却是一种难以言表的暴力；始终都有一种对于中性的激情｛passion｝，但不是攫取意志的那种激情→当我平静时，我有时能够辨认出这种激情，我在平静中见证"攫取意志"的和独断论的场景。但是，这是断续的、徘徊不定的，欲望本身也总是如此：并非一种智慧，而是一种欲望。

（4）就一般规律而言，欲望总是有销路的：我们只是在出售、购

---

① 在希腊语里，épochè 的意思是"停止，中断，搁置一切判断"。巴尔特在《意象》（OC-Ⅲ，847）里给出了他自己的定义。这个概念来源于怀疑论哲学，巴尔特将在"回答"和"休假"等熟语里进一步阐发。

② 意象缺空是《罗兰·巴尔特自述》（OC-Ⅲ，196）里描写过的"中性的熟语"之一。在（OC-Ⅱ，1304）谈到"反意象"时，他写道："意象把一种沉重的索求压在我们肩上，这种索求跟我们所怀有的真正的欲望还不是一回事。"

买和交换欲望而已。中性之欲的悖论，它的绝对的特别之处是无销路→有人问："您不打算利用这门中性的课写一本书吗？"其他问题权且不论（尤其是有关 performance〈表现〉的），[[中性无销路]]我回答："不，中性这个东西是没有销路的。"而且我想到布洛瓦的这句话："完美只存在于看不见的尤其是买不来的事物里。"① →看不见的？我想说"吃不消的"→必须围绕着吃不消的东西连续上 13 周课：此后一切都将消逝无痕。

2. 丧礼的利刃

为了结束这个开场白，在让中性的熟语开始四下乱闯之前，似乎我应该就中性和中性之欲在我目前生活中的位置说几句话——因为没有不与当下联系的真理。

确定了本课的对象之后（去年 5 月），直到必须开始准备，这中间我的生活里发生了一件大事——有些人是知情的——一场葬礼②：即将谈论中性的这个人已经不是做这个决定的那个人了→本来，我打算谈谈如何解决冲突，而且我们仍然要谈——因为学院的海报是无法更换的；可是，除了这个我已经报告了其论据和步骤的话语，就在今天，我似乎听到了另一种时隐时现的音乐。这种音乐，我将界定它的位置，即域外之地，用以下方式：它是脱离了第一个问题

----

① 这是雷昂·布洛瓦的《日记（Ⅱ）》（巴黎《法兰西信使》，225 页，1958）中的一个部分的标题。巴尔特曾经为布洛瓦写过一篇专文（OC-Ⅲ，45～47）。[雷昂·布洛瓦（Léon Bloy，1846—1917），法国小说家和散文作家。巴尔特在 1978 年 3 月 25 日的课上再次提到了他。见本书第 122 页。——译者注]

② 巴尔特的母亲于 1977 年 10 月 25 日去世。

的第二个问题，是在第一种中性背后若隐若现的第二种中性。

（1）第一个问题，第一种中性，即已经宣布的本课对象，是把生存意志区别于攫取意志的差别：因此，生存意志被视为攫取意志的一种超越，它远离傲慢：我脱离攫取意志，致力于生存意志。①

40　（2）第二个问题，第二种中性，即本课的隐含对象，是把这种澄清过的生存意志区别于生命活力。→在一首诗里，帕索利尼说他只剩下这个东西了："绝望的生命力。"②→生命活力就是憎恨死亡。那么，什么东西把引退远远区别于傲慢和可憎的死亡呢？是这一段艰难的距离，极为强大，几乎不可设想，也就是我说的中性。第二种中性，它的主要形式归根结底是一种抗争，它要诉说：上帝是否存在并不重要，我只知道，而且直到最后一息也只知道，上帝本来不应该同时创造爱情和死亡。中性即这个无法省约的"不"字，它似乎高悬在僵化的信仰和确信头上，二者都不能改变它。

善意

（一）善意

从 voluntas 一词出发。这个词：观念形态的有趣滑动。volun-

---

① 参阅《恋人絮语》（OC-Ⅲ，677）。

② 帕索利尼的诗名为《绝望的活力》。这首诗被部分译出并收入《帕索利尼诗集：1943—1970》，621 页，巴黎，Gallimard，1990。巴尔特引用了这首诗的开头几句，见下文第 61 页和第 106 页。[帕索利尼（Pier Paolo Pasolini，1922—1975），意大利诗人、电影编剧和导演。——译者注]

tas＝好意，善意。→"意志"，仅当创造一套哲学语汇时才有（西塞罗）。[[词源]] 总之，起初：voluntas＝studium〔热情〕：对某事或某人有兴趣、眷恋、神往。所以，欲望在场；随后为"无菌的"① 演变，概念（voluntas）要么趋于坚硬，因为概念无欲望；要么趋于升华（对事物的趣味、欲望）。欲望在意大利语里的迹象：Ti voglio bene〔我愿你好②〕：亲切，浪漫，年少：温情向爱情迟疑不决的过渡：渴望另一人驾临（参见 Stammi bene：请为我保重）→Ti voglio bene 不能翻译成 je veux bien〔我乐意与你同行〕，因其意味着多少有点被动的接受，对别人此前提出的要求不表异议的心不在焉的态度，更好的译法是 je voudrais bien〔我愿与你同行〕：请注意，法语巧妙地把条件式变成了一种表达意愿的语式，比直陈式更强烈：je voudrais bien≠je veux bien＝是我在提出要求→Benevolentia〔善意〕从 Ti voglio bene 后撤，但是却奇怪地跟字面意义相符：我不想因为你的要求感到为难：我不拒绝，但未必愿意：这恰恰是中性的立场，并非没有、弃绝欲望，而是能够让欲望飘移于攫取意志以外。

41

善意或许有两种（随阅读而定）：湿漉漉的和干巴巴的。

（二）干与湿

（1）"湿漉漉的"：属于索取一方：为了获人爱戴而"和善"：友情的蔓延发散。[[本雅明，288 页]] 沃尔特·本雅明：在马赛体

---

① "没有任何感染菌。"（据《小罗伯尔词典》）

② 这是 Ti voglio bene 的字面意思，是表达爱慕的常用用法，但不如 Ti amo "我爱你"强烈。——译者注

验印度大麻。① 感到善意："万无一失的安逸感，等待被当成朋友接待。"印度大麻②的典型特征，至少在文学当中如此。[[波德莱尔，41、63 页]] 波德莱尔："善意有相当重要的地位……柔和、懒散、无声的善意，产生于温柔的神经系统"；此外还有："连陌生人也适用的一种善意，一种与其说出自爱情，不如说出自怜悯的慈悲心……甚至唯恐给别人带来伤害"→意象：身体的易感性（"神经系统"）转为情绪：显然属于恋爱当中的不安：通过蔓延、漂移而升华的欲望→agapè〈慈爱〉③。

（2）"干巴巴的"。按照道家的学说，这种温存≠善意。干硬的善意，因为产生于一种无所谓的态度。[[道，葛罗涅，110 页]] 在贤者看来，一切都是平等的。弃绝任何功能。如果非得那样做不可，便须平心对待"好的"与"坏的"，像儿童一样→他的"善"：毫无 agapè〈慈爱〉，毫无温情的善意（在印度大麻的作用之下）：一种高高在上的和柔性的善意，一种"超越的"善。（对于那些我陌生得连任何内心冲突的机会也没有的存在，我体验到这种"善意"＝彻底的、安静的无来往。）

（三）不安与距离

　　主体在善意的摆布之下：明确感觉到这一对假定，怀疑这一

---

① 沃尔特·本雅明的原文题为《马赛的印度大麻》，发表于 1932 年。文章描写 1928 年 7 月 29 日吸食印度大麻所造成的后果。此文后来收入《文集》第 2 卷，见《书页》丛书，巴黎，Gallimard，2001。

② 原稿除引文以外，均用字母 H 表示印度大麻。——译者注

③ 希腊语，意为"深情的、手足般的、圣洁的爱"。

端，不喜欢另一端。① →面临一道难题：盼望一头逻辑学"猛兽"，[[距离]] 不安与距离的适当剂量：不安，慈爱的标志，欲望的确认，落实在（不受压抑的）身体上；距离则保证不用软磨硬泡的索取压垮别人的保证，[[妖怪]] 不以温情相要挟→总之，[[情爱]]一种中规中矩的、"矜持的"、"保守的"Éros〈情欲〉（在 coitus reservatus〈有保留的媾和〉的意义上）。切记，矜持是道家的一条关于情欲的原则（在这一点上比它的干巴巴的善的观念更富于感性）。或者进一步说，善意＝渗透着情欲的慈爱。然而，[[丢尼修，38，104]] 很奇怪，反证神学②的开创者之一丢尼修在谈到升华的、圣洁的爱情时，坚持使用 Éros（情爱之欲）这个词，而不是 agapè（仁慈之爱）；实际上，Éros 蕴涵着 ékstasis③：它使情人彻底忘掉自我，促使上帝创造宇宙。尼斯的格列高利④（又一位反证的神秘学家）认为，情欲是慈爱达到欣然忘我的峰巅→总之，善意＝一种维系于情欲，受制于道家原则的慈爱。

疲惫

让我们看看核心部分，即词源的各个方面。疲惫：拉丁语有三

---

① 分别指湿漉漉的善意和干巴巴的善意。

② 反证神学似指一种放弃正面命题的论证方法，即不说何为上帝，而是通过否定命题和抽象，强调上帝不是什么。它的出发点是人类永远不可能正确地判断和认识上帝。——译者注

③ 希腊语 ékstasis "精神迷失"。

④ 尼斯的格列高利（Grégoire de Nysse，约 331—395），土耳其基督教神学家，获封圣徒。——译者注

个说法：Labor，Lassitudo，Fatigatio（或 Defatigatio）。在两个形象的交叉点上：

（1）Labor（苦工，尤与农事有关，要求整个身体的投入）→[[词源]]大概，labo：滑倒（参见 lapsus〔滑动〕）；使人免于滑倒的负载。Labor：有生命的形式：起作用的力量。Lassitudo 参见 Lassus：即躬身的、向前倒下的→也许还有 laedo，受伤，损伤，耗用。→被某物削弱、压垮的一般形象。

（2）fatigo：累垮（马匹）。参照法语：être crevé〔筋疲力尽〕。把这个意象重新构建好：打击或压力之下的"筋疲力尽"，[[纪德]]随后慢慢地、逐渐地萎缩泄气，丰满性被清空，墙壁的张力松弛下来。[[轮胎]]主题的形象＝泄了气的轮胎的形象。参见老年纪德自谓：我是一只正在泄气的轮胎。① 这个形象本身也包含着持续的意思：不断地朝前倾斜、倒空。这是疲惫的自相矛盾的无限性：无尽无休的终结过程。

43

（一）无立足之地

疲惫的社会（语言—社会）意义（不过，可惜，不仅社会科学，连语言科学也不管这些起决定作用的细微差异→因此，只能从某种直觉和经验定位）：

与工作（Labor）相联系。[[工作]]但是，在目前的社会领域里，"疲惫"看来不易跟工人、农民或者雇员的手工一类的劳动相提并论。阶级状态？无论如何，种姓制度的状态：传说跟无精打采

---

① 前引《小娘子实录》，第 4 卷，141 页。纪德所用的准确形象是"一只泄气的轮胎"。

的、殚思竭虑的脑力劳动相关。

这就提出了一个问题：疲惫在社会中的位置。在一份得到（社会）承认的各种病症的图表里，（整个）身体的病变占据什么位置？疲惫算不算病？它是疾病分类学的一种现实吗？由于在医学用语方面缺少良好的研究（尚在空谈阶段，社会科学高等研究院两年前的研修班，卡拉夫赫尔①的研修班；可是据我所知，尚无可以利用的词汇学成果），让我们听听直觉的语言怎么说：

（1）人们越来越承认抑郁症是一个疾病分类学的现实（也许是一部自命对症的药典制造出来的）：有可能出现跟"抑郁症"有关的病假（免服兵役之类）。

（2）可是疲惫呢？做个实验吧：为已被接受的（信得过的）托词罗列一张清单：您打算把一次会议、一件费脑筋的任务推辞掉：哪些托词不会引起怀疑、招来回应呢？疲惫？绝对不会。感冒？坏理由，太平常。要动外科手术？这个好一点，不过当心命运会报复你！[[丧葬]]参照社会在接受丧葬活动时如何将其编入代码：几个星期之后，社会就会重新行使它的权利，不再承认丧葬是一种例外状态：各种要求卷土重来，仿佛拒绝它们才是不可理喻的：如果丧葬活动对你的生活的搅扰比代码所允许的时间更长，那你也毫无办法。社会：殡葬时间一直是代码化的；《拉露斯便览手册》的"生活小常识"（19 世纪末）：父亲或母亲：18 个月；这至少还是从宽处理的。当今丧葬权利已大幅度缩水→丧葬权：须记录在（乌托邦式的？）社会呼吁的内容里：妊娠假，丧葬假……

44

———————

① 让·卡拉夫赫尔（Jean Clavreul，1923—2006），法国拉康派心理分析学家，1978 年在 Seuil 出版社发表过《医学的秩序》。

因此，疲惫没有代码化，尚未得到普遍接受＝在语言里的作用一直只是一个简单的隐喻，一个缺少所指的符号，一件属于艺术界的事（作为艺人的知识分子）（参照空幻①）→不入流的→从而是无法分类的：无地点，无位置，在社会上难以立足的→［［布朗绍，《交谈》，XXI页］］从而产生了布朗绍（疲惫的！）的呐喊："我不要求人们消除疲惫。我只要求把我领回一个允许感到疲惫的地方。"→疲惫＝个人身体的精疲力竭的呼吁，［［个人］］要求得到在社会上休息的权利（让我的社交活动休息片刻＝中性的主旨）。实际上，疲惫＝一种强度：社会不承认。

(二) 令人疲惫

每个人都必须试着清理一下自己的疲惫：在什么时候，什么情况下，自己是"一只泄气的轮胎"？再加上一种感受：照这样下去，我是否会没完没了地泄气？我想提示一种——不止这一种——（主观的）疲惫：［［交谈］］

(1) 交谈。我念一段用"我"的口气写的日记（1977年夏）（抱歉：我们不得不在孤芳自赏的话语和恐怖主义话语之间有所取舍）：

"X君来访；就在隔壁的房间里，正在跟母亲没完没了地谈话。我不敢关上门。让我感到疲惫的并不是声响，而是平庸乏味的谈话（唉，他要是说一种我听不懂的、更富于音乐性的语言岂不更好！）。我总是对别人不知疲倦的性格感到惊讶（愕然）。能量——特别是

---

① "这种空幻，这个语言的存在物，既不真实，又非虚构……理解和想象力都无法触及。"（《作家索莱尔斯》，OC-Ⅲ，938）

语言的能量——使我目瞪口呆：我认为那标志着一种疯狂。别人不知疲倦之谓。"①

的确，[[永恒性]] 在我看来，交谈似乎把言语行为的永恒性 45
（永恒的敬慕②）现实化了：一种形式的力量，涵盖在全人类的尺度
上：使我感到被孤身排除在外的巨大力量（除非把我本人变得聒噪
不休！）：不过，面对一场交谈，有一种办法可以使人重新把握自
我，找回自我：听而不闻：在另一个层次上，把这种交谈当做一个
小说艺术的对象、一幅语言场景接受下来，本人退而与之保持艺术
家的距离。陌生人之间的交谈（例如在火车上）之所以（对我来
说）不像朋辈交谈那样累人，原因就在于此。[[置身事外]] 因为
眼睛可以盯着时刻表，借以脱身。

（2）在交谈中，重要的是相对于别人正在从事的言语行为，自
己所处的位置：寻找（以及寻而不得）自己的位置（陌生人之间的
交谈）令人疲惫；可是，如果我不被要求（在一场游戏中）占据一
个位置，而是在一个交谈的空间中漂移，此时疲惫就发生变换（橄
榄球术语）。[[处所]] →位置≠空间 [[空间]]。→从而有了另一
种形式的疲惫："立场"的疲惫，"相对于……"的疲惫："您对于
马克思主义，弗洛伊德主义，对于 X，对于 Y，采取什么立场？"
"你在这个问题上的立场是什么？"疲惫：要求表明立场。当今世界

---

① 这段文字在《思忖》一文里稍有不同（见 OC-Ⅲ，1007）。

② "永恒的敬慕"（adoration perpétuelle）是基督教神学的说法，本意是
"对于祭坛上安放的圣书的无限虔诚"（据 1994 年版《拉露斯大词典》）。这也
是普鲁斯特的一个反复出现的主题。作为《追忆逝水年华》的最初书名，"永
恒的敬慕"最后成了小说第三部分"盖芒戴斯公主府邸的早晨"的第一小节的
标题。

充斥着此类要求（发言、宣言、签署，等等）[[签名]]，这正是它的令人疲惫之处：漂移之难，变换位置之难。（然而，漂移就是身居一个空间之内，但位置不固定＝让人觉得最舒服的体态：浴池，船）

1978 年 2 月 25 日

疲惫（续）

（三）疲惫的正确性

仅举布朗绍的一段话（《无尽的交谈》，XXI页）：
[[布朗绍]] "疲惫是最谦卑的厄运，是中性之最，
[[中性]] 是无人会出于自尊心而选择的一种经验，
假如能够选择的话。中性啊，请你把我从疲惫当中
解救出来吧！带我去那个与我毫不相干的地方吧，
即使让我担心占尽空间。——然而，这个地方正是
疲惫，一种不占有的状态，它吸纳一切，却不
质疑。"

说得很好，除了疲惫以外，无须再说什么：为避开傲慢而必须付出的代价吗？

(四) 作为工作，游戏和创造的疲惫

我说过：社会基础。疲惫：种姓制度的现象。面对疲惫，或者与之——连同其他现象——打交道时疲惫的三种可能的用途。

1. 疲惫是工作

[[布朗绍]] 布朗绍提到一个悖论 (《无尽的交谈》，♯XVI①)："看来无论你如何疲倦，你都会恰如其分地圆满完成你的任务。疲惫似乎不仅不妨碍工作，[[工作]] 相反，感到无限的疲倦恰恰是工作所必不可少的。"→正是在这个意义上，我们可以说，疲惫不是一个经验性时段，一种发作，一个有机的事件，一次阵发性的肌肉活动，而是一个近乎形而上的维度，某种有形的（非观念的）理念，一种精神的体感：亲触、直感，无限性本身：让无限性与工作相伴厮守。于是能够把握这一点：在某种意义上，疲惫是死亡的对立面，因为死亡＝确定的，无法想象的≠疲惫，常驻体内的无限性。

2. 疲惫是游戏

我说过，社会褫夺了疲惫成为托词的效力。也就是说，我们往往都认为，疲惫是一条用来求得宽恕的行得通的理由：我们想把它作为一个部件，放入关于遁词和保护的社会游戏里去。[[纪德]] 这一点在纪德身上表现得很充分 [《小娘子实录》，170 页；(1950

---

① 布朗绍在《无尽的交谈》里用这个符号表示段落。

年，纪德 81 岁，一年后去世）：“当不得不做出必要的和注定令人
[相当] 不愉快的解释时 [让我补充说：我们从另外一些宣称，尤
其是那些‘表态’当中早就知道这一点。见上文]，一场极微妙的
游戏出现在他常有的深切实在的疲惫感和不时加以利用的做法之
间，而且并非故意地藏在疲惫感背后。[[立场]] 他后来为自己开
脱说：‘其实，这一切对我来说都无关紧要 [这话只说对了一半]，
我只要求一件事：让我安静点。’”不错，请注意，这正是纪德宣称
“自己像一只泄了气的轮胎”① 的时期。除了安静之外，一只泄了气
的轮胎还能够要求什么呢！→这种游戏不光是社会性的：人们不仅
能够戏用疲惫，也能够直言不讳地“戏言疲惫”。纪德正是这样做
的：无可指摘的证言：比喻（轮胎），布朗绍也是这样做的。当我
在课上为它开辟一个熟语的时候，或许也是如此？

3. 疲惫是创造

一个我们经常遇到的形象，心怀敬慕的形象（前 4 世纪～前 3
世纪）是皮浪②，[[皮浪]] 也就是说，皮浪主义者（不是皮浪主义
的创立者本人，因为他的态度恰好是不系统的，非独断论的），起
源于一种疲惫：他对智者的一切言论感到疲惫，有点像纪德，要求
别人给他许些安静。[[诡辩论者]] 于是，通过自认疲惫——别人
的啰唆，不堪忍受，他建立起某种东西：我不说它是个什么，因为
它既不是哲学，也不成体系；倒是可以说，他创造的是中性——他
似乎读过布朗绍！所以，疲惫的创造性也许开始于人们接受它的支

---

① 见上文第 43 页。

② 皮浪（前 365—前 275），希腊怀疑派哲学家，巴尔特以后会经常提到
他。可参见例如关于熟语“回答”和“契机”的课程讲稿。

49 配的那一刻。因此，享有疲惫的权利（这里不涉及社会保障制度）是新事物的一部分：新事物产生于厌倦——产生于忍无可忍。

疲惫退场。

沉默

（一）沉默与缄口

古代语言也一样：缄口，保持沉默。但是微妙的差异却更早就有了：tacere＝缄口不语≠silere：沉默，万籁俱寂。用于物体，夜晚，海洋，风。→从而有了常见的优美譬喻：敛藏难辨的残月，嫩芽和葡萄嫩枝，尚待孵化的蛋：silet，sileunt ｛默不作声｝。

简而言之，silere 〔沉默〕指事物诞生前或消逝后的一种无时间性的童贞状态（silentes＝亡故）。[[鲍姆，260，245]] 这种自然界的"静寂"，很接近鲍姆关于上帝的神秘观。在他看来，上帝就其"本身"来说：善良，纯洁，自由，沉默，永恒的光明，无阴影，无对立面，匀质无疵，"永远沉默无语"。不过，鲍姆所说的上帝的沉默将其变为不可知，因为，简言之，silere＝一种没有聚合关系和符号的状态。没有聚合关系的上帝是无法显现的，甚至无法自我昭示："纯粹的意志如同虚无一样微末"① →上帝为自己创造了一组聚合关系，给自己树立了一个 contrarium 〔对立面〕：一个有七种形式

---

① 亚历山大·科伊雷在前引《雅各布·鲍姆的哲学》里写道："上帝打算……揭示自己，先针对他自己产生自我意识。……可是，这样一来，他就没有办法认识自己了，因为要展现和揭示自我，他没有任何东西能够与自己形成对立。"（245～246 页）

的"自然界"（7 这个数字的象征意义），世界末日（7 位仙人，7 道目光），《圣经·旧约》的数象（7 个数象①），其本身与两个活跃的核心（然后与聚合关系）是衔接的。

50

　　吞噬的火焰，圣父的怒火，orgè，ira②，夺命的焦虑/照耀的光明，圣子：放入聚合关系（上帝亲手放入己身的自己的聚合关系）显然与圣言〔Verbe〕的出现刚好契合：启动言语行为，言语行为，言语的产生 [[交谈]] [locutio〔言谈〕：语言总是有这种令人难以忍受的滑动，尤其是法语：它实质化，实体化，把生产活动变成产品，把表述活动变成话语段，把言—行变成言—语]。tacere（此处我把拉丁词源和鲍姆的玄秘说混合着说——当然不很恰当），作为"缄口不语"的 tacere，因而跟作为自然界的或者神圣的、沉默无声的 silere 截然对立，然后，毗湿奴的最后一个化身，两者平起平坐，成为同义词，但是向 tacere 的含义倾斜：自然界在某种意义上成为言语的牺牲品：沉默不再限指言语的沉默，除非在诗歌里，在古僻的意义上："万籁俱寂。"

　　我们可以从遥远的辞源，或者高深的玄秘学说返回，同时不忘

---

　　①　复数名词，语出犹太教对《旧约》的传统解释（Kabbale）："圣体的十大完美的名称，掌握了它的知识便构成内省的最高境界；它们是冠，慧，智，力，慈，美，胜利，光荣，基础和王权。"（《利特雷法语词典》，1974 年版）按照 G.B. 绍莱姆（《卡巴勒及其象征性》，巴黎，Payot，1966；巴尔特在 OC-Ⅲ，676 页引用了这部书）的说法，确有十大象数，但是"上帝的神圣形式却是 7 个"。（Séphiroth 在希伯来语里的本义是"列举"，此处采用《圣经》学者冯象的译法"数象"。数象即卡巴勒传统所说的上帝创制的 10 大表象，排列有序，相互联通。作为对宇宙的高度概括，它们既反映物质世界，也反映精神世界。——译者注）

　　②　希腊语 orgè 和拉丁语 ira，意思都是"愤怒"。

sileo/taceo 的聚合体。众所周知，言语，言语的实践是跟权势问题紧密相连的：[[权势]] 这便是发言权的主题。希腊语有一个表示这种法律权利的字眼（因为在体制内部）：[[平等发言权，芬利，67]] isègoria①，人人享有的集会发言权。仍然摆在眼前的问题：发言的要求，言语的压制。可是，后台，或者说深层，侧旁，另外有一个力求让人听到的要求（但如何做到？）：沉默的权利（参照美国的投币电唱机、无声唱片）。不说的权利，不听的权利：这在今天似乎有违背常理之嫌。在这里正好颠倒，一种集体性的，几乎是政治性的——总之受政治因素的威胁——形式的诉求是要求享有安静的天然权利，silere 的权利，但绝非 tacere 的权利：我们又一次遇到了生态科学，保护生态运动；[[污染]] [[生态学]] 但是，消除污染（我对这个词大不以为然，它在萨德②著述里是射精的意思，是手淫，声讨污染从而带上了道德意味）的活动并不涉及——或者至少尚未涉及，或者据我所知并不涉及——言语造成的污染，制造污染的言语→因此，作为一种权利的 tacere 仍然处于边缘的边缘（真正的抗争应该发生的地点，永远如此）。

　　→中性＝主张缄口不语的权利——缄口不语的可能性。

　　（二）破除言语

　　沉默（因此，在作出以上说明之后＝缄口，不说话）：一种办

---

　　① 希腊语，意为"每个人讲话的平等权利"，从中产生"一个民主政体中的权利的平等性"。摩西·I·芬利在《古代民主与现代民主》一书（67 页，巴黎，Bayot，1976）中说：这个词有时候被希腊作家用做"民主"的同义词。

　　② 萨德（Donatien Alphonse François Sade，1740—1814），法国色情文学家。西文 sadisme（色情虐待狂）一词即得名于他。——译者注

法，用于打破对于讲话方式、locutio（言谈）的压制、恫吓和威胁。我将举出缄口不语的两种方式。

1. 沉默是一种社交策略

不消说，为了避开言语的陷阱，上流社会有一整套推崇沉默的"道德规范"＝古典伦理学的主题，韬光晦迹：

[[培根]] 弗朗西斯·培根，《道德论》，249 页。自我掩饰和蛰伏的艺术→三种方式或程度：（1）矜持、慎重、沉默的人，绝不显山露水，难以测度；[[掩盖]]（2）"负面的"掩盖（倒不如说"抵赖"）：[[佯装]] 骗人的符号→表里不一；（3）"正面的"或者"肯定的"掩藏＝故意佯装，表面上所说的与实际上不同→培根推荐三种用法当中的战术性用法："最好的性情和最佳的组合……是在享有坦诚的名声的同时，还有谨守秘密的习惯，一种必要时加以掩饰的本领，甚至是当别的办法不奏效时，那种会假装的本领。"→这当然是指一种表面上的沉默，要么习常如此（寡言"慎行"者），要么具体话题上（在某件事上默不作声，必要时顾左右而言他）。

这里涉及一整套上流社会的复杂的伦理学——不妨说是一部"微观观念形态"（如人之所谓"小气候"）—— [[耶稣会教士]] 我们可以把它置于"耶稣会道德观"的含糊概念之下："意中保留制"："运用语言歧义和内心保留而不涉及罪恶，这是容许的。"①[[维科，沙辉，13]] 从符号学的角度看，这很有趣：沉默不是本

---

① 儒勒·沙辉提到了威尼斯僧侣历史学者弗拉·保罗·萨尔比（Fra Paolo Sarpi，1552—1623），说他"尤其谴责耶稣会教士为意中保留做出的辩护"。[儒勒·沙辉（Jules Chaix-Ruy，1896—?），法国哲学家，发表过《柏拉图思想》、《帕斯卡尔》和《尼采的思想》等多部著作。——译者注]

义上的一个符号，不指向一个所指物：因为它很像（小提琴）乐谱
上的一个休止符（tacet①）；组合段意义：我在话语中间加进空白，
不是为了空白而空白，而是针对我的想法：因而出现了多重声音中
的组合段价值，至少在三个方面如此：我所思的＋我说出的或者不
说出的＋别人所接收的（因为我的"沉默"并不一定按照"沉默"
被接收！）。实际上，根据这样一门有关社交的道德观的"符号学"，
沉默具有一种"言说"或者"发话"的实质：它总是关涉到隐含不
露。一旦进入交际活动和强大的社会性的领域（若非超级社交活动
的言语行为，它还能是什么呢），隐含不露（以及作为其"标记"②
的沉默）便加入了社交活动的角力：这是一件具有多重价值的武
器：（1）耶稣会教士把它当做一件武器接受下来，使他们能够身兼
社交者和基督徒两职；（2）反过来，宗教裁判所把隐含义视为一件
针对真实信仰的武器。道科玛塔③（1420—1498）把西班牙宗教裁
判所的职权扩大到被视为"隐含异端"的犯罪和违规行为，[[隐含
的异端]] 即一种不明说的（在这个问题上保持沉默的）抗拒教廷
的语言行为，[[宗教裁判所，74]] 然而，沉默者因其行为（重婚、
教堂行窃、亵渎神明、教士结婚等）而成为异端。目的很清楚：将
教廷的司法范围扩大到部分地属于民事的、非语言的违规行为→可
怕的是：实际上，在所有"极权的"或"倾向于极权的"政体里，

---

① 拉丁语 tacet "缄默"，音乐上指乐器或声音在乐章某个部分休止。

② 在符号学创始人查理·桑德斯·皮尔士（1839—1914）所说的意义
上。与符象（icône）和象征（symbole）不同，标记（indice）与现实有一种物
质性的相邻关系。

③ 道科玛塔（Tomás de Torquemada），15 世纪西班牙王室的御前僧师，
著名的宗教裁判官。——译者注

隐含不露都是一条罪行，因为隐含不露恰恰是脱离权势掌控的思想，因而是零度，地位举足轻重，是万恶之首："因隐含的动机入狱"，——或者更甚，"因沉默而被处死"。

教会："言谈务守教规"的"僵硬"传统：圣奥古斯丁和永远道出全部真情的义务，[[容忍]]无论后果如何（让我们回想一下：圣奥古斯丁不容忍多纳教徒①的"榜样"）→冉森主义，新教一派："恪守"道德＝排斥隐含，排斥"意中保留"。→把对隐含的排斥世俗化，[[坦率]]关于坦率的道德观（童子军，源于新教）。我们目前有一种新的政治现象。政治＝非言表的→所以人们不断地说自己无话不说。巴尔②就以清醒和坦率自吹自擂＋马歇③的书：《让我们开诚布公》④。在我看来，"坦率"的唯一可以接受的形式：在咖啡馆里听见的（话题是一种能够让汽车发动机燃烧得更充分的玩意儿）："坦率地说，我不知道。"→这些"坦率"的人（即以此自我吹嘘者），我们在生活里遇到了多少啊：通常这预示着一次小小的"进攻"：[[优雅]]人们以此挽回自己缺少优雅（没有优雅）的声誉；可是，坦率的最大毛病，[[蠢行]]在于它往往为蠢行打开了大门，门户洞开。我觉得，紧跟在"我将十分坦率"这句话之后，

53

---

① 多纳徒教派（donatistes），4 世纪时的北非分立派基督徒。巴尔特在谈到熟语"傲慢"时还会提到他们，见本讲稿原文 204 页。

② 雷蒙·巴尔（Raymond Barre，1924— ），法国无党派政治家，曾任德斯坦总统的政府总理和里昂市长。——译者注

③ 乔治·马歇（Georges Marchais，1920—1997），法国政治家，曾长期担任法国共产党总书记。——译者注

④ 《让我们开诚布公》是法国共产党总书记乔治·马歇的一本著作，1977 年由 Grasset 书局出版。雷蒙·巴尔时任政府总理。

除了另一句蠢话之外很难有别的①。→在优雅和隐含的即缄口不语的沉默之间有某种联系。

2. 因内心的"道德规范"而缄口：怀疑派的沉默

黑格尔一派对于怀疑论（我们还有机会回到这上面来）的诠释（黑格尔，科耶夫②）：[[怀疑主义]] [[心理学]] 怀疑论的基础是心理学的 [[概念]]（它不是一种哲学，不寻求概念）：证实同时存在一堆矛盾的"玄思"，[[科耶夫，25]] 相互矛盾的无法证明的公理和理论：哲学体系（柏拉图，亚里士多德）＝简单的见解：一位哲学家说的话在本质上与普通人所说的话没有什么区别（即使我们附和怀疑派，柏拉图与常人也至少会有一条区别：艺术家）。

无论是不是哲学家，人们在说话时都在反驳别人所说，而且谁是谁非无法裁决→这是一种"虚无主义"。然而，鉴于道理都是"等值的"（isosthéneia，antilogia③），怀疑论者（蒂蒙④）演绎出一种沉默（aphasia⑤：有关缄口不语的学问）。这种沉默：神秘的沉默貌似虚无，（无道理、无隐含）之"虚空"。

后世的怀疑派教育家重新提出了这一点（侧重道德观）。[[怀

---

① "中性是无法直白地说出的。"（《时序》，OC-Ⅲ，979）

② "他们的怀疑论的'哲学'出发点是对于一大堆相互矛盾的'神话'（在话语中）同存共处的（话语）关注。"（A. 科耶夫：《异教哲学史辩》，卷3，25 页，巴黎，Gallimard，1973）

③ 希腊语 isosthéneia 是"势均力敌"的意思，antilogia 是"应答，反驳，矛盾"的意思。

④ 指讽刺诗人蒂蒙（Timon，前320—前230），皮浪的门生。

⑤ 希腊语 aphasia 是"无讲话能力，保留见解"的意思。

疑派，48]] 塞克斯都·恩庇里柯① （医师塞克斯都：公元 3 世纪中

叶在世）："当一位怀疑论者采取沉默的态度时，他并非在怀疑当中

寻找一个舒适的避难所，或是一种避免犯错误的办法。正相反，面

54

对一些不确定的、受制于相等的矛盾力量的表象，他只是在描述自

己的灵魂的平衡状态。"② →所以，这种沉默是心理的（事关灵魂）、

逻辑的（跳出相互矛盾的"真理"）和伦理的（目的是提供休息，

ataraxie〔无忧〕）。请注意，这一点很重要，怀疑论者的沉默不是口

头沉默（怀疑论者也像任何其他人一样讲话），而是"思想"、"理

性"的沉默，是隐含的体系的沉默，[[契机]] 这种体系支撑着一

切哲学、宣言、非随意性话语并使之绞接为整体→言语：在外表、

偶然性上被接受。[[闲扯]] 被摒弃的恰恰是系统的（独断论的）

言语 [[独断论]]。说到底，甚至可以认为，"闲扯"作为一种纯属

随意性的话语，也是能够破除言语的一种沉默的形式（这一点讲时

需小心，因为爱闲扯的家伙令人讨厌）。

（三）沉默是符号

我们知道，沉默在音乐上和语音同样重要：因为它也是一种语

音，或者说一个符号。我们在这里又看到了那种自《写作的零度》③

以来就引起我注意，而且一直使我魂牵梦绕的过程。[[独断论]]

一种产生于针对符号、超越符号的东西，本想不成为符号，旋即却

作为符号被回收。发生在沉默上的正是这个东西：人们想利用某种

---

①　塞克斯都·恩庇里柯（Sextus Enpiricus）是欧洲后期怀疑论的代表人

物，其著作《皮浪学说概要》是研究古代怀疑论的重要文献。——译者注

②　让-保罗·杜蒙的这段评论见于其论文的脚注。

③　见 OC-Ⅰ，180："洁白的写作是天底下最不虔诚的写作方法。"

破除符号的东西来回应（充满了符号的）独断论：这便是沉默。不过，沉默本身表现为一种意象，多少有点斯多葛气派，"睿智"，有英雄气概，深奥莫测：破帛飘逸→符号的宿命：个人难以抗拒。

应当开放、建立的一个课题（如果尚未这么做的话）：作为符号的沉默。我正在考虑这项课题（谁想要就拿去好了）。目前已经有了三张卡片，也许能够开启两个"方法论"上的方向：

（1）沉默是一个有丰满的所指物的能指：[[佛教]] 佛教僧侣们手中的施舍钵（贝什洪，Seuil，94）："当接受并非靠央求，而仅靠沉默得来的施舍的时候，僧侣们不做任何感谢的表示。"[1]

55 沉默返指一个分叉的所指物：1）＝"请求"（呵，所有这些意在请求的沉默！好一个课题！）＋2）→"清高自重"：不含羞辱的请求，自由的、清高自重的请求。

（2）沉默＝处在一组"扩大的"聚合关系当中，既是纵聚合的又是横组合的聚合体：沉默者≠发话者→轶事（培根《学术的尊严》，卷Ⅷ，1.1 章，359 页）说："一个古老的故事讲到……一群衣冠楚楚的哲学家集合在一位外国君王的使者面前，为了让使者遴选出最优秀的思想，以便回国后能够向君王提交一份有关最睿智的希腊人的出色报告，每个人都竭力炫耀自己的聪明才智。然而，他们当中有一位却一言不发，没有作出他的那份贡献（狄奥根尼·拉尔修说：此君便是芝诺）。使者于是转身对他说：'您没有任何东西可以告诉我，好让我呈报的吗？''您就对您的主人说，'这位哲学家答道，'您在希腊人当中找到了一位懂得沉默的人。'"→请注意

---

[1] 莫里斯·贝什洪：《佛教与僧侣》，巴黎，Seuil，1956。巴尔特在《恋人絮语》（OC-Ⅲ，529）里提到了这段话。施舍钵是"佛教徒可以拥有的九件物品之一"（贝什洪）。

这个悖论：沉默只有当人们让它说话，即用一番赋予它意义的释说重复它的时候，方才成为一个符号。我们不妨说，国王的使者不那么愚蠢，本来完全能够独立发现沉默的意涵，多重意涵（"希腊人也有沉默的"＋"这沉默是一种哲学话语"＋"其他人即我的竞争对手都是喋喋不休的"＋"您并没有给我留下什么特殊的印象"，等等）。但是，当然，这段故事是为我们编撰的：它是个"叙事素"①，就这一点而言，事关沉默与否并不重要。

（四）打破沉默

沉默：首先被假定为一件破除言语的聚合关系（各种冲突）的武器；然后逐渐凝结为符号（即落入一组聚合关系当中）；毫不奇怪，故意避开聚合关系的中性便试图打破（作为符号和体系的）沉默。

（1）有关行为的问题，卡夫卡曾经谦卑地，然而极出色地提出过［［布朗绍］］："卡夫卡很想知道，当八个人一起交谈的时候，应当在什么时刻发言和发言多少次，才不会被认为保持沉默。"②（布朗绍，《无尽的交谈》）我觉得这是我们大家都熟悉的一种焦虑感：我应当说点什么，说什么都行，不然别人会以为我厌倦了（那倒也的确如此，等等）。在这里，符号的成本获得评估：必须重复多少次才能构成一个符号——或者破除相反的符号（我并不沉默）？→规定中性的将不是持续的沉默——那将是系统的、独断的，而且会变成一个断言的能指③（"我始终沉默"）—— 而是根据言语在破除

56

---

① 巴尔特自创的新词：叙事单位，或叙事的组构成分。

② 在处理"回答"这个熟语的时候，巴尔特再次提到了这个故事，见本讲稿原文第 147 页。

③ 关于中性的非系统性，参阅 OC-Ⅲ，1063。

沉默的符号时所需付出的最低代价。

（2）皮浪十分了解这一点。皮浪与独断论的怀疑主义不可混为一谈。我们在前文第（二）部分第二小节已经看到：沉默作为怀疑论的系统性成分，也就是应答｛antilogia｝的逻辑结论。然而，这里是皮浪本人的一个实用的、反系统的立场→在某种意义上指出方向的一条铭言：oudén mallon①："非此非彼"，"非是非否"。在我们看来，这等于什么也没说，除非是"也许是，也许不是"，因为对我们来说，"是"跟"不是"截然不同。对皮浪来说，还有更为极端的（更至高无上的）推理：假如说"是"与说"不是"没什么区别，那么为什么不说其一，或者两个都说出，而不是两个都不说，只保持沉默呢？（说出其中任一→"古怪的"话语或答辩的情形，都是破坏言语/沉默的聚合体的好办法，参见"答非所问"）→默不作声与说话，选择其一或者其反面毫无区别→皮浪主义者根据不同情形选择说话或者缄口不语——正如我们大家一样——此时不会自相矛盾：他认为重要的是（中性所采取的办法）＝这种言语和沉默的游戏不应永远不变：在反制独断论的言论的同时，不应制造同样独断的沉默。

（3）此处：沉默的实效方面＝社交当中如何待人接物问题，从耶稣会教士到皮浪（后者至少跟耶稣会教士一样，曾经使帕斯卡尔难以忘怀）都是如此。可是，不消说，语言并不止于书本②、交际

---

① 希腊语"无余物"之义，即无差别，或者皮浪主义者所说的 adiaphorie ｛无属差｝（参阅 OC-Ⅱ，1605；OC-Ⅲ，207）。［"无余物"是希腊怀疑派的说法，指因相反论据价值均等而达到的悬置状态或精神平衡。巴尔特在本书第256页将再次提到这个字眼。——译者注］

② 巴尔特在课堂上说的是 les lèvres ｛嘴唇｝。（les livres ｛书本｝和 les lèvres 仅有一音之差。大概是巴尔特的口误。——译者注）

性。我心里有话说。因此还有一个内心沉默的问题。既然主体只是彻头彻尾的言语行为（言语），心里话的终极沉默就只能在人类经验的一个边缘区域里出现、摸索和提出。在这里，主体与（作为主体的）死亡玩游戏：

57

1）基督教神秘主义：炙手可热的题目，因为从根本上说，（作为神学，作为建制的）教会是发声的：它所要的正是语言，它对语言从不餍足≠神秘论者：企图劫持语言，让语言的永续性停下来，因此只会遭到教会的敌视和怀疑：只因意欲不出声地祈祷，基庸夫人①（基本上取代了让·德拉克洛瓦②）便遭到了博絮埃③的斥责。博絮埃认为必须用词语祈祷，正统的信仰必然借助语言。（可参阅克尔恺郭尔④的观点：亚伯拉罕＝一个不把自己的奉献付诸词语的人，不经由言语行为的普遍性＝信仰的英雄。

2）皮浪主义者——不过，此处并非从实效方面而论，而是按

---

①　基庸夫人（Madame Guyon，全名 Jeanne-Marie Bouvier de la Motte-Guyon，1648—1717），法国寂静主义神秘论者，著有《简易祷告法》一书。因罗马天主教廷视寂静主义为异端邪说而被囚禁多年。——译者注

②　"罗犹拉的神秘主义与圣徒让·德拉克洛瓦的神秘主义……不一样。古时伟大的神秘家为了超越语言而在语言中穿行；语言是他们的敌人。"（《一位专长色情修熟语的修辞学大师》，OC-Ⅲ，44）另见《萨德·傅立叶·罗犹拉》（OC-Ⅱ，1088）。[圣徒让·德拉克洛瓦（Saint Jean de la Croix，1542—1591），16 世纪西班牙神秘论者。——译者注]

③　博絮埃（Jacques-Bénigne Bossuet，1627—1704），法国天主教散文作家。——译者注

④　见克尔恺郭尔：《恐惧与颤栗》，1843。巴尔特多次提到这个取自克尔恺郭尔的例子：亚伯拉罕不动声色地要杀掉以撒作为祭献。特别见于《批评新论》（OC-Ⅰ，1367）和《就职演讲》（OC-Ⅲ，804）。

照黑格尔（科耶夫）的诠释：呼唤某种道德意识（不折不扣的，因为完全是"内心的"，个人的事），它不再开口，连喁喁低语也没有；无论他们做什么，甚至什么都不做的时候也是如此。这种观念比斯多噶派道德家的道德意识还要沉默：说不出它是什么，因为它本身一声不响。

3）禅宗：禅宗不信任高谈阔论。a）一间禅院，500 位深谙佛经的僧人，不敌一个对佛学毫无所知的怪异俗人；b）六祖为什么能够继承五祖，因为他说："因为我不懂佛。"①

4）道家：a）老子说："了解道的人不谈论道，谈论道的人不了解道。"②（我本人恰好属于这种情形哦！仍需注意中性的这个难题：哪怕是蜻蜓点水地介绍、推荐不语，到了某个时刻却非得说出它不可。中性＝做不到：言说即说破它，不说则错失其"构造"。）b）完整的沉默（内在的完整）：临界行为，因而与一种启蒙活动相联系。道家的启蒙："首先不判断，不说话；然后内心不判断、不说话……"③ →"外部"言语→"内心"言语→彻底沉默，言说，在某种意义上是沉默的跳板。

这种彻底的沉默已经不是缄口不语，而是返归沉寂了：整个大自然的沉寂，人类现象在大自然中荡然消散，于是人类成为大自然中的一缕声音（在控制论的意义上），一丝杂音。不过，难题仍然存在：若要评说这种杂音，非得开一门课不可。

① 见《禅论集》一书（*Essais sur le bouddhisme Zen*，第 1 卷，47 页，巴黎，Albin Michel，1972）。书中专门谈到一位"十分特殊的"俗世僧徒，虽然他不懂佛教，却见得到佛，于是被五祖选中，以"继承五祖的袈裟"。

② 原文见《道德经》第 52 章："知者不言，言者不知。"——译者注

③ 引自葛罗涅：《道家精义》，110 页。——译者注

优雅

(一) 优雅的原则

我必须回到——只为再出发——一段有关萨德的引语，那是去年的课上我说到优雅的原则时引用过的。

> 萨德侯爵入狱以后，萨德侯爵夫人要他把穿脏的内衣交给她（理解侯爵夫人：除了洗衣服以外，还能有别的什么目的?），这时萨德假装从中看出另一条完全不同的动机，完全是萨德式的："可爱的人儿，您要我的脏衣服、旧衣服？知不知道，那可是一种完美的优雅啊! 你可以看到，我感觉到事物的代价。我的仙女，你听好，我一百个愿意在这件事上满足您，因为我尊重趣味，尊重幻想，这你是知道的。无论它们多么虚饰造作，我认为都值得尊敬，因为咱不是它们的主人，也因为其中最怪异最荒诞者，经过良好的分析，总是可以追溯到一条有关优雅的原则。"①
>
> （《萨德·傅立叶·罗犹拉》，174 页。）

但是，永远不要把一种行为与有关评论分离，因为语言贯穿行动。萨德的表述让我们隐约地看到什么是优雅的原则：一种分析的愉悦，一种破除意表（衣服脏了便需洗涤）的语言运作，而且引出言外之意：优雅是一种游戏于琐屑事端（非功能性的）的倒错行为：[[词源]] 分析产生精细（"优雅"可能有的一个意思，但在词

59

---

① 见 OC-Ⅱ，1161。巴尔特此时念了其中一小段。

源上值得怀疑），而且正是这样的切分和取向带来了愉悦→不妨说：从"微末琐事"（fundo —— 流动的、任何东西都无法滞留的）中获得的愉悦。总之，优雅：毫无用处的分析（luô①→解开）②。这就是语义背景、幕布。→所以，让我们也来分析一下。

（二）优雅的闪现

这里的闪现并非"特征"、"元素"、"组构成分"，而是不时闪现的东西，凌乱，转瞬即逝，连续不断，[[轶事]]在"闲话"里，有关书籍和生活的逸事总汇。

1. 精细入微

茶艺（日本）→审美意识的宗教，15 世纪：有神论＝改头换面的道教→［茶，茶艺各流派的时期。（1）煮茶，煮茶饼；（2）搋茶；（3）泡茶。］

（1）煮茶：请注意细致入微地分析和区分。水：最佳的水质：首先是山里的水，其次是河水，最后才是泉水。煮沸：1）鱼眼大小的水泡，2）像山泉中滚动的晶莹珍珠似的小水泡，3）滚沸的壶水。（→将茶饼置于火前烘烤，直到"变得像婴儿的胳膊一样柔软"。两张纸夹起研碎→水第一次沸腾时放入盐→第二次沸腾时放入茶，同时兑入一勺冷水，将茶稳定下来，并且"让水恢复青春"。）

（2）搋茶：用小石磨将茶叶研成粉末（宋代③）→用劈竹制成

---

① 希腊语，也有"化解，解决，解释"的意思。

② 关于优雅，见《恋人絮语》（OC-Ⅲ，514）。

③ 中国的朝代。根据冈仓天心的论著《茶艺》（里昂，Paul Derain，1963）所说，搋茶此时变得十分流行，巴尔特此处便据其说。

的细刷击打热水中的茶叶末。

无用的或有神秘用处的细节：细致入微；近乎荒诞。总之：关于无用的附加工序的艺术。参照处理保洁问题的某种方式。泛嬉皮士的观念形态中有对于清洁的抗议，因为社会确实逐渐把它变成一种价值：（a）功能的（卫生），（b）道德规范的（通过换喻：纯净、率直，诚实，等等）。然而，清洁同样能够在艺术方面得到存在和捍卫的理由：并非因其能够美化事物，而是因为可以成为一个艺术领域，像冈仓天心①那样：不可用荷兰主妇的热情虐待一件古物，参考古画的修复，从而得到了经过次氧酸钠液处理的格列柯②的作品。艺术＝细心对待差别：对待事物不可千篇一律：表面相似者依然按照有差异处理③。

2. 谨慎

辞源：分离，discernare。慎重实际上返指一种有关主体的隐含的观念，好像它是用密闭的部分拼接成的；接纳杂糅性≠一个"单体"、"纯净"的主体和厚重、傲慢的形象。→

（1）行动与外表分离：道家建立起一个某种意义上的政治乌托邦，以一个古代王侯的盛世为其形式："起初……臣民们几乎不知

---

①　冈仓天心（1863—1913），原名冈仓觉三，日本文化学者，以在海外传播日本文化知名。本讲稿原文多次引用他在西方广为流传的著作《茶艺》。——译者注

②　格列柯（Dominikos Greco，1541—1614），出生于希腊克里特岛的西班牙画派的重要画家、雕塑家和建筑设计师，画作以怪诞的虚幻形象为特点。——译者注

③　原文这一句话不完整（traiter l'apparement même comme différent），显然有脱漏。英译本删掉了这句话，没有翻译。——译者注

右侧页码标注：60

道还有一位王侯（因为他举止谨慎）……""古代王侯们的一举一动多么谨小慎微啊……"①

（2）能指与所指物的分离：符号内部的距离：道家：大道之难②。门生向师傅报告自己的进步（实际是倒退），师傅作出肯定的、谨慎的，但越来越迎合后者的表示：一瞥，一笑，邀座。→这些空灵的乐趣来自一个微笑可以表达相互依存的世界，教义上、政治上的等等；例如：社会活动家的一个手势，表示胸有成竹的手势（在陪审团内部，在考试当中）。→在爱情行为的评估规则方面（不使对方感受压力）。例如，可用西方世界的职权封授（国王、主教、议会、选举、继承权等）比较这种东方的姿态：佛祖传禅于门徒摩诃迦叶：面对众僧，佛祖向众僧徒出示一束鲜花：一位僧徒立即领会了这个举动的含义，并向师傅报以安详的微笑。③

（3）功能的近乎荒诞的区分：花卉艺术（日本）。每一种花由一个仆人专门负责：花叶用细兔毛揩拭。《花之书》（*Pingtsé*）④里写道：牡丹须由一位盛装的俊秀姑娘揩拭，樱花树逢冬季当由一位清癯的僧人浇灌。

---

① 原文在《道德经》第17章："太上，不知有之……悠兮其贵言。功成事遂，百姓皆谓：我自然。"——译者注

② 巴尔特在课堂上提示，"道"在汉语里有"道路"和"方法"两义。

③ 摩诃迦叶（Mahakashyapa），禅宗传说中传承佛心印（Dharma）的初祖。据《大梵天王问佛决疑经》记载，大梵天王世尊（即佛祖释迦牟尼）于灵山法会上拈金色钵罗花示众，众僧"悉皆罔措，独有金色头陀破颜微笑。世尊云：'吾有正法眼藏，涅槃妙心，实相无相，付嘱摩诃迦叶。'"——译者注

④ 冈仓天心提到的《花之书》是关于日本花卉艺术的专著。

1978 年 3 月 4 日

补充之一①

有一封关于熟语"沉默"的听众来信，好像是求问应该怎样才能切实摆脱"沉默—符号"的难题。在整个这门课里，我一直都在谈有关欲望的看法，

---

① "补充"一般用于每一堂新课之始。这天的课开始于用意大利语朗读一首帕索利尼的诗。这首诗在这门课程当中一共朗诵过两次，此日为第一次。快要讲完"中性的意象"的特征时又念了第二次。请参阅第 106 页的译文。此外巴尔特还引用了美国电影家保罗·施哈德的一段话，取自《电影集刊》某期，是谈小津安二郎的电影的一段话。后者的影片的特点是一种"被无限拖长的现在时态"。

不涉及法则：不是非沉默不可，只是对于沉默的欲望，即中性之欲的一个虽然微末却反复出现的熟语。我其实是在描述（疑难的）某些缺失，幻象，"不可能性"；张力（强度）是其唯一积极的东西，这也是我竭力使人（我自己）了解的。是一种企盼，并非大法师①。在我看来，事关一种完全违背现实的话语（因此也违背道义）。

优雅（续）

3. 是补充，不是赘余

（1）依照东方的做法，优雅要求仔细地消除任何重复：优雅害怕重复的话语，被重复的话语所伤。例如，在日本的茶馆里，勿重复任何颜色、任何图画。如果室内有一朵鲜花，那么就禁止悬挂任何表现花卉的画品；如果煮水壶是圆的，那么茶壶就得有棱角；[[茶，冈仓天心，80，111]] 黑色珐琅茶杯不可与黑漆茶罐并列；如果庭院里的积雪尚未完全融化，那就不用白色的花朵或李子树②。连空间也不可重复，即不可呈现对称：茶室内不可在任何东西的中间摆放物品，以避免把空间分成两个相等的部分。

（2）不妨说，摒弃重复与追求"补充"——即我在别处说过的快乐（为谦虚起见，也可以叫做娱乐，因所举之例的缘故）的复因决定论③——是相辅相成的。原则上，一种物质（花卉、颜色等）

---

① 巴尔特在课堂上说明："这个话是一个盼望者讲的，不是一个大法师的话。"

② 冈仓天心："在茶室里，人们总是顾虑说话是否太啰唆。"

③ 《罗兰·巴尔特自述》（OC-Ⅲ，224），"多重决定论"。另可参阅《文本的快乐》（OC-Ⅲ，1528）："快乐是一种中性。"

是不应该重复的，但是，反过来，应当尽量突显不同物质的"特征"（唤求不同的意义）。[[茶，冈仓天心，71]] 例如，品茶的乐趣；应在煮茶壶的乐声的陪伴下达到极致：壶中沸水的音乐；煮水壶可以唱得很好听，只因置于壶底的铁疙瘩发出了特殊的音律。另外（依然与饮品有关）：在过日子和实用小发明方面，（智者）克里特雅斯①很有头脑，他发明了 kôthôn（斯巴达士兵使用的一种杯子，军用饭盒②）：[[智者，214]] "水壶的颜色掩盖了壶水很难看的成色（因多含泥土），而拦截渣滓的颈部凹缝便于饮者喝到较为洁净的水。" → [[行为美学]] 有关行为美学的问题：各种快乐能否无限地复因决定呢？小玩意儿的积累很快使人达到一种复因决定的"安逸"：[[卓别林]] 饱和的安逸变得滑稽可笑：牢房里的卓别林，《摩登时代》→快乐的某种指数性规则：限制的规则：两种快乐，调动了两种意义：超出这个范围，强迫症成分或许比倒错症更多，矫情雕饰多于雅致。

4. 礼貌作为对于他人的顾念，关于异变性的思考（兼顾此词的两义）

礼貌（有朝一日务必建立的课题）：（对于我们来说，相对于优雅的原则而言）只有过度的礼貌才有趣（否则就落入俗套的羁绊：理应做的事）；由于过度，必要时显示出一种近乎荒诞不经的新奇性，礼貌只有此时才是优雅的。撮举两例：[[本雅明，291]]（1）

---

① 克里特雅斯（Critias，前 450—前 403），雅典政治人物和演说家。又是柏拉图的《对话录》之中的一段对话的标题。——译者注

② 按照让-保罗•杜蒙的说法，"这是一种盛水的小壶，壶颈可过滤渣滓"，见于其文集中题为"日常生活的意识和实用小发明"一节。

沃尔特·本雅明在马赛体验过一次印度大麻。他来到一家名叫巴索{Basso} 的餐馆，为几道菜肴而踟蹰："不是因为嘴馋，而是出于对菜肴的极度礼貌，担心拒绝可能会冒犯它们。"（2）此处：优雅造成的一种令人欣赏的颠倒＝来自教义的优雅：道家关于身体不朽的教义（灵魂≠身体：西方的二分法）：应当不朽的是身体。不朽：将活的肉身保存下来。① 应当在活着的时候，逐步用不朽之身取代必朽之身；通过在身体内制造不朽的器官，[[不朽]] 使之取代必朽的器官。② 可是，这立即遭到事实的反驳：每个人显然必然会死。死人在人类社会里是很正常的，为了不烦扰社会，[[道家，马伯乐，17]]［通过道家的节食方法：辟谷③］达成不朽之人假装死去，依例下葬：[[尸体]] 将一把剑或一柄禅杖放进棺材代替尸体，真身却已经跟不朽者生活去了＝"尸体的解放"。令人赞叹的对他人的顾念，优雅绝顶：佯装死去，为了不叨扰、不伤害必死的旁人或引起困惑。

5. 隐喻化

优雅的原则＝区分—价值（通过赋予价值进行区分）的原则（取其运用、力量的意义）：只有通过运用语言才可能做到。优雅与隐喻化的力量是同质地联系在一起的，也就是说，分离出一个特

---

① 亨利·马伯乐："保存活人躯体始终是获得永生的常见手段。"

② 亨利·马伯乐："达到这一步的信徒便会长生不死，并且可以'白日升天'。"

③ "为了能够长生不老（为了身体不死），而非灵魂不死（因为他不大在乎），道家劝人不食谷类。"（《意象》，OC-Ⅲ，874）

征，使之在言语行为中扩散、光大。例子：陆羽（8 世纪①）写的关于茶叶的圣书，茶的代码，即《茶经》② ——正如我们已经看到的，[[茶，冈仓天心，29]] 在生成优雅方面，茶不逊于高级麻醉品——茶叶自从带着陶醉感被隐喻化之后，便被付之优雅的原则：它必须具有"像鞑靼骑兵的皮靴一样的纹路，像健牛的脖颈赘皮一样疙里疙瘩，展开时如同弥漫沟壑的雾障，风掠湖面般的光亮，手感湿润柔和，犹如雨后初霁的地面"③。"一切都必须经由言语行为"的意思是＝言语行为创造一切：[[文明]] 隐喻创造优雅；用人文主义者的话说，就是：隐喻创造文明（当然不一定非得是"人文主义的"、古典主义的文明不可）。→我甚至要说：语言创造真实；人们选择了自己的语言，同时也就选择了自己的真实：当对着欲望的对象说"我的舌头贴在你的皮肤上，或者说我的嘴唇贴在你的手上"④ 的时候，二者并不是同一种真实，同一种接触（既然马上就要说到一个关于爱情的例子）；或者毋宁说，欲望的对象从两种不同的语言形态中接受了同一个讯息。对于这条原则的创立者与这个范畴齐名的萨德来说，若没有侯爵夫人、信件、对话、语言，这条原则本来绝不可能存在。

64

---

①　冈仓天心："陆羽是茶叶的始祖。他生于一个佛、道、儒寻求合流的时代。"

②　根据"茶"字创造的汉语。（原文如此。——译者注）

③　陆羽《茶经·三之造》中的这一段原文是"茶有千万状，卤莽而言，如胡人靴者，蹙缩然；犎牛臆者，廉襜然；浮云出山者，轮囷然；轻飘拂水也。又如新治地者，遇暴雨流潦之所经；此皆茶之精腴"。——译者注

④　第 37 页已经提到过，但这一次巴尔特念出了这句话。

（三）典雅和社会性

1. 优雅作为社会的秽垢

优雅，与言语行为紧密联系，以之作为基础：遭受针对附庸风雅的禁律的打压。

（1）禁律的实质：显示男子气概：delicatus〈优雅〉＝女里女气：阳刚气概贬斥优雅、[[矫情]]矫情、颓唐、堕落；这一点正好与基于经验的男性形象交集：无用的、轻佻的东西归于雌性：[[山田菊①＋瓦莱里]]这在瓦莱里为日文俳句写的序言里可以看得很清楚："对于这种优雅的品质，有些人丝毫不为所动。有些人甚至贬斥这种品质，认为它会动摇勇气。在见识短浅的人的梦呓中，极高雅的趣味是与活力相互排斥的。"

（2）优雅的原则：涉及某种社会游移性，具有超强的边缘性＝大众文明难以成为时尚的对象：必须懂得，时尚的对象恰恰是那些"边缘"：[[边缘，时尚]]时尚＝墨守边缘之规，因袭边缘（例如当下时兴的窄幅领带，短发，高领，披巾）：然而，边缘中还有边缘，即任何时尚都难以容纳的若干边缘现象。优雅的原则：因循守旧和时尚之间的绝对空隙→某种社会的秽垢（难以归类）。参照恋爱的情感。下面引一段波德莱尔的话。[[波德莱尔，105]]德·昆西：要实现它，只需用独断主义的傲慢态度的某种现代形式取代*65* "道德家"，就可以得到纯粹的秽垢："在目前的精神状态下，我无法忍受一位不人道的道学家，就像无法忍受未经熬制的鸦片一样！"

---

① 山田菊（Yamata Kikou，1897—1975），日法混血翻译家和女作家。瓦莱里曾经为她的作品撰写序言。——译者注

（电视转播的"政治"演讲等）

2. 寂，恋人

优雅的原则：以一种近似恋爱的状态为基础（及其行为：确定的，方向明确的）。我们已经说过，古老的东方文明里的茶：这个原则的一个特殊领域。唐代①诗人（公元 8 世纪）卢仝②以一种隐喻的——或者说，钟情的——[[恋爱]]也就是恋爱的——方式描写（连饮）六盅茶：第一盅，滋润唇喉；第二盅，尽扫孤独感；第三盅，沁人心肺，勾起千言万语；[[冈仓天心，32]]第四盅，身体渗出微汗，生命中的邪气一扫而光；第五盅，获得彻底的净化；第六盅，身至长生不老之境③。这种"脱离"了攫取意志（男伴或女伴）的恋爱状态能够产生一个价值—感觉的完整情结，[[铃木大拙，OC-Ⅲ，1328，1336]]即日本人所说的"寂"④："质朴，天然，不落窠臼，精致，无拘束，超然淡定的亲切感，用内在的超脱巧妙地遮蔽起来的日常庸禄。"在我看来，这可作为优雅的原则的很好的定义——当然，[[矫揉造作]]只有当社会元素硬把它放进一组"风雅/粗鄙"的聚合关系中的时候，它才会生成矫揉造作：只有比

---

①　从 7 世纪到 10 世纪的一个中国皇朝。

②　这一段话出自中唐诗人卢仝（795—835）的长诗《谢孟谏议寄新茶》，原文是："一碗喉吻润；二碗破孤闷；三碗搜枯肠，唯有文字五千卷；四碗发轻汗，平生不平事，尽向毛孔散；五碗肌肤清；六碗通仙灵；七碗吃不得也，唯觉两腋习习清风生。蓬莱山在何处？玉川子乘此清风欲归去。"——译者注

③　冈仓天心这样抒写第七盅茶的感觉："待到第七盅，呵！这第七盅啊！……可我再也饮不下了！"

④　Sabi，禅宗词汇中的日语，巴尔特在 OC-Ⅲ，618，1009 说到铃木大拙时使用过。

照某个"粗陋"之地，才能谈论矫揉造作。

3. 温和，关于优雅的最后一个说法（临时的）

（1）在我的全部或大部分例子里，有一个常数：所有标有优雅的原则的行为：[[个体化]]都是针对削弱个性化（＝某个人的脆弱时刻，[[不可战胜的]]参见 IRCAM① 德勒兹的论文），而非削弱个别人（与一部个人主义哲学无关）的一种积极抗争，或者出人意料的闪避。→在我的快感、欲望或悲伤当中，每当别人的言语（往往出于善良的、无辜的本意）把我简化为一种极为空泛的解释或分类时，我就感到其中缺少了优雅的原则。

（2）非暴力地拒绝简单化，借助意想之外的、不落入聚合关系的创造性行为避免平庸，面对独断论时优雅和小心地逃避，我愿意把这些最终称之为：温和。因此，就我个人而言，哲学的"取向"之一，即最接近中性的皮浪主义，可以从温和得到规定，对此我一点也不觉得奇怪，因为"温和是怀疑主义的最后一个字眼"。[[皮浪]][[布洛沙，73]]还有狄奥根尼·拉尔修："有些人说，怀疑论者主张以 apatheia 为目的，另一些人却认为他们的目的其实是 praotès②。"

（3）不难想象难题在何处：我"分析"了一条实际上旨在破除分析的"原则"[不是隐喻用法（参照茶），而是指"普遍性"]。这么做是因为还有一个余物：余物＝除了事实本身以外，无话可说：也就是能够提出、看到、说出和讲述的东西：既不描写也不解释：

---

① 见本书第 35 页。IRCAM 即音乐艺术的研究与创造学院的缩写。关于巴尔特参加过的布雷的研修班，参阅 OC-Ⅲ，819。

② 希腊语 apatheia 和 praotès 的意思分别是"无动于衷"和"温和"。

66

我们进入了闲闻逸事的话语。所以，我用一件逸事来结束这个有关
优雅（或者温和）的熟语，[[狄奥根尼·拉尔修]] 其含义是："绝
唱"：狄奥根尼·拉尔修Ⅰ，78 页；彼亚斯①（七位智者之一）：
"他是这样死的：在一场诉讼中，风烛残年的彼亚斯中断了辩护陈
述，[[小孩的脖颈]] 脑袋耷拉在孙子的脖颈上。对方念过诉状后，
法官作出了有利于彼亚斯为之辩护者的宣判；法庭散去的时候，人
们才发现他已经倚靠在孩子的脖颈上死去了。"我希望给这个熟语
起的名字正是"死在孩子的脖颈上"，因为，也许这正是人们能够
向往的死法。

睡眠

67

（一）中性的觉醒

我曾经有机会把对于某一类觉醒的兴趣写成文字：头脑空空
的、中性的觉醒②：无论入睡时带着什么样的思虑③；为时数秒钟、
毫无牵挂的纯净瞬间，忘掉了烦恼——不折不扣的罪孽；一种 C 大
调的畅快；前日的思虑随即如一只乌鸦从天而降：新的一天开始了。

这段悬置的时间（＝中性本身的定义之一）：犹如一道船闸，
似乎并非隔开两个世界（梦幻≠清醒），而是隔开两个躯体。→这

---

①　彼亚斯（Bias de Priène，公元前 6 世纪在世），所谓希腊七位智者之
一，生平半属传说，希腊作家常引用一些据说是出自他的名言警句。——译
者注

②　见《恋人絮语》（OC-Ⅲ，647）。

③　巴尔特在课堂上说明："思虑两字需大写。"

段时间近乎"本性",是一场探索,介于不朽之身(或濒临死亡之身)和忧虑之身(为"过日子"操心——就这个词的积极意义而言;也许如很多诗人所说,生命本身就是一场梦)之间进行的一次试探→ [[纪德,242,(1950)]] 生命垂危的纪德:"我一直在睡;我需要时间才能醒来,才能领悟";以及其他见证人(小娘子):"他往往需要滞后很久才能理解。"理解力滞后:不应鄙夷地把它算到身体衰微的账上,似乎迅速地和马上领悟才"对","才正常"→ [[理解]] 也许是:理解所需的时间,在某种意义上是一段神圣的时间:从一个逻辑到另一个逻辑、从此身到彼身的(微妙,缓慢,善意的)合理过渡。如果我必须创造一位上帝,我就会让他具有某种"迟缓的理解力":以某种一点一滴的方式处理问题。① 那些能够迅速理解问题的人让我感到害怕。

实际上,这种中性的觉醒——珍贵,罕见,脆弱,短暂——意指一种实质性的睡眠:好像空想的睡眠的一个可辨读的(可感知的,可言说的)版本。其实是睡眠的难题=一种预感到的、幻象中的幸福,但只有在非睡眠状态下方可申说:蕴涵着一种脱离了言语的分裂的意识。有鉴于此,我们管它叫空想的睡眠,或者睡眠的乌托邦,因为只能按照某种幻象来谈论它:这种睡眠只能凭一些特殊的、脆弱得令人心酸的觉醒去想象。

(二)睡眠的乌托邦

(1)梦境不属于这种睡眠。睡眠=梦境的等式是另一码事。睡眠的乌托邦没有梦境。

---

① 巴尔特在课堂上补充说:"好让问题清晰起来。"

1）是否有权谈谈我个人的经验？我不喜欢做梦（或者回忆做过的梦）。如果是个坏梦，醒来时就心情沉重；如果是个好梦，我就会因其消失而难过：我永远无法想象，睡眠的乌托邦会充满梦境，美好的梦境。

2）无力追溯辞源，况且不愿费事，可也许不这么做不行：[[辞源]]拉丁语：睡眠＝somnus（阳性，因为是施动者、神，厄瑞波斯和黑夜之子①），参看 hupnos〈印欧语系的词根：svap→so-pio：施动格（sopor，oris，催眠力，[[sopio/dormio]]昏昏欲睡）≠dormio（没有名词形式）〈＊drem 我当然要求 ＊drem）dream，从而将 somnus 即无梦的睡眠对立于 dream，甚至（预言性的）梦幻（somnium）与梦境（dream）的对立（esver），流浪，exvagus，可惜属于词源上的望文生义。不过，在我看来，有可能且颇有意味的，是注意到属于施动格的 sopio（somnus）和（因字母 m 而是）持续格的 dormio 之间的区别，似乎有两种睡眠：一种属于昏昏欲睡，另一种属于意识的丧失（＝pioncer｛使成为"兵卒"｝，1828，俚语〈piausser｛睡觉｝，受 renfler｛打鼾｝的影响，〈piau｛果皮｝，peau｛皮肤｝—— 被单，pieu｛板子｝——床)②。

3）"乌托邦式的"睡眠实际上没有梦境，然而并非一下子就堕入彻底的虚空（我谈论的始终是一种从中性的觉醒归纳出来的空想的睡眠）：甚至不妨给自己设想一个超强意识（≠梦幻谵妄）的幻象，一种希腊人已经知道的区别（参阅《恋人絮语》，72 页）：

---

① 希普诺斯（Hypnos）是二者结合所生的希腊神灵。（在希腊神话里，前者是掌管黑暗和冥界之神，后者是睡眠之神。——译者注）

② 这段话在手稿里删除了。

[[onar/hupar]] onar：粗俗的梦境≠hupar①：

宏大而清晰的幻象（预言式的）；空想的睡眠、昏昏欲睡均属于 hupar；中性的觉醒任我从中截留片刻懈怠（夹在潮水般涌来的思虑与亢奋之间），使我目睹（啜饮）生命、生活，也就是说，在生存意志②之外的纯净的生命。

（2）关于垂死的纪德的一段记录："从昨天开始，纪德便处于一种昏昏沉沉的状态，似乎他只滞留在身体的某些部分里。"[[分裂/纪德，233]] 睡眠将主体分裂了，不是使之彼此对抗，而是选择性的：其成分、特征和"波长"都成了另一个舞台的角色。

（3）有关睡梦的观念＝卷入一个有关效益、作用的神话里："梦的功效"：[[心理分析]] 睡眠可以有用处；它不仅会恢复、"弥补"、"回收"，而且会改变，分娩：它是能产的，幸免于"毫无用处"的衰落命运（心理分析学建立起能产的梦幻的概念，成为分析的材料。关于工作的观念形态：我们不会"无缘无故"地做梦）≠空想的睡眠（无梦），昏昏欲睡：不产生任何东西：甚至从其本身即为某种无条件的消费（＝"倒错现象"的存在本身：简单说就是一种反常的睡眠）这一事实中获得规定：

1）与麻醉品相似，因为这两种情形（阿尔杜·莱西奥关于沃尔特·本雅明与印度大麻的文章③）都是"把重要思想置于长久睡

---

① 希腊语 onar 指夜间的梦，hupar 则指人们清醒时得到的幻象。

② 这个概念上文已经出现过，从 1957 年开始出现在巴尔特的著述里。见 OC-I，738："生存的意志实际上存在于一切伟大的作品当中。"

③ 阿尔杜·莱西奥（Aldo Rescio）的论文载于阿尔曼多·威尔蒂格里奥尼（Armando Verdiglione）主编的论文集《麻醉品和语言》，巴黎，Payot，1977。

眠当中"，[[麻醉品，117]] 置于"不予起诉"的决定之下，进入
"无父"状态［当然不是"无母"状态：那是一个关于胎儿睡眠的
（陈旧的！）主题］。

2）与不朽的主题相似，通过与悬置时间有关的熟语。

重提关于希腊陶器和浅浮雕的图像学的一个常见主题：黑夜让
类似长生草的罂粟花遍地生长①。[[纳塔夫，104]] 狄奥根尼·拉
尔修讲过一个关于厄庇美尼德②（七位智者之一）的美丽的故事：
[[狄奥根尼·拉尔修，Ⅰ，92]]"我们一会儿将看到，这是一个来
自格诺索斯的克里特人，他的模样和头发都会改变。一天，他父亲
派他去田里寻找一只绵羊。中午时分他迷了路，在一个山洞里睡着
了，一睡就是 57 个年头。醒来以后，他继续寻找他的绵羊，他觉得
自己只睡了一小会儿。……希腊人听到这个消息，都认为他蒙受了
神的爱。……这个人在 157 岁时去世。"[[永生]] 请注意（至少我
是这样认为的）：

a）选择性的时间悬念：他的身体虽然衰老，记忆却没有衰老：
寻找他的绵羊；我认为这相当有趣，因为记忆并非对以往行为的单
纯回忆，看来只有外在于时间才能更好地把握它：本身受时间的制
约，不公正的制约→参看被我叫做既往症③的写作手法：零散、杂

70

①　"神奇的果实，象征着开启永生之门的最高知识。"（乔治·纳塔夫：
《象征、符号和标记》，115 页，巴黎，Berg international，1973）

②　厄庇美尼德（Epimenide of Knossos，公元前 6 世纪在世），希腊哲人
和诗人。传说他在得到宙斯庇佑的克里特岛上的一个山洞里一睡 57 年，醒来
后成为预言家。——译者注

③　《罗兰·巴尔特自述》（OC-Ⅲ，177）："我说的既往症是指一种作用——享
乐与努力兼备——它导致主体，既不夸大，也不情绪化地找出细碎微末的记忆。"

乱的记忆：既往症就是克里特岛人的绵羊，[[既往症]]"仿佛发生在昨天"，然而却在衰老的身体里。≠关于睡美人的传说：更粗俗，因为整个生活场景都凝滞了，然后重新开始：冰冻产生不朽：把过去封冻成块（参照冻葬法：把亡故者尸体冷冻起来的当今教派，因为他们认为若干年后，科学必定会找到使身体存活的新手段）。更美丽的希腊人的虚构：睡眠在某种意义上更有生命力和"热度"，因为它能区分（参见上文）：任凭身躯老去（头发和面相），却把记忆的时间悬置起来。

b）某种关于长生不老的想法，因为希腊人认为这种睡眠是神灵的恩赐：长寿是生命的延长；非指岁数的、"愚蠢的"的不朽（永远不死，而不去费力玄想这种无尽的生命会是什么样子，将把真实的生命引向何方，不朽开始于哪个年龄），而是一种把主体视为长度有别的一组迹象（波长）的观念。

c）最后尚需注意，连希腊人也认为，有关在一段时间内不事生产的说法会引起抗拒。的确有：狄奥根尼·拉尔修，公元 3 世纪的希腊人。拉尔修：吉里吉亚，安纳托利亚①。"有些人不愿承认他们曾经长眠不起；他们说自己不过是出了趟远门，忙着采集草药去了"：他并没有睡觉，而且办了一件可能跟长生不老有关的事——草药。

（三）睡眠，爱情，善

最后，空想的睡眠只能跟二，而不能跟一有关：不可能有唯我论的乌托邦。

---

① 吉里吉亚和安纳托利亚分别在今土耳其南部和亚洲部分。——译者注

（1）这种睡眠的乌托邦所采取的形式：双双入睡。也就是说，⁷¹重提无梦睡眠；做梦却不能成双结对≠梦能够区分、各得其所：这是自言自语的原型。双双入睡：基本上如此——假如不是偶然的话——无梦睡眠（因为梦即自我陶醉）→双双入睡的睡眠乌托邦可以是人之所欲的纯粹的情爱行为，成为华丽似锦的幻想，无论如何实现。原因：睡眠是完全靠信心编织而成的。入睡就是把信心调动起来。参照"睡在两只耳朵上"①的熟语：一只是自己的，另一只是别人的≠用一只耳朵睡觉。双双入睡——乌托邦式的——蕴涵无虑自身形象被人意外地看到：我睡觉时被人看见并不要紧→阿尔贝蒂娜的睡姿被叙述者看到②：倾慕（恋慕的激情），并非情爱，因为注视意味着间隔。

（2）在更一般的意义上，睡眠：怀握信心的行为本身→把睡眠给予某人＝赋予他绝对的自信力＝善意的行为本身。［［戴奥克利特，214］］希波纳克斯③的墓志铭："此处安眠着诗人希波纳克斯。［［讽刺诗］］小人请勿走近。出身高贵的君子无须担心，请就座；如您愿意，请入睡吧。"④ →这个提法实在妙，极有悖论性：通常（道德方面的）规矩是活人彻夜守护死者；这里死者却把睡眠当做礼物送人：登峰造极的善意。

------

① 法国俗语，意思是睡觉睡得特别香。——译者注

② 《追忆逝水年华》，《女俘》，巴黎，Gallimard，《七星文库》，科拉哈克版，366 页下引文。

③ 希波纳克斯（Hipponax d'Ephese，活跃于公元前 540 年前后），希腊抑扬格体讽刺诗人。——译者注

④ 戴奥克利特（Theocritus，前 3 世纪在世），《讽刺诗》，收入《希腊牧歌》，第 1 卷，214 页，巴黎，Les Belles Lettres，1972。

断言

我在这里点明（点明≠处理：指出需要填补的空白）一个纯哲学的研究课题：语言的断言性质所带来的后果。

（一）语言和话语

你们也许还记得（因为早就不时髦了）：索绪尔提出了语言和言语的明确区分：即讲话者和讲话群体之间的一种清晰而微妙的辩证关系。从那时起，索绪尔就受到不同学术浪潮的"攻击"，或至少被"架空"：乔姆斯基（语言能力/语言运用①）、德里达、拉康（语初语②）。我个人认为，这一组对立里有着某种不易动摇的东西：对于两个有辩证关系的地点、空间的需要：（1）一个存储间，一个群体所属的语言法则便存储于此（好像存放摩西十诫的柜子）；（2）一个付诸实施的时机，由讲话者选择，提取存储物（这种取舍受制于哪些规定对于我们并不重要）。→（1）语言。（2）话语（）言语）。所以：

---

① "在转换生成语法里，语言运用〔performance〕是指讲话主体的能力在多种言语行为中的表现"（《拉露斯语言学和语言科学词典》，巴黎，Larousse，1994）。

② "换句话说，通过这种语初语，从同一场运动中既产生了语言……也产生了无意识。"（让-克罗德·米勒奈：《语言之恋》，26 页，巴黎，Seuil，1978）（lalangue 是法国心理分析学家雅克·拉康创造的字眼，指幼儿咿呀学语之音，它是潜意识在言语行为当中的体现，也是享乐最初形成之处。——译者注）

（1）语言："无论愿意与否，别人用它来谈论我。"严格的组合规则：句法。这些规则是法则，使沟通活动能够进行（参照：公民的安全或交通的规则），可是，作为交换（或反过来），从外部迫使沟通活动接受一种存在的方式，一个主语，一种主体性：凭借句法的分量，非得用这个主语，不用那个主语不可（例如只要一开口就不可避免地必须自我规定：阴性还是阳性，您还是你，等等）：语言的规范是一些强制性的法则，强制他说话→在这个意义上，我才能够谈论一种语言的"法西斯主义"①。

（2）话语："在某种社会、观念形态、神经官能症的制约下，我所说的东西。"（我在讲话时是"自由的"②）组合的规则："社交的"规则（别人耳中的逻辑、合宜性、辩证的规则，意象的游戏，等等）。

（二）断言和语言

假如聚合关系的观念本身有一个普遍模式的话（我们还记得，本课的主题是破除聚合关系的中性：聚合关系就是那个中性要造它的反的法律），这个模式必然为"是/否（＋/－）"③。[[宣示存在]]悖论，"蹩脚"（＝"丑闻"）＝"是"（断言）藏而不露地镌刻在整个语言里，可是，言"否"却无一例外地需要一个特殊标记。换言

---

① 见《就职演讲》（OC-Ⅲ，803），巴尔特口头补充说："审查制度就是硬要人们说话。"

② 巴尔特所阐述的索绪尔理论认为语言是社会产物，这一点跟言语不同，后者是言语行为的个人构件。

③ "一个词项的实现（＝在语段中形成）排除了同时出现其他词项的可能性。"（见《语言学词典》关于"聚合关系轴"的条目）

之（一个众所周知的哲学老问题），语言天然地就是断言性的①：一个字眼一旦说出就肯许了所指物②；如果我说"桌子"，桌子就理当存在；要消除其存在，须有一个附加成分，一个标记。同理，任何命题也都是断言性的（确认性的），而怀疑、否定的表达方式都得通过特殊的标记——表达断言却没有这种需要。移借一个神学的提法（阿奎纳，艾克哈德），不妨认为语言就是 collatio esse，昭示存在③。[[洛斯基④，44]]

回到"是/否"上面来："昭示存在"所导致的"蹩脚"在"是/否"两个词的"历史"当中（拉丁语，法语）也能看到：在我们的语言里（当然仍需调查一番别人语言）手边就有 non〔否〕的一个简单、似乎很原始的词：[[是/否]] 一个从语言学 ungrund⑤ 崛起的全副武装的标记≠某种针对"是"的语言表达的抵制，只因为它内在于整个语言。[[词源]] 实际上，"否"有一个独特并且得到明确规定的形式：ne-unum：non（≠ne）：对有关现实的样态即直陈语式的否定，也是对主句的否定（≠ne＝疑问语式，条件语式，

---

① "言语行为是一种立法，语言则是一套代码。我们看不到语言当中的权势，这是因为我们忘记了任何语言都是一种分类，而任何分类活动都带有压迫性。"（《就职演讲》，OC-Ⅲ，803）

② "下论断的不是他，而是言语行为。"（《罗兰·巴尔特自述》，OC-Ⅲ，131）

③ 弗拉基米·洛斯基的《反证神学和艾克哈德关于上帝的知识》（巴黎，Vrin，1960）；"上帝通过从虚无当中产生造物，将存在赋予它们。"

④ 弗拉基米·洛斯基（Vladimir Nikolayevich Lossky，1903—1958），俄裔法国东正教神学家，以《东方教会的玄秘神学》一书知名。——译者注

⑤ 德语"全无规定、因由、基础、理由〔grund〕"的意思（罗兰·巴尔特档案库/当代梓行纪念学会）。

命令语式，等等），这就十分清楚地显示出直陈语式、主句和"现实"是一回事，要打破这一合谋，便需有个突兀的小品词：non"否"≠oui"是"。

（1）拉丁语里没有适当的对应词：有一个包括类似的表达方式的开放系列，仿佛"是"尚在摸索，尝试，但从未找到一个恰当的形式：ita，etiam，verum，vero，scilicet，admodum，maxime，sic，等等。有许多可能的形式，但没有一个是恰当的。

（2）法语的情形更为明显：oui〈oil/oc（两种语言①）hoc（〉o），ille（〉il）(fecit)（fecit②：万灵动词，用来取代疑问句里的任何动词：Est-ce qu'il est venu〔他来了吗〕？——Il a fait cela〔他这样做了〕．→oui）。因此古法语才说：o-je〔然〕。Oui〔是的〕自16世纪以来便不能进一步分解了。请注意，"是"既然实际上是个肯定命题，那么它相对于它所重提、确认和重复的前一命题便是冗余的≠"否"：非冗余的，因为是（设）另一个命题。

（三）断言和话语

断言的制约从语言进入了话语，因为话语是用本质上均为断言的命题构成的。这样一来，为了把话语从断言中抽离出来，〔〔从语言到话语〕〕不使之陷入断言，为了使之能够表达细微的差异（趋向否定，怀疑，疑问，悬置），就必须不断地跟语言，也就是它的原料，以及话语的"法则"打仗。

对于我们这些讲话的人，我们这些必须对我们在别人心目中的

---

① 指法国南北两大古方言区。——译者注

② 拉丁语 fecit 意为"他这样做了"，是对问话"他来了没有？"的肯定的回答。——译者注

imago〔意象〕承担起责任的人来说（言语行为：问题不在于让人听见，而是得到承认），[[折返]] [[帕斯卡尔]] [[形象]] [[倨傲]] 这样做有一些持续的后果；我们的形象（来自言语行为）"自然而然地"是倨傲的。这一点显而易见，尤其当话语建立在一种否定的意图上，而且倾向于重新陷入断言的时候→化圆为方的问题，言语行为的难题，无可挽救：无力使讲话者在否定因素上达到完美无缺。我正是在此意义上解释帕斯卡尔的下面这段话的：[[帕斯卡尔，《思想录》，片段554]]"侮辱性的话语在自负者那里导致骄傲，在谦逊的人那里则导致侮辱。于是，皮浪主义者的话语［我们回头再谈帕斯卡尔的模棱两可的反皮浪主义］在赞同者那里便导致断言。极少有人谦逊地谈论侮辱，极少有人纯洁地谈论纯洁，怀疑皮浪主义的皮浪主义者少之又少……"我倒是宁愿走得更远一点（我觉得这是帕斯卡尔这段话的真意所在）：人们不可能做到谦逊地谈论侮辱（让我们强调行为本身，因为不讲话毕竟不可能），等等。实际上，有意思的是：帕斯卡尔所瞄准的"立场"（侮辱、纯洁、皮浪主义）：事关"否定性"、"削减"、"短缺"、"弃绝"，等等：这些态度都从一个负极的量子（"电子"）得到规定，而且——关键的悖论在此——必然跟语言的肯定因素（质子）发生冲突，或与之妥协。一旦人们开口讲话，这个"负极因素"就不断地被"纠正"为正极因素：谦逊的人因讲话而变得倨傲；皮浪主义者因讲话而变为独断论者（因此皮浪才不开口）。

[[戏剧化处理]] 我说过：当话语打算摆脱其天然的断言性质的时候，它就必须不断地跟语言"打仗"。这其实永远是一场斗争，一场较量：我们在这里又看到了中性的悖论：有关非冲突的思想与实践要想让人听到，就被断言、冲突所纠缠，→语言（就其宽泛的

意义而言，语言和话语兼有）当中有一套戏剧性的机制：话语要么将断言的傲气为己所用，要么企图与之对抗→张力，博弈，用语的起落变化。参阅巴什拉，[[巴什拉，47]] 他的论点：赞扬非连续的支配地位→戏剧性思维的固定记忆的作用："我们只保留被言语行为戏剧化的内容，剩下的一切判断都是过眼烟云。""语言总是把最简单的判断戏剧化。"①（耶路撒冷）→被语言戏剧化的不光是记忆：而且是与别人的全部关系，也就是说，主体被语言和断言彻底地戏剧化了，既为他本身，也为别人——仿佛语言本身有一种歇斯底里的力量，或者说具备制造断言的幻象的能力。

（四）窘境，躲避，无谓的纠正

整个中性就是要避开断言（＝整个这门课程都以此为主题）。→这里我只提出跟如何躲开断言的"案卷"有关的一条中心原则，[[躲避]] 在语言的层次上（躲避的意思是否定，或拒绝承认，并非摆脱断言，而是反制断言式的思想），它本身便是对于"否"的肯定，傲慢地肯定了否定。我提出三点供大家思考（课题本身却永远是开放的）：

（1）针对"这就是"的哲学批判（此处只是提及，因为它牵扯到一个哲学上的技术性问题）：为了提出这个问题，[[黑格尔，779]] 我要提到黑格尔（《哲学史教程》，第 4 卷）："怀疑论者：为了达到'悬置'、中止判断，把有关样态的阐说或者比喻方法（措辞，辞令），用于一切被思考、被感觉的东西，以便使人了解后者'本身'并非如

---

① 这句话出自约翰·威廉·费德里希·耶路撒冷，巴什拉在《判断功能》（*Urtheilsfunction*）第 9 页引用过。[耶路撒冷（Johann W. F. Jerusalem, 1709—1789），德国神学家和卫教士。——译者注]

此，而只是处在与他物的一种关系当中"①：十个古典比喻法（埃涅西德姆②）（古代怀疑论者）＋五种新的论辩方法（据说来源于阿格里帕③）：这五种新的比喻法，黑格尔认为更"文"（不那么"俗气"）因而更有意思，它们对立于科学范畴，对立于借助概念去规定感性物的被思考的存在：其本质是反制"这就是"的形式。

（2）针对"这就是"的（哲学）批判→［"也许"］对于语言的肯定句式的"世俗的"、非哲学的、"平庸的"恐惧。→

1）［《纪德日记》，1941］形成体系的方面，纪德："假如不是情不自禁地补充一句'也许如此'，我连一个肯定句都写不出来。"④至于行为方面（行为便是一种断言，表达为：一个决定）：沃尔特·本雅明与印度大麻的经验："一切都开始于一句微弱的'也许'两个字。"可见一部"也许"的话语立足不易。

2）话语的庸俗的经验性。［莱西奥，麻醉品］写作中的主体一旦觉察到语言—话语的惯常的倨傲，就会试图对语句作出相对化处理，依照代码进行：［遣词造句的慎重］这就是"慎重地遣词造句"："依鄙人之管见"，"在我看来"，"对本人来说"，"我窃想……"当然（对此本人早就明白），这么讲话丝毫改变不了任何

---

① 黑格尔接着说道："这样一来，此物便显现在彼物当中，而且使彼物显现在此物当中，最终一切存在都不过是显现而已。"

② 埃涅西德姆（Aenésidème，前 80—130 年之间在世），古希腊新皮浪主义怀疑论者。——译者注

③ 阿格里帕（Agrippa，公元 1 世纪在世），希腊怀疑派哲学家，曾尝试利用五种论辩方法来证明确定性属于子虚乌有。——译者注

④ 《纪德日记》，见《七星文库》，卷 2，89 页，巴黎，Gallimard，1954。时在 1941 年 7 月 10 日。E. 马尔蒂与 M. 萨盖尔合编，《七星文库》，卷 2，774 页，巴黎，Gallimard，1997。

东西：断言、傲慢依旧，因为慎言只会满足讲话者的想象世界①，如果能够减少一点这些意象的"傲气"，他就能够更容易承受（当然这还有赖于他的道德观、所受教育、精神状态）。其实，写作就其本质而言是论辩性的：最好的办法是泰然处之、"悲怆地"接受它：对于断言造成的伤害，讲话、写作或保持缄默。

（3）我们现在可以理解中性的取向了（因为独断论是规定性的，所以我不说中性是什么）；[中性]它应该揭示一个领域，一片视野，一个方向。布朗绍："中性的要求不外乎将言语行为的表征性结构[例如'这是此物、彼物']悬置起来，即那种与存在有关的时显时隐的关系；在我们的语言里，一旦说出一个东西，这种关系就立即提出来了。"由于中性毅然地瞄准存在与语言的关系，它不能满足于把缓解断言的语式（情态）正式编入语言代码，诸如否定、疑问、条件式、疑问句、愿望、主观性等。在理念上，中性的话语绝不是虚拟语式：因为语式仍然属于存在的一部分。（语言的）问题当为如何搁置一切范畴，让进入言语行为的东西摆脱语式，无论它是证言式的还是虚拟式的：或者更明确地说，在于说话时如何暗示，使人理解，任何聚合关系都是糟糕的，它们使意义的结构发生偏离②：每个词语因而都变得非适切。或许，借此质疑一些十分现代的写作方式≠主张③。

---

①　巴尔特对想象世界（imaginaire）的解释是"对于意象的总体臆想"（见 OC-Ⅳ，680 页，巴黎，Seuil，2002）。——译者注

②　见《意义的豁免》一文（OC-Ⅲ，161）。

③　巴尔特这里使用的 le thétique {题旨} 一词来源于希腊语 thèmi "我主张"，意思是"主张"，"肯定"。在课堂上，巴尔特提到朱莉叶·克里斯蒂娃的说法"摆脱主张"，认为是"现代写作方式的纲领"。见《意象》（OC-Ⅲ，871）。

1978 年 3 月 11 日

补充之二

关于这门课。每逢周六之前的整整一个星期当中，这门课都在我的脑海里"转悠"，尽管课已经预先备好（其实准备得不多），它仍在继续活动：我的脑海里有这门课的现实性，它来自一种亟盼能够被追加到这门课里的东西：要么是想法说出之后，又产生的想法（"事后聪明"），要么是出现在一周生活里的，跟已经说过的事情发生共鸣的琐碎事端。我觉得这样做和把它们说出来都很重要，因为这说明这门课并不是一种"思维"的状态，而是（至少理想地说）一道个体化过程的波纹→我们于是可以不带丝毫伤感地放心使用"课程"这个词：尤其当"课程"含有"大堂讲授"之义的时候，情形便很糟糕。可是，归根结底，cours〔课程〕＝cursus〔过程〕：即一种跑动的、流动的东西（一条河的流程）；1330 年：estudier a cours〔学习过程〕①："不中断"；我会说：目前不间断。

关于"优雅"。我之所以再次提到它，是因为我总觉得没有很好地解释为什么那么重视日本茶道的繁文缛节。因此我要返回"闪现"和"细致入微"上来。黄昏时分，晚间出门，微末的街头琐事的纷扰：咖啡馆的玻璃窗上有一份用粉笔写的菜单（童子鸡肉粥，16.50 法郎；鲜油腰花，16.10 法郎），一位矮个子短袍教士正沿着梅迪西街姗姗而行，我忽然生出一种鲜活的直觉（对我来说，都市的黄昏有一股清爽的、激奋的强大力量，好像一副麻醉剂）：身陷无尽无休的俗务可以使人感受生命→总之是一条小说艺术的规律。所以，优雅是活生生的，使人感受生活，启动知觉：纯净的生活趣味，活着的快乐→当然，必须明白"生命"是什么意思，一个无所不能的词→生命：（1）一种能量：攫取意志，享乐意志。这种能量跟优雅没有关系，它蔑视优雅，把它归入堕落、颓败、无力、垂死的东西；（2）但是，还有作为延续的生命：延续成为对生命的享受→生命延续：在道家那里的意义（参照化实在的身躯为不朽的神通）；无穷无尽的屑琐于是成为这种生命延续当中的微粒→优雅＝生命的细密织物。

关于"断言"。我说过：写作本身即为断言（甚于言语）：不幸　*80*

---

①　指这个词语从 1330 年以后取得了"河流"以外的引申义：学习的过程。——译者注

的是，添加一些辞令式的小短句于事无补（"依鄙人之管见"，"在我看来"，"就我本人而言"，"笔者揣想……"，等等①）。不过，这个星期我在报纸上读到过下面一个典型的傲慢的句子，很遗憾地出现了一个"婉语"→应该与政治有关，哦，不对：是关于音乐的：1978 年 3 月 11 日的《电视节目周报》："您是否记得？为时不远：18 年前，20 世纪法国最伟大的钢琴大师去世了，那是 1962 年 6 月 15 日，那天的气氛似乎令人感到有些不快。"② ＝说的是高尔道③→三点看法：

（1）读者本人对于傲慢也有责任：我并不认为高尔道是 20 世纪法国最伟大的钢琴家；而且这一类多余的光荣榜让人难以接受：艺术本来就没有什么"最伟大的"之说，作为一个主体，我总是可以持有异议，再说也没有众人一致赞同的分级标准。

（2）一件有意思的怪事是，我似乎发现，下判断的傲慢在很大程度上来自句子里的转弯抹角的句法位置："高尔道是 20 世纪最伟大的钢琴家"＝放在一句话里是一种比傲慢更严重的挑衅，可是，插入句式却把这样的断言变得十分自然：如此不言而喻，只需顺带提及就行了：一种顺畅自然的修饰语式。→有待研究：我所说的

---

① "多么可笑的补救办法……在每句话后头追加一个不肯定的结语，似乎出自语言的什么都能让它颤抖。"（《罗兰·巴尔特自述》，OC-Ⅲ，131）

② 原文如此。英译本此处注明这篇报道的实际日期是 1977 年 3 月 11 日。这里提到的"气氛似乎令人感到有些不快"的意思大概指高尔道第二次世界大战期间与德国纳粹合作过的历史污点。——译者注

③ 高尔道（Alfred Cortot, 1877—1962），法国钢琴家和音乐指挥家。——译者注

"姆苏修辞法"①。

（3）无法忍受的傲慢，也许正因为它本来不属于写作：冒牌的写作（新闻语体）：虽然没有"我"（以自我为本位的写作并不傲慢），却是一种油腔滑调的文风（"您是否记得?"，"人们会说"，等等）。有待某日研究：这种新闻语体的写作。

最后，一件私人琐事，正好可以引出下一个熟语：3 月 9 日星期四，午后阳光明媚，我出门去买颜料（塞尼利埃②的墨水）→小瓶装的颜料：因为颜色名称很吸引我（金黄、天蓝、浅绿、紫色、浅黄、粉红——相当浓重的一种粉色），我买了 16 瓶。摆放的时候打翻了一瓶：揩干时又弄坏了别的东西：家居生活的小麻烦而已……我现在把那瓶打翻了的颜料的正式名称告诉你们，那是印在瓶子上的名字（就像别的颜色一样：朱砂啦，青绿啦，等等）：这种颜色的名字是中性（不用说，我首先打开的就是这一瓶，很想知道我花 13 个星期谈论的中性究竟是个什么颜色）。于是，我既受到了惩罚，也感到十分失望。说是惩罚，是因为中性颜料四处滴溅和玷污（那是一种暗淡的黑灰色）；说是失望，是因为中性跟其他颜色没有什么不同，而且在销售（所以，中性并非无销路）：无法归类的东西终于归了类→所以，最好还是回到讲课上面来，因为至少可以不说中性是个什么。

81

---

① 有一天，我并不熟识的姆苏太太瞧见我点燃一根香烟，便对我说："哎呀，我儿子总是说：'自从我考上了科技大学以后，我就不抽烟啦。'"这是一种修辞方法，其核心的也是唯一的信息，即她儿子考上了科技大学，是通过一个从属句表达出来的。（"托词：罗兰·巴尔特"，塞利榭研讨会，见《10/18》丛书，413 页，巴黎，UGE，1978）

② 位于美术学院旁边的一家商店。

色彩①

(一) 无色：两条参考

许多参考当中的两条，我停下来谈谈，因为显然，我感兴趣的是无色与中性（"各种中性的颜色"）之间的（虚构的）对应关系。

（1）老子：老子自谓："我是无色的……中性的，就像尚无最初的情感的婴儿，没有意图，没有目标。"② ［［道家，葛罗涅］］1）无情感的婴儿？这样的比喻当今已经不用了：婴儿充满了强烈的、折腾人的情感。不过，也许老子会说：那不是经过"教化"的、编入社会代码的情感。2）没有意图，没有目标＝无攫取意志。

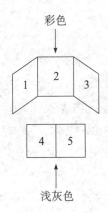

彩色

浅灰色

---

① 也是《罗兰·巴尔特自述》中的一个小节的标题。

② 原文如此。显然指前文引用过的《道德经》的两句话（"我独泊兮，其未兆……傫傫兮，若无所归"），但是这里巴尔特的用词与第 31 页所引略有变化。——译者注

（2）杰罗姆·博施①：《乐园》和装饰屏的"形制"（"祭坛所依靠并且起装饰作用的遮屏"）。佛拉芒祭坛的遮屏：有五个面的三折屏，可以对折→正面和背面（内/外）的对立→色彩和浅灰色（单色：灰色的价值）的对立。于是：《乐园》里的紧闭的百叶窗，清一色的灰色调——一个透明的球体所环绕的景象（通灵者的水晶球）。

82

（二）释读

让我们看看储存在有色与无色这一组对立中的各类价值。

1. 贫富

装饰屏，灰色调：不那么高贵的颜色——打开的装饰屏（把各个彩色折面展开），只用于重大场合，或者犒赏扈卫的大公爵们在场的时刻→彩色＝节庆，财富，上层人士≠浅灰色，单色，"中性"＝社会日常性，千篇一律：参照今日中国：中性的印象（服装清一色）社会的无差别性 [[中国]]→节庆，色彩→作为主体的"民众"的政治的"标记"（横幅标语）。（装饰屏：16 世纪初消失，教会不再委托。一般而言，色彩进入经济活动。中世纪，鲜明的色彩：斥资，豪奢，犹如烹饪的作料。）→中性神奇地，即使不与贫穷为伍，至少也与非金钱，与穷富对立的不相关性相联系。

---

① 杰罗姆·博施（Jérôme Bosch, 1450—1516），荷兰画家，真名范海肯（Hieronymus Van Haken），以采用多变的怪异画风闻名，且画作均不署日期。——译者注

2. 正反

装饰屏内的换位："正面的"、"主要的"屏面，富丽多彩＝通常藏起来的那一面≠"背面"，[[正/背]]通常展现的那一面→中性是给人看的，因为它遮盖了有色彩的一面。我们这里遇到的是一套跟"深度"有关、跟外表与隐藏有关的观念形态。隐藏的＝富有；表面的＝贫穷。《福音书》主题[≠"好炫耀"的小资产阶级观念形态，仿冒的男式紧身衣，外表富有，内里（看不见的）穷酸]。[[隐藏的]]中性＝背面，一个虽然给人看，却不招徕的背面：不躲藏，但不标榜（＝很难做到）＝总之，有点像《失窃的信》① →向我们提出的问题：中性的确是个可以打破和分离的表面，背后藏有财富、色彩和强烈的意义吗？（参照：无意识的确是意识背后的东西吗?）

3. 起源

杰罗姆·博施的《乐园》②：三折屏（背面）与对折屏叶窗：单调的灰色；这种单色"用来"表现一幅全景式的风景，水泊环绕，云层厚重＝按照《创世记》所说，这是创世之初的第三日：刚刚有了雨水、树木和荆棘丛的那一刻。[[起源]]我们还记得老子，无色，无定，"就像尚无最初的情感的婴儿"→中性："尚无"的时

---

① 艾德加·爱伦·坡的短篇故事。雅克·拉康对此写过一篇精彩的分析，收入《研讨班》第 2 册，《弗洛伊德的理论和心理分析技术中的"自我"》，225～240 页，巴黎，Seuil，1978。

② 杰罗姆·博施的这幅画现藏于马德里博拉多博物馆，作于 16 世纪初（1503）。

代，[[搞混]] 从原始的一片混沌当中，色调开始一个接一个地显现原始区分：清晨，色盲的领域（色盲患者分不清红与绿，却能够分辨不同的光线和密度）；参照 silere {沉默}，幼芽，尚未孵化的蛋：先于意义①。

4. 波纹

单色，一个可以称之为"无色的颜色"的熟语，指向一个不把聚合关系当做组织原则的思想。聚合关系的模型：对比之下的本色之间的对立（蓝/红）：这就是对立，意义的真正驱动力（音系学）；[[微差]] 可是，单色（中性）却用轻微差异、原初差异和区分的努力等概念，也就是细微变化的概念取代了对立的概念。于是，细微变化成为一条完整的建构原则（它覆盖全景，正如三折屏的景象那样），它在某种意义上超越了聚合关系：一个完全乃至彻头彻尾都是细微变化的空间，这就是波纹（前几门课提到过②）：中性者，波纹之谓也：外表有细腻的变化，意义或许也有细腻的变化，要看主体从哪个角度关注它。

5. 无差别

在《时尚体系》里，从事意指的对立不是通过这样或那样的颜色，而是大量地通过有色与无色完成的：[[时尚]] 无色并不是"透明"的意思，而恰恰是无标记的、"中性的"、"无分别的"的颜色：于是就可以看到以下这个表面上矛盾的现象：黑与白属于同一

84

---

① 指"沉默"的特征。

② 关于"波纹的科学"或 diaphoralogie {差异之学} 在上文第 36 页以及下文第 107 页都提到了。

边（有标记的颜色），与之对立的是灰色（毛毡、灰烬等）：颜色的组织原则是语义的（有标记/无标记①）。→我们于是看到，归根结底，最大的对立，也是既令人感兴趣，也是最难以想象的对立——因为它刚一出现就自我毁灭了——是区别与无区别之间的对立，这正是中性的关键所在，中性之所以困难、恼人、激起公愤也正是由于这一点：因为它蕴涵着一种无差别的思想，最后的（或者首要的）一组聚合关系的诱惑：有差异与无差异的聚合关系。这个问题我们见过，在时尚方面，[[洛斯基]] 但也是（让我们变动一下类型）一个有关反证神学的问题。反证的神秘主义（艾克哈德）清楚地认识到："在所有能够将两种不同的存在区别开来的东西当中，有差异与无差异之间的区别最重要。"② 这才有了博施赋予单色、中性的那种逻辑，以"再现"创世之初，其时创业方毕，一切仍然笼罩在原始的无区别，也就是质料——上帝当中。[[安捷鲁斯，90]] 请看安捷鲁斯·西里西乌斯③的这两行诗——稍加改动：

> 丢弃一切形式（一切色彩）吧，你将同上帝无别。
> 静谧的澄空将是你的息憩之所。

这个思想使我们再次想到老子的宣告："我是无色的，中性的……等等"：中性的思想实际上是一种极限的思想，处于言语行为的边缘，色彩的边缘，因为它要求思考非言语行为，非色彩（但

---

① 见 OC-Ⅱ，230，274。

② 弗拉基米·洛斯基补充说："无色和有色的区别超越任何能够区分两个颜色之不同的表面。"

③ 引自西里西乌斯诗体散文《漂泊的二品天使》的法译本，见本讲稿"篇中篇"。——译者注

不是色彩缺失，透明）→言语行为和来源于言语行为的编码化的实践总是用某种颜色硬套中性：参见我开头所做的辩解。

形容词

这里经常要涉及一些语言现象：肯定句式，形容词，乃至一些语法现象。这是因为，在我看来——我坚信，用我的感受的全部固执的力量——语言是很悲壮的东西：我跟语法抗争，从中获得乐趣，因为它赋予我一种悲剧性的存在（参见语言的法西斯主义①）。

（一）形容词与中性

（1）从价值的观点来看（评估：价值的基础），也就是说，从中性之欲即本课程的基础来看，形容词的地位有双重价值。

1）一方面，作为"修饰语"，它附加在一个名词，一个存在物上面，"纠缠着"这个存在物：它是一种超级修饰语，一个针对某物而提出，加之于某物的定语；它把这个存在物封存起来，使之成为一个固定的意象，锁定在某种死亡里（拉丁语 épithèma：茔墓的盖顶，装饰物）。就这一方面来说，它是一种强有力的逆中性，甚至是反中性，似乎中性与形容词彼此有着一种理所当然的反感②。

2）另一方面，而且正好相反，在希腊的哲学传统里，当说明存在的时候，形容词跟中性结合（与冠词 to 结合③）；常见于赫拉克利特：干燥、潮湿等；[[布朗绍]]这一现象在（有冠词的）罗

---

① 《就职演讲》（OC-Ⅲ，803）。

② "形容词是阴森森的。"（OC-Ⅲ，127、146）

③ 希腊语的 to 是中性冠词。

曼语言里也经常可见：le vrai ｛真｝，le beau ｛美｝，等等（参阅下文"中性的属性①"）——布朗绍在打算建立有关中性的理论时也很好地强调了这一点。总之，某个属性居中的实体，（带冠词的）语言不用名词，却用形容词，并且利用一个中性冠词改变了形容词的词性：它利用名词与形容词抗争（借助冠词），也利用形容词与（跟在冠词后面的）名词抗争。

（2）这种双重价值的意义所在：谓语，[[谓语]] 即中性与谓词化的关系→中性要求一种没有谓词化过程的语言，其主题，"主语"都不可因一个谓词（一个形容词）而分项单列（登记在卡片上，归档）；另一方面，为了打破主/谓这个聚合体，这门语言求助于一个混合型的语法实体，即名词化形容词，因为这种范畴的形式本身便抵制谓词化：humide ｛潮湿的｝ 若不经由 humidité ｛湿度｝，便难以"分项单列"→中性安享着一个不可谓词化的形式（只要能够做到）达成；简言之，中性恰恰是这个东西：不可谓词化。

86 　　因此，我们或可把这个对象扩大到名词，只要它们被使用者理论化成了某种似乎不可谓词化的绝对品质 [鲍姆所说的 qualitas ｛品性｝]。[[鲍姆]] 而且，我们将会看到，形容词良莠混杂：好的属于中性，坏的属于傲慢。

（二）品质的能量

关于品质 ｛qualitas｝　　（大略为：冠词＋形容词，例涩 ｛l'âcre｝）：文艺复兴时期的炼丹术士有一套强大的理论：巴拉塞尔斯（1493—1541），尤其是稍后的鲍姆（1572—1624，我们将经常谈到

---

① 见《邂逅罗兰·巴尔特》（OC-Ⅲ，1064）。

此人）。

1. 事物或名称的基础

所谓品质〔qualitas〕，指来到"事物"当中落脚之物（在后者的无差别状态中），而且以区分、标注、称谓之力施加于事物，即一种利用名称把事物建立起来的力量。[[巴拉塞尔斯、聿丹，59]]巴拉塞尔斯说："植物，树木，动物，凡有躯体之物本质都相同，可是每一物均与他物有别，这是因为创世之初，圣言 fiat① 在每一物上面都镌刻了一种品质。"② →这种镌刻的品质（上帝所为）＝签署了名字（关于署名的理论有巴拉塞尔斯的，后来有鲍姆的）。鲍姆对于品质的看法较少超越性（因为 fiat 威严地降至事物头上），[[鲍姆，88]] 然而更强烈，更具"屠夫气"：品质就像一般从事物内部升起的力量，名称的印记来自内部，似浓重的墨痕，清晰可辨。鲍姆所说的品质＝一股作用力，一种奔涌而出的东西，喷射，涨起，造就"资格"，使事物成其为所是→细微的差异（这对我们很重要）在于：品质是各种力量争战不休的一出戏：没有丝毫缓和的余地；用当今的说法就是一种强度（于是进入一场博弈，一种强度之间的辩证关系，一道力量的波纹）③。

---

①　拉丁语 fiat 表示祈愿，意为"让某某存在吧"，此即《圣经》中上帝创世时所说的话。——译者注

②　塞尔日·聿丹：《炼丹术》，60 页，见《我知道什么？》丛书第 506 部，巴黎，PUF，1956。实际上这是出自雅各布·鲍姆的《论署名》一段引语。

③　"在鲍姆看来，一种品性便是一种势能，一股做功的力"（见科伊雷：《雅各布·鲍姆的哲学》，前引，88 页；该书第 129 页有一张清单，列出鲍姆所认为的品性：涩，甘，苦，热，爱，调式，声音或者 Marcunius，物体）。

2. 品质作为一种欲望

作为出色的神秘论者，鲍姆属于克拉底鲁①派。他相信"真实的"辞源学。因此，qualliät〈quelle，源泉，喷射力，喷突的泉水〉（我们在巴拉塞尔斯那里看到了同一含义），可是，meis〈quaal，痛苦，折磨〉②："每一种品性里都有气恼、痛苦和愤怒的基础。每一种品性都苦于孤独、限制，都想跳出去跟别的品性结合。"各种品性之间的动态的、情爱的角力，同一品质的好坏两方面的角力：

热——光明：好，甜美，愉快；热情：燃烧，吞噬，摧毁。

冷——凉爽：好的；愤懑和恼怒的形式：冰冻，凝结③。

这里出现了一个品质之间的结构性的、聚合关系的游戏，也就是说，两种相反的品质＋一种组合、协调二者的品质：这就是聚合体 A/B 当中的 A 和 B，即复杂项（≠中性：非 A 非 B）。[我再提醒一下，我属于"索绪尔派"＝并非一种"信仰"，而是乐于借助索绪尔的概念程式来"理解"（说话）。（1）关于纵聚合关系和横组合

---

① 克拉底鲁（Cratylus，公元前 5 世纪后期在世），古希腊哲人。柏拉图 28 篇对话之一得名于他。他的老师赫拉克利特说过，"人不可能两次踏进同一条河流"，他则说连一次都不可能。他放弃说话，改用手指头表达。——译者注

② 关于巴尔特在这里引用的几个德语词，科伊雷在《雅各布·鲍姆的哲学》一书里（前引第 88 页）还说："鲍姆对这个词的词源解释十分有趣：qualitat（鲍姆有时候拼写为 quallitat）来自于 quellen、quelle，表示一种突发力，喷涌，山泉……跟'品性'相关的还有 quaal 或 quahl 等字眼，是受罪、受磨难的意思。这表明每一种品性都有烦恼、受苦和愤怒的成分，因为它们每个都苦于自身的孤立和局限。"——译者注

③ 巴尔特在课堂上说："折磨致死。"

关系的思想＋（2）布隆达尔及叶姆斯列夫的思想：A/B；A＋B；非 A 非 B；复杂程度，零度，中性①。]

因此，在鲍姆看来：涩/甜→苦［［鲍姆，132］］

涩：不是一种感性的品质＝抽象、凝结、浓缩的力。产生硬度和寒冷，如同盐分＝矿盐。

甜：战胜涩。稀释和冲淡盐分的水的品质。任何物体缺少它都会石化，具有一种绝对的硬度＝不可能有生命的物体。这就是流动性原则。

苦②：颤抖的，穿透性的，倾向于高涨。涩与甜互为渗透。注意鲍姆关于能量的思想：

这是一种真正的聚合关系的思想，两项（涩/甜）之间的关系从来不通过平列、话语、叙述、句段关系建立（参阅雅各布森③对诗歌的看法：扩展的纵聚合关系④），［［纵聚合关系］］辩证关系（从事组合的：参见列维-斯特劳斯笔下的神话、叙事⑤）发生在聚

---

① 在课堂上和全集里（OC-Ⅰ，1512；OC-Ⅲ，724），巴尔特多次提到这个概念。另可参阅 OC-Ⅱ，1315 所说："我的零度概念来自于布隆达尔。"

② 在这个例子里，"苦"因而就是第三个词项，或者说复杂项。

③ 雅各布森（Roman Jakobson，1896—1982），20 世纪著名美国语言学家，原籍俄国，在普通语言学理论、诗歌和艺术的结构分析方面建树颇丰。——译者注

④ 雅各布森的看法："诗学功能把选择轴的等价原理投射在组合轴上。"（《诗学》，收入《普通语言学论集》一书，220 页，巴黎，Minuit，1963）

⑤ 见《神话的结构》一文，收入《结构人类学》，227～255 页，巴黎，Plon，1958。另见《从神话到小说》，收入《神话学Ⅲ：餐桌礼仪的起源》，69～106 页，巴黎，Plon，1968。

88　合体的内部，通过设想一个复杂项①完成。这一点对我们很重要：这种纯聚合关系的观点使事物（存在物）保持孤立、游动的状态——涩、甜——并将其抽离于谓词化过程：一个本质上非谓词化的、非"述说"的世界。

在这个体系里，中性的思想是什么？＝反映开头提到过的双重价值：

（1）＝关于不可谓词化的事物的思想，因为对象让位于品质：品质的世界，不是修饰过的、谓词化的实体的世界。所以，这是一种关于某种中性的思想。[[中性]]

（2）然而，这个中性依然是冲突性，对于相互抵牾的力量的争斗仍然十分敏感：取消冲突不是通过中止、放弃或打破聚合体，而是通过创立一个第三项：复杂项，不是零度项、中性②。

（三）形容词的入侵

（1）不要忘记：形容词是一种商品。在许多领域里，当争辩和确定一件物品、一种服务的（商业）价值时，人们都根据一个与之并列的形容词，或者，是否至少应该研究一下那些形容词独领风骚的领域：一幅科利的画？不。一位电影演员？是的。政治行情是跟形容词紧密联系的、形象的表达。（《电视节目周报》三月四日这一期，22 页③。）如果离开这些神秘派的历史（鲍姆）和社会学的领域，说说我主观上如何感受、接受形容词（大家知道，我相信语言

---

①　在课堂上，巴尔特阐述了话语主体的聚合体和组合段的区别。

②　关于"第三项"，见 OC-Ⅲ，147 和 196。

③　巴尔特在课堂上谈到了几次民意问卷调查，称之为"形容词的盛大节日"。

结构是令人悲伤的），我仍然会看到例如鲍姆所说的冲突性能量、品质的"愤怒"一类的东西：因为我一直很难接受形容词，它好似一种侵犯，而且在任何情形下都是如此，无论它以什么面目呈现给我。

（2）1）贬义形容词

我不时听到一些硬派到（当作家的）我的头上（正像对任何人一样）的形容词，故意用于贬义，指责我"矫揉造作"，"卖弄理论"，"故作坦然"，不一而足。这种侵扰（不愉快）不仅意在贬损，而且有以下原因：

a）来自外界的形容词扰乱了我从中找回宁静的中性：[[中性]]对于被人用形容词规定、谓词化，[[麻醉，形容词]] 我感到厌倦，否则我可以获得休息（只有母亲才不给自己的孩子定性，不把他列入评定表里，难道不是吗?）。从主观上说，我从未感到自己是一个被形容词修饰的主语；而且，在我心里，对形容词麻木不觉乃是假定中性存在的基础。

b）形容词的叨扰把我像皮球（关键）似的抛入一场令人头晕目眩的意象互动。某君在形容我"矫情"的同时，把自己也置于一组聚合关系当中，用"单纯"、"直截了当"、"坦诚"、"有男子气概"形容他自己。与这一组聚合关系（我—恶/他—善）相对应，有一组倒过来的对称的聚合关系：我可以形容自己并非矫揉造作，而是精妙—优雅，把此君形容为乡巴佬、粗俗、促狭、男子气概的牺牲品。→从形式上看，这两组价值的聚合体互相配合，像一具转盘似的"运行"："自家为正/他人为负"（ego＋/ alter）：自家与他人因谈话地点的不同而对换→无尽无休的进程，拥有两个项次的辩证关系，无休止的眩晕，因为转盘排除了休息、搁置、中性。我被

89

夹在聚合关系的疲劳当中不得脱身。

2）褒义形容词：恭维

那么，至少褒义形容词能够让我安静吧？听到"恭维话"，中性的人如何举措？[[恭维]]恭维取悦于人，但不让人安静，不让人休息→在听到的恭维话里，无疑可以有片刻的自恋癖式的惬意；可是，这个时刻一过（很快），恭维虽不伤害（不可过分夸大！），却使人感到不舒服：恭维使我与某个东西并肩而立，把最劣等的补足语添加给我：一个意象（恭维话＝补充语）。然而，意象当中无和平。拒绝恭维大概出于一种过度的自恋癖，把主体跟某个上帝等同起来：

保罗·瓦莱里（《戴斯特先生的日志》，130页）："恭维是怎样的一种侮辱啊！——有人竟敢夸奖我！难道我不是远远高于一切品质吗？这正是'本我'会说的话，假如他敢说就好了！"破除道德神秘（极有拉罗什富科①的风格）是正确的，只要不把它当成本我的不变本质。超强的自恋癖就像骤然脸红：随之而来的是不愿高居一切品质之上，而是置身其外的欲望。自恋癖从不休息——而归根结底，我最终想得到的却是休息。不过，我自己也说恭维话，派发一些形容词：为什么？如何派发？一种对付那种把放弃视为否定的（常见）局面的态度：不"恭维"＝意义太消极，我不想要→因此，"我的恭维话"陷入某种尴尬：并非出于缺乏诚意，而是因为，在我想到的好处和令我不可能说恭维话的反形容词的原则之间，有某种妥协：我掉进了语言的陷阱→外表缺乏自信、不痛快、不可信②。

①　拉罗什富科（François de La Rochefoucauld，1747—1827），法国伦理作家，有《箴言集》传世。——译者注

②　巴尔特在课堂上补充说："恭维必须不落俗套，方才可信。"

过度恭维可能造成的损害于是可以理解。此类恭维话的特点：连累对方（形容词全都如此）。形容词（溢美之词，无条件辩护）所造成的这种谋杀的一个出色的例子来自 [[迈斯特，11]] 约瑟夫·迈斯特与教皇：教皇被铺天盖地的溢美之词搅得心神不宁。西奥朗①（序言写得好）："迈斯特既擅长于影响他所喜欢的，也擅长于影响他所讨厌的。"② 归根结底：让被恭维者心生恐惧。

3）拒绝形容词

不可把拒绝形容词混淆于取消形容词（参见下文）。拒绝形容词＝道德实践，压抑形容词，"态度"严谨，即通常的"科学"态度，[[科学]] 而不用它压制形容词，并非由于形容词伤害人，而是由于它跟客观性、真实性不相容。我们曾经把科学的这种拒斥态度与享乐问题联系起来：[[享乐]] 吕西安·以色列③关于歇斯底里症④：[[以色列，87]] "很难对享乐做出科学的描写，因为只有形容词才能描写享乐。"说实在的，我不相信这个说法：上千个形容

---

①　西奥朗（Emil Cioran, 1911—1995），罗马尼亚裔法国散文作家和哲学家。——译者注

②　在为约瑟夫·迈斯特的文集撰写的序言里，西奥朗说："吹捧的方法只有一种：使被捧者心生恐惧，让他发抖，逼着他藏到为他树立的雕像的背后，用夸大其词的办法制约他，逼他思忖自己的平庸之处，而且为之难过。一篇辩护词如果既不能令人不安，也不能令人感到烦扰，那成了什么？不能伤人的颂扬又算什么？凡是褒奖之词一定是借助激情进行的谋杀。"

③　吕西安·以色列（Lucien Israel, 1925—1996），法国心理分析医生，曾经主办关于雅克·拉康的研讨会并出版了论文。——译者注

④　吕西安·以色列《歇斯底里症、性和医生》（巴黎，Masson, 1976）："科学预言排斥形容词，然而就我们所谈论的领域而言，它们却是我们能够求助的唯一的词类。"

词也描写不了享乐。[[比喻，挪用]] 我认为，描写享乐的唯一语言手段是隐喻，或者更确切地说，是强喻。"蹩脚的"隐喻，被直指的词项在语言里不存在（坐椅的扶手①）。可是隐喻一点也不用冒形容词的"危险"，因为它不是同位成分、定语、补足语，而是一种移动（恰如它的名字所示）②。

91

（四）给形容词放假

拒绝、压制、审查形容词≠取消、使之失效、解除、取缔：为试验从语言行为中取消它作准备：这样的试验，我们可以在极限的言语行为当中看到（但不在定见式语言③里）。我想举出四个这样的试验，它们的共同点是尝试为人所不能为：质疑＋穷竭谓词化（＝形容词）。

1. 情话

一方面，恋爱中的主体用褒义形容词讨好另一方（众所周知，神学或宗教实践中的多名称现象，例如颂祷圣母玛丽亚的唱文）；可是，或者说最终，由于不满意成串的形容词，又觉得谓词化的缺失令人惋惜，于是到语言里找办法，目的是表明：所有可以想象的

---

① 因为法语说"椅子的扶手"，须分别用表示"椅子"和"胳膊"的两个词搭配组成（le bras d'un fauteuil），但是这个"胳膊"已经不是本义上的作为肢体的胳膊了。——译者注

② 巴尔特在课堂上补充说："不用形容词，而用隐喻，诗人才这样做。"隐喻的希腊语是 metaphora，意思是"转移"。（法语 catathrèse {强喻} 的本义为"词的移动"。——译者注）

③ Langage endoxal {定见式语言} 是根据希腊语 doxa {定见} 创造的新词。定见式语言就是公众舆论。

谓语都无法表达，或者无法穷尽欲望对象的绝对特殊性：于是从多名称过渡到无名称→发明一些属于零度谓词化或零度形容词的词语。"真可爱!"，"叫不上名字的"，"那个"，"狗味"①，等等。[在语言文化里，有两个对象在恐怖或欲望方面被视为超越谓词化：尸体（博絮埃）和人之所欲的身体]。

2. 诡辩论者

请看一种对于谓词化的理智的（非神秘的）处理。普罗泰格拉②为了说明反驳之不可能，运用了安提西尼③的论据 [[诡辩论者，25]]：除了本名以外，不可给一个存在物指派任何东西：存在的只有个体：我看见的是马，不是马的属性→任何谓词化都变得无从实现，因为主体无法化约为谓词→所以两套矛盾的话语并非彼此矛盾，而只是用于不同的对象而已：既然我们能够对一个主体所说的只是主体本身而已④，那么任何谬误就都不存在了。请注意这个悖论的社会性力量（相对于社会，即话语的社会实践而言）：

92

（1）矛盾性不再是一件用来挫败对手的武器；真与假将无法一劳永逸地解决言语行为的角力。

（2）那将是不可省约性的一统天下：一方面，任何个体都无法

---

① 巴尔特在课堂上举例说："Elle a du chien〔那女人可真有点味道〕。"（原话直译是"她有点狗味"法语 chien〔狗〕见于大量俗俚语，贬义居多，这个俚语有下流话的色彩。——译者注）

② 普罗泰格拉（Protagoras），古希腊诡辩者派哲学家。

③ 安提西尼（Antisthène le Cynique，前 441—前 365），古希腊犬儒派哲学的鼻祖。——译者注

④ 论证的展开来自于让-保罗·杜蒙的书页脚注。

归结为另一个个体——绝对的个体化；另一方面，既然每一个个体都是独一无二的（因为形容词、谓语是导致比较的中介项），那就不可能存在任何普遍性，尤其不可能有任何科学。如果我们回想起照克尔恺郭尔所说，[[无法克服的]]语言行为具有普遍性（因而有伦理意义），那么阻断、撤除一切普遍性，就是真正地贴近语言的极限，迫近它做不到的东西。①

3. 反证神学

典型的取消形容词的领域，因为此处神秘论的全部经验便是不给上帝添加谓语。而且，正如情话（我们很清楚情话和神秘论话语的共通之处），这种"取消"是分两步完成的，或者说，有两种程度之分：

（1）断言法，或称 cataphase：利用多个名字完成 [断言]②：圣名、数量多、名字长：作为万物之始的上帝；[[洛斯基，41]]与这个肇因的各种效果相对应的名字，一些规定性，[[丢尼修，34]]上帝的 ad extra〈外向的〉运作。

（2）反证法，或称 apophase③：无名无姓：便捷的办法。通过

---

① "克尔恺郭尔……巴亚伯拉罕的祭献规定为一个前所未闻的举动，一言未发，连内心的言语也没有，这个举动是针对言语行为的普遍性、群体性和道德规范的。"（《就职演讲》，OC-Ⅲ，804）

② 按照弗拉基米·洛斯基的观点："在寻找不可命名之名的时候，不应忘记众多适合上帝的名称。伪丢尼修的神学弘扬超越的'超本质的'无名上帝，却并没有摒弃多名称。上帝可以无名，也可以'多名'，这完全取决于根据其本身看待，还是把它看做万物之源，从事 ad extra〈外向的〉运作。"

③ 希腊语 cataphasis "肯定"，apophasis "否定"。巴尔特在《就职演讲》里说，他的反证的文学符号学是否定性的（apophatique）（OC-Ⅲ，811）。

把名字一一否定，达到上帝的神圣本质；从最遥远的名字开始，渐及最接近者，从而超越因果关系的层面［再次注意，取消谓词化扰乱和破坏了整个定见的和科学的逻辑：让矛盾"过时"，提出一个摒弃因果关系和规定性的世界（言语行为）→ "狂妄的"态度］。

4. 东方

为了加快阐述，我现在把印度教和道家学说混在一起谈，这两者当然不是一码事。

93

(1) 印度教，商羯罗①及其学派所遵循的道路。　[[葛罗涅，118]] 以否定的方式规定普遍的存在：neti…neti：它既非此，亦非彼（≠可以眼见的事物）："汝即那。"② 其实是（拉康③）镜像阶段的词语，开启意象（这是不折不扣的反证神学）。

(2) 道不可知，因为假如它是可知的，我们就会落入相对性的领域，它就会失掉绝对的特点。→ "我们什么都不能说，因为任何有关它的话都会使它成为肯定和否定的对象。"众所周知，道家不是一门宗教（实际上是一套法术或一门伦理学）：没有上帝。→道家的"无上帝论"和（尤其是否定的）神秘论者的"上帝"在否定

---

① 商羯罗（Adi Shankara，788—820），印度哲学家。

② 梵语"Tat tvam asi"。参阅《亮室》（OC-Ⅲ，1112）。在《恋人絮语》里，Tat 还被视为一个虚词（OC-Ⅲ，666）。［这句梵语的一个译法是"一切由你开始"。另外，季羡林先生在《谈国学》中是这样解释这句话的："印度古代很有名的一句话 tat tvam asi，表面上的意思是'你就是那个'，真正的含义是'你就是宇宙'（你与宇宙合一）。"——译者注］

③ 雅克·拉康认为"我"的功能形成于镜像阶段，收入《拉康撰述》，93~100 页，巴黎，Seuil，1966。

的、摒弃谓词化的道路上殊途同归了。〔〔安捷鲁斯·西里西乌斯，第 47 页〕〕下面这首安捷鲁斯·西里西乌斯的两行诗说得很好：

> 汝若有所爱，即是无所爱
>
> 上帝非此亦非彼，所是何物宜放下。

（五）形容词的时间

杜绝形容词吗？首先，这不"容易"做到（岂止如此！）。另外，这样做最终意味着必须有一门有关"纯净"（"真理"／"绝对"）的伦理学，用一套更为辩证的言语行为的道德规范（本课程的内容正是：言语行为的道德规范）与之比照：

〔〔语言的道德规范〕〕一位友人曾提醒我说："说一个人很漂亮，这等于把他禁锢在他的漂亮里！"我说：一点不错，可是，话说回来：别走得太快！我们别走得太快！漂亮，自由，人道。放弃欲望也许是必要的（心理分析学就是这样告诉我们的），但是不要马上就这么做：享受欲望，享受形容词。但愿"真理"（假如确实有）来得不那么快：享受诱惑物：雕塑家萨拉辛就是死于真理的（赞比内拉①只是一个去势之人），然而他却享受了诱惑物（赞比内拉是个可爱的娘儿们）。缺少了诱惑物，缺少了形容词，任何事情都不会发生。固然，一个形容词永远禁锢着什么（他者，自我），这甚至恰恰是形容词的定义：谓词化就是断言，因此就是禁锢。可是，同样道理，把形容词从语言里拿掉，等于消毒，直至毁灭，那是阴森森的，参照那个澳大利亚的部落，每逢部落里有人死去，他

① 赞比内拉是巴尔扎克的小说《萨拉辛》里的人物，而萨拉辛是这篇小说的主人公。巴尔特的论著《S/Z》就是针对这篇作品而写的（OC-Ⅱ，555）。

们就从语言里拿掉一个词，以示丧礼。语言不要用次氧酸钠液去处理，而应当品味，轻抚，乃至梳理，但不要"净化"它。较之丧葬，我们会更喜欢诱惑物，或者至少承认有一段诱惑物的时间，一段形容词的时间。中性或许如此：仅把谓词当做一个时间段接受下来：一段时间。

补充之三

　　本课程听众（分散在不同的教室里，有些"见不到人"）多得让你们当中有些人无法跟我当众交谈：这一方面导致在这门课引入一种马上比武式的（中性主要地是一种与之针锋相对的形式）戏剧性做法（心理—戏剧的）；另一方面，就大部分时间而言，我根本没办法立即回答一个问题或者看法，这正是因为我要求拥有不知如何回答的权利，而且打算质疑答辩这个概念本身，以及坚持宣示一种中性之欲→回响是需要费点时间才能扩散开来的。对于我说的话，我只能发出一声回响，而不是一个"答复";而且,刺激越丰富,越切合主题,我这个回响就越需要经过一段沉默之后才会回荡开来。

因此,我感谢所有主动给我写信——或是通过信件,或是直接找到我,让我了解你们的想法的人:感谢他们用这样的办法帮助我(也许对所有人都如此)让这门课保持生气,它是从现时中获取营养的,但不涉及(答辩的)瞬间意义。我觉得这种做法与本课的目标一致,谢谢各位能够理解这一点。

那么,针对上个星期六以来对我说过的或者写过的一切,我现在就要发出一声回响了,然而只是一道涟漪,并非一个"答复"。让我按照先后顺序说吧。

(1)色彩。人们提醒我说,浓重的色彩与中性、浅灰、暗淡等的对立存在于大自然当中:有些动物物种雄性的色彩绚丽,雌性的色彩中性。我目前既无能力,也不打算建立这样一个内容必定十分丰富的动物生态学的课题。不过,这个概念却在我心里一下子激发起一股人神同形论的冲动(打比方的说法),这很不好,但我还是想说说两个短暂"遐想"的时间。

1)大自然有着恰好跟我们的社会相反的角色展现:雄性成为诱惑的对象,雌性却在中性的位置从旁眺望着雄性:好像我们的社会把男性梳妆打扮起来,披戴多种颜色、首饰、香水、羽毛。恰如19世纪,妇女为了引诱、吸引男人的注意所做的那样。中性和雌性=似乎是一个权势和决策的中心(这只是遐想而已,因为我对动物"心理学"和各类动机毫无所知)。有位美国社会学家①说得好,

———————————

① 系指 A. L. 克鲁伯与 J. 理查森合著的《三个世纪的流行女服》,伯克利,University of California Press,1940。曾在"时尚体系"中提到(OC-II,373)。

不过情况也很明显，在资产阶级的西方资本主义世界里（19 世纪），着装的角色分配受到观念形态和经济的制约：男人穿衣拘谨，无色彩差别，色调灰暗，这来源于以教友派为模式的追逐英国的风气（我们穿得像教友派教徒）。这种穿着一方面表示劳动的价值（男人工作，而且穿工作服）：简朴（没有常会碍手碍脚的佩饰物），耐脏（因为中性色调看不出污迹——可是中性却会沾染他物，这一点你们已经看到）；另一方面，这样的穿着表示一种民主决断：公民之间没有社会差别，至少在衣着方面如此，工人，其他人，从小职员到银行家，所有社会阶层都算在内，阶级之间的差别只在"细节"上才重新浮现，时尚的细部，fads①（领带、披巾及其佩戴方式，等等）→造成"出众的"男人（说得好）→男人因此无法用衣着来展示地位，把展示牺牲掉（直到 18 世纪仍然如此）→于是妇女肩负起展示男人地位（金钱）的职责：裘皮、珠宝首饰、色彩、昂贵的裙袍、高级时装→炫耀于是变换了场地；然而这是一个纯为历史的竞技场②。归根结底，我们可以看到这样一张简略的图表（只是个假设的出发点）。这张图表至少有一个好处（不在现场的证明）：可以在此重提一点符号学！

　　2) 另一条更简短的意见：（动物生态学的，或许也是种族志的）把雌性、女性和中性等同起来→在各种与女性有关的神话里可以看到，女性作为子宫、母亲、源头、无差别的原初状态，从中即将产生成品的 materia prima〔原始材料〕（女人和水）：亚洲神话和浪漫主义时期的神话，尤其是在米什莱的笔下③。

---

① 英语，意为"时髦的小物件"。

② 一位听众把一小瓶淡色颜料送给了巴尔特。

③ 米什莱 1858 年写成《女人》一书。

	男性		女性	
	打扮起来的	中性的	打扮起来的	中性的
动物 种族志的社会	＋ （节庆）	○	○	＋
贵族社会	＋	○	＋	○
资产阶级民主社会	○	＋	＋	○
革命的民主社会	○	＋	（演戏除外）	＋

（2）第二条看法，与此前完全不同的：一位女听众对我讲述神秘主义的方式有保留，我依据的信息显然有误，她告诉我，关于"优雅"这个熟语，佛祖一言不发，把一枝鲜花递给僧徒，以示传递道统，这个举动丝毫不涉及优雅，因为那是一枝知识之花。这我以前不知道，现在知道了，而且为此要感谢这位听众。不过，这条看法却提示了对于我"援引"[1]（召唤）知识（即此处对佛教的了解）的做法的一种误解，对此我讲四点：

1）显而易见，知识是零碎地进入这门课程的，这也许显得有失恭敬：知识从来没有连贯性。这里动用的不是某一门学说的知识：对于佛教、道家的学说、反证神学、怀疑论，我都毫无了解，也不声称有所了解：这些对象，作为一些教义的、系统的、历史的本体——正如我们可以从思想史、宗教史里看到的那样——完全不在我的话语里→严格地说，当我引用佛教或者怀疑论的时候，别相信我：它们不在我的掌握之中，我一点也不精通，而且，说得更明白一些，我不得不"对其整体失敬"[2]（尼采语），因为教师本来应该完整地讲授（他眼中的完整），而我却不能完整讲授（佛教，怀疑

---

① 巴尔特提示说：citer〔引用〕一词来源于拉丁语 citare〔召唤〕。

② 引自吉尔·德勒兹：《尼采与哲学》，26 页，巴黎，PUF，1962。

98　论）。我的目标＝既不当教师，也不当信徒，而是当尼采所说的
（因而无奖章可领）＝"艺术家"。

　　2）按照我的这位听众的看法，所指物最重要，而佛祖这个举动
的所指物正是鲜花的符码含义：知识，而非优雅→很明显，我从来不
认为佛祖此举的历史含义，即他想传达的真正意义就是优雅。我甚至
认为，天性优雅的佛祖根本不会有表达优雅的念头：严格地说，我深
深感到，谈论优雅本身就有失优雅（不幸的是，我正在这么做）。

　　3）我反而要说——而且坚定不移，因为这么说适用于我引用
的所有历史现象，例如彼亚斯死在小孩肩膀上①——我从来不诠释。
假如我这样做了，我的诠释就是错误的，那位听众便有理由提出异
议→通过引用，摆脱了历史的和教义的"真实性"的自选材料，我想
创制、发明一种意义→我参考了一些零散的议论（实际上得自阅读的
零星段落），让它们发生某种形变：一切矫饰派艺术的常见手法。

　　4）有关鲜花的小插曲说的不是佛祖：佛祖只是一个名字，如
同一个小说人物的名字一样。那本来可以是我本人，我本来可以
说：当我打算把遗产传下去的时候（可是我没有遗产），我就拿来
一枝鲜花，羞羞答答地把它递给一位朋友（假定是在 1985 年我的最
后一堂课上！）→大胆地说，我之所以选择佛祖，是因为我想送给
他一枝鲜花！因为我很喜欢佛祖。可是，什么是热爱佛祖的最佳方
式？是从历史出发，还是从我的现实出发谈论他？是依照他的生
平，还是根据我的生活？

　　（3）第三条看法：跟形容词有关。有一位听众提出，有一类"积
极的"形容词不会禁锢主体：现在分词；而且她认为此类形容词与中

---

　　① 　见上文第 66 页关于"优雅"的熟语，狄奥根尼·拉尔修讲述的故事。

性有特殊联系。我当然愿意情形确实如此，但愿有些形容词能够摆脱
羁绊，可以用来谈论主体，而不会把后者"分项单列"，关进某一事
物的被动的品质里。可是，尽管来源于动词，用如形容词的我们的现
在分词却是不折不扣的形容词：brillant ｛炫目的｝, stimulant ｛刺激
的｝, accablant ｛沉重的｝；就个人言语行为所体验到的即时的感觉来
说，没有任何东西提示它们的动词来源（英语或许不同：似乎有一种
"正在起作用的，进行当中的"的动态吧?）。至于现在分词与中性的
联系，令人瞩目的是，自亚里士多德起，希腊哲学的基础就是有关事
物本质的观念（事物本身的），to on：中性＋现在分词①；很可惜，
动词此处恰恰是被动式动词：中性此处进一步强调事物的无性属的被
动的停滞状态→可是这绝非我（在我的中性之欲当中）试图引起注意
的那个中性：无可奈何，尽管这位听众慷慨地指出了一个语法范畴，
好让我们安心（为此应该再次感谢她）：真是无可奈何：语言里没有
任何东西能够实现中性，我们的这种中性，尤其是中性的属性：语言
里什么都没有，但是，或许在那些起到修补不公正和纾缓语言厄运的
作用的"话语"、"文本"和"写作"里吧? →中性的写作，我认为是
存在的，我遇到过。在哪儿遇到的呢? 我将把它作为结束语说出（6
月 3 日），眼下它是这门课的一个小小的悬念。

　　（4）最后一条看法：一位听众写道（我只引用这封信的一部
分②）：

99

---

① 指希腊散文 to on 是用中性冠词 to 加上动词"存在"的现在分词 on 构
成。拉丁文译为 ens，法文译为 étant 或 l'être，英文译为 being，德文译为 das
Sein，中文则有"存在"、"存有"等不同译法。——译者注

② 巴尔特从"您在开场白中曾经……"这句话开始念这封信，直到结束。

埃尔维·杜布扎尔①

任何言语都不是轻易说出的，即使最超脱的言语也难免被吸收和用于一些不同于本身的目的。不过，问题的实质也正在这里：任何理论建树在运作中都带有一些实用的要求。至于您的言语则与一个域外之地相接，尽管这个绕不过去的问题仍然存在：言语是行动，是作出某种取舍的地点，"某种道德观念"之所在，言语的实践之谓也。中性之欲于是被逮个正着，这也许与它的本意相违，然而这个域外之地仍旧是个固定不变的地点，一个言语活动的场所；这个言语一边转换为文字——尽管从中可以看到极为丰富的含义——一边让自己歇息片刻。令人讨厌的暂歇，因为此时可以逮住它。

就此而言，自您在法兰西学院开讲这门课，有两个问题就一直让我不安；请别误会，我并不要求您表态，既是因为怕您过于劳累，也因为您的话语在我心中激起了深深的敬意。雅克·拉康与德勒兹的立场相左，这您一定了解。虽然如此，您的话语明确地同时拿这两个人当做参照系。这如何理解？或者说，您如何处理这个矛盾呢？很清楚，这个问题本身是滑稽的，您对于东方文化和我们的文化的引证十分清楚地表明，择取（其善者）是行不通的。问题于是仿佛被砍去了脑袋，已经被您显然多变的话题即明显的游戏（在尼采所说儿戏童）所消解，这大概就是您以往对于形式和符号所从事的研究的真髓（不用说，这个字眼用得不准确），让不同的意义相互取乐，从中提取实质（我们

_____

① 埃尔维·杜布扎尔（Hervé Dubourjal），法国当代电影导演和戏剧家。看来是这封信的作者。——译者注

知道后者是隐藏的，栖身于一个难以设想的位置，而且词语能够表达的十分有限，此处我说的是道家），从而使得一个由于无法归类而很难把握的话语获得坚实度（这一点同样能够解释这封信何以写得不太顺畅）。还有一个无法回避的问题。您在就职演讲里曾经为这样一种思想辩护：一切言语都是法西斯式的，都是权势的场所，文学的力量在于打破这个霸道的场所。毛病正好出在这里。我觉得，就连您对于中性的欲望，其本身也许是一种针对某种（中性的）缺失的立场宣示，不管怎么说，这也是玩弄权势的游戏。当然，迄今为止还没有提出任何口号；可是，您在超然地为这种欲望呼吁的同时，也就创造了一个口号。当罗兰·巴尔特本人说"我欲中性"的时候，他并没有把任何东西强加于人，然而大部分听众会说"中性的确是非有不可的呀"。仿佛某种宿命的罪孽把中性变成了一个可以讨论的、可以反对的主题，而且被重新放入一组不可克服的聚合关系里。无法不承认欲望，期盼别人承认我对于中性之欲的欲望，可是这种非让人了解不可的必要性打乱了整个游戏。不妨这么说："您本应把中性之欲藏之于心，那样它才是真实的。"

对于这个说法，我是这样看的：

我觉得（也是写信者的看法），我没什么可答复、反驳，也就是抗争的（不对，我丝毫没有强加什么之类的话）；那将毫无用处，也没多大意思。

这封信要说给我听的，被我当做一种替我作出的说明而接收的东西，正是我对自己所说的。但是，既然是别人在对我说话，这反倒更方便我借机发挥：既然别人的言语（善意的：这是关键）有助于我暂离主题，把注意力转向我在讲话时没有认真思考的一个异

域："另外一个人在我脑袋里思考。"① 这才是真正的对话，无需任

101 何剧场。

这封信有两点使我感触良多：

1）欲望。我在阐明我（对于中性的）的欲望的同时，也改变了他人的欲望。"告诉我欲想何人，欲想何物"，我们就是这样一道前行的（参见《恋人絮语》）。没办法，没有欲望就无法讲话→没有欲望就没有课程（开场白中谈到的取向②），而且这种欲望不必成为一条法则。因此，问题不在于这门课的主题是什么。除了停止谈论自己的欲望以外，也就是说，放弃这门课程，没有别的解决办法→是否值得考虑？为什么不行呢？可是，这样做会引起欲望之外的其他问题，一些现实的问题（我已经谈到过"放弃写作"）。所以，就目前而论，我们继续上课，而且，关于这一点，我申明，我把中性作为本课程的主题，从而使它成为一个明白无误的中心：倾听的对象。但是，恰恰因其如此，我的言下之意是，存在着一个中心之外的东西，一个侧面，一种间接的东西：被听到的东西：不要倾听，而是要通过倾听而听见→作为中心的中性已经不是课程的实质所在了→实质在间接当中。什么是欲望中的、中性的间接之物呢？

a）欲望只是一种经历。我经历中性。明天也许会有另一种欲望。中性的经历也可以用别的方式说出：此刻，在我身上，中性完全是一种反应：它是一种反应性的欲望（在尼采所说的意义上）：弱者的、奴隶们的欲望吗？一个星期以前，我收到一位素不相识的

---

① 巴尔特在课堂上称："戏用布莱希特的一个说法。"参阅 OC-Ⅲ，74："如果我能用上布莱希特的这句话，那我会非常高兴：'他用别人的头脑思考；别人也用他的头脑思考。'这才是真正的思维。"

② 指已经使用过的一个熟语，按照这个熟语，课程起源于一个幻象。

人寄来的一本书（很正常）；昨天此君打来电话，问我对书的看法。我于是心生中性之欲：不去读这本书的欲望，什么都不琢磨的欲望，不知道如何言说的欲望：无欲的权利，无欲的欲望是否具备某种（法则的）示范力量？中性并非一个目标，一个靶子：它是一种体验。一则著名的寓言讲到，禅宗嘲笑那些把手指当成被指的月亮→我感兴趣的是手指，而不是月亮。[1]

b）居于主题位置的中性（因而是非实质的），也许是取代别的东西的一个熟语，一副面具，一个涂画过的屏幕（是一种病症吗?）。是什么呢? 也许是例如某种政治上或关系方面的焦虑感? 这不应由我来说三道四，因为我一旦提出一种诠释，就提出了一个新的 interpretandum〈待解命题〉。不过我们对此可以思考一下，先不下结论。

2）让我颇有感触，有助于我仔细思考的第二点。那位善意的听众在我头脑里引起一个疑难（无解的逻辑难题）：要么，谈论中性并使其成为一条法则；要么不把它变成一条法则，因此我也不去谈论它（整个这门课于是告吹）。这个疑难是实在的：这位听众的介入使之更加明晰，尖锐：不过，与此同时，他的介入也颠覆了这门课：也许，我间接地和顽固地谈论的东西正属于难题的一部分；你们可能注意到（如果我对自己加以评论的话），（迄今）几乎所有我们谈论的熟语都把一个疑难摆在了大家面前：善意：湿或干，非"正确"；疲惫：无休止的终结过程；沉默：变成自身的符号，无论意图是什么；睡眠：感觉不出自身的空虚；断言：语言逼迫我非下断言不可，即使不是出于本意；色彩：中性是有颜色的（而且会沾染他物!）；形容词：制造意象，无法从语言里去除。除了这些疑难之外，还可以追

102

---

① 　见《禅论集》，卷 1，24 页。

加（我讲得很快）一门与不断被提出、要求和避开的事物有关的修辞学。例如案卷、话语的归档、类型：从未发掘、彻底查理过。

那么，也许，被动反应的旁边会生出积极因素将产生于：这门课：一步步地：如何承认世界充满疑难，如何（痛苦地、极尽享乐地）经历一系列疑难而生活到死亡，而不必借助一股逻辑的、说教的力量一下子摆脱它们？也就是说，如何把经历疑难当成一种创造活动？也就是说，通过一套文本—话语的实践——它不破除疑难，而是使其充满爱意地（依旧是尼采用语）蔓延，进入与他人（公众）盘错纠结的言语当中？这一点我已经用另一种方式说过了（开场白①）：文学或者写作（此处便是我的栖身之所，但绝无自抬身价之意）＝表现充满疑难、用疑难编织成的世界＋一场排解疑难的实践，但并非彻底解决，也就是毫无傲慢态度。

（看得出来，如果我乐此不疲地发挥下去，很快就无课可上了，剩下的只能是一些补充。补充子虚乌有：那才是最理想的中性啊！不过，我们还是要回到中性的那些熟语上去，还得用八个星期我们才能历数一遍。）

103 中性诸相

（一）贬义的意象

除了几位哲学家和布朗绍以外，中性在定见当中到处都名声不

---

① "文学完全是现实主义的，因为它从来不限于把现实作为欲望的对象；我现在还要说，而且不会自相矛盾——因为此处我把这个词用在习常意义上——文学也是顽固地反现实主义的；它认为欲望不可能的事物乃是合情合理的。"（《就职演讲》，OC-Ⅲ，806）

佳：中性的意象全是贬义的。每个恶劣的意象都被锁定在贬义形容词当中（形容词的又一个恶劣角色）。以下是一些此类贬义形容词①：

1. 负心

布朗绍："中性无魅力，不吸引人……"毫无魅力＝薄情寡义，[[布朗绍，《交谈》，458]] 忘恩负义的小孩：一个使人没有好感的小孩，违反一切童年时代的规律；薄情寡义的年龄＝处于童年的诱惑力和少壮年龄的诱惑力之间＝不可爱，而且似乎没有爱心。

2. 逃避

中性的主体：背负着推脱责任的名声，逃离冲突，一句话，极有侮辱性：溜之大吉。的确，定见＝安逸地生活在聚合关系当中（冲突性对立）：唯一的回应方式（即相应于某一选项）是：对它提出异议。不去想象尚有另外一种回应方式：溜掉，游离，逃避；以一种逻辑诡辩论为基础的侮辱性标志：不反对就是同谋。逃离：对于定见来说，难以想象的第三个选项。我并不喜欢有关梦的叙述（也不喜欢梦），但后者令我很感兴趣，因为它展现了一种逻辑的丑闻：一幅超级市场似的景象；通常，（托给梦的）逃避：人焦虑＝噩梦。此处却是例外：逃走，躲避，转向：成功、轻松、兴高采烈、凯旋一般（参照身在大百货公司里的马科斯四兄弟②或者卓别林），在我看来，这似乎是（被打压的、背负恶的、误入歧途的）中性变成了至高无上的中性。

---

①　不言而喻，翻译成汉语后的这些词不一定专属形容词词类。——译者注
②　马科斯一家四兄弟（The Marx Brothers）是 20 世纪初活跃于美国舞台和影视界的滑稽演员。——译者注

3. 含糊

中性：类似含混不清。[[查理·布吕诺，《实用语音学教程》，Berger-Levrault，109]] 这个概念用于一个人便有鄙视的意味：混杂着无光彩、虚伪、贪图苟且偷安。此处我们可以在能指上做文章：法语闭口音 œ 不多见：尾音有 bleu〔蓝色〕；在发声辅音之前则有：-euse 等＋少数几个词：meule, veule, meute, feutre, neutre①；neutre/ feutre 是同韵的（仅此一例吗?）：典型的：声韵的（此处是虚幻的）真相②。

4. 松懈

针对不求真知的怀疑论者，费希特（《第七课》）语带轻蔑地描述：[[费希特，218]]："这是一个萎靡不振、松懈、多重的虚假的人，他身上有一大堆相反的命题和矛盾，它们都相安无事地比肩而立。没有一个是清晰的或与众不同的，一切都混淆在一起，纠缠在一处。这种人不认为任何东西是真确的，也不认为任何东西是谬误的。他们既不热爱什么，也不憎恨什么，无爱无恨，因为每一次要确认、热爱、憎恨的情感都要求能量的凝聚，而这是这些人做不到的；也由于在变化的内部进行甄别和分析时，必须在自己的感激之情和情感当中只选择一个对象。"爱即选择、淘汰，一个极具定见的想法：从而摧毁"剩余的"＋把欲望的多重性与犹豫不决相提并

① 这几个词的意思分别是：meule〔磨石〕，veule〔软弱〕，meute〔猎犬群〕，feutre〔毛毡〕，neutre〔中性〕。不过，词义在这里并不重要。——译者注

② 巴尔特取自查理·布吕诺的《实用语音学教程》一书，书中提到两个闭口音 a、e 之分别，一短一长，并且列出了后者如 beugle〔嗡嗡叫〕、jeûne〔把斋〕、émeute〔暴乱〕、Bayreuth〔贝霍特市〕等词语。

论，从而进一步将之比拟为软弱，比拟为"委靡不振"＝生机论的提法：不摧毁周围之物就不能生存，活不下去。〔对此我们可以反驳说，正相反，承认中性将显示极大的能量凝聚，哪怕必须背负起（错误的，但无法避免的）松松垮垮的意象！〕

5. 冷漠

（1）照费希特的看法①，人类历史分为五个阶段。〔〔费希特，Ⅺ〕〕1）纯洁无瑕的状态。2）开始犯下罪孽，理性的本能成了一种从外部施加限制的权威。3）罪孽的完成状态，形成于对一切真理的冷漠态度，对一切理性本能和一切权威的蔑视＝当今世界：〈人类〉物种以本物种为目的的生活方式彻底消失：剩下的唯有个人的生命（＝这便是中性）。4）恢复国家和风俗（献身人类：救赎开始）。5）救赎完成，神圣化（注意：贬义的概念程式，用在进步论者的观念形态上正好不过）：中性＝堕落，自私自利，不在乎集体，非政治化＝"罪孽的完成状态"＋有关于集体主义的理想复兴的思想：恢复（"社会主义"）→"救赎"（共产主义）。

（2）回到费希特，很好地凝聚了定见：缺少信仰＝冷漠＝中性（非此非彼）＝怀疑论→怀疑论的无限过程：〔〔费希特，《课程Ⅺ》，320〕〕费希特："那条流行的箴言，即不应该表示任何态度，不应该全然赞同，也不应该全然反对。这条箴言的这种实践，人称怀疑主义（＝谬误，因为非说教的皮浪主义从来不说'务必如此这般'之类的话……）如此行事的根据就是缺乏爱心，连最粗俗的爱心也

105

————————

① 或者毋宁说是 M. 布里叶在《达到幸福生活的方法》中关于费希特的论述（巴黎，Ladrange，1945）。

没有，连自爱也没有……"（爱心与攫取意志未必是一回事。）（其实冷漠分为好几种，参见下文。）

6. 卑劣

（我按照与"高贵"对立来理解卑劣）在谈到沉默的时候，价值的差别已经很清楚了（乍看起来，沉默是中性的最佳形式）。[[科耶夫，20]] 不过，科耶夫（实际上重申黑格尔的判断）：两种沉默，一好，一坏。

（1）好的沉默：巴门尼德和赫拉克利特。

1）巴门尼德：把话语简化为沉默（如怀疑论者所做的那样）；[[沉默]] 但是，绝对的"沉默"不是一种"不确定"，或者是一种"怀疑"，亦或"放绝"；正相反，它是沉默中的确定，是关于完全不可言表之物的无声的知识；巴门尼德并不弃绝说话，而是"一直说到底，他说话是为了有把握地或者必然地达到最终的沉默；在沉默当中或者经由沉默，一切都不再令人怀疑"。

2）赫拉克利特：诚如怀疑论者：话语是矛盾的，既没有开端，也没有结尾＝它的这副样子，确切地说，就是真理，因为它涉及一个与之相应的世界，其实质（phusis, nomos①）用相反的元素构成，既同时存在，又前后相继，无始无终≠坏的沉默，卑劣的沉默。

（2）纯粹的怀疑主义（中性的恶劣体现）缺乏爱利亚学派或赫拉克利特的高贵气质，因为不谈论概念，也就是放弃踏上通往哲学的道路 [[概念]]："（理论）怀疑主义完全不懂……哲学，即有关

---

① 希腊语，分别为"自然"和"法律"之意。见《中性》，收入《罗兰·巴尔特自述》（OC-Ⅲ，196）。

（纯哲学的）概念的问题。"[[科耶夫，24]]→于是，只有巴门尼
德或者赫拉克利特式的怀疑论才具有"哲学的高贵"；否则就是简
单地怀疑，谬误，non dignus intrare〈无尊严地进入〉（穿过概念的
窄门进入哲学）。只有属于哲学，中性才能得救；否则就是一个坏
意象：怀疑主义的中性拒绝承认概念的王位，拒绝亲吻概念的脚丫
子，也不让概念亲吻自己。

（二）作为丑闻的中性

这些坏意象的背景不难看出。我们还记得，历史上中性的"官
方"空间属于怀疑主义或皮浪的门徒：探索派（永远在探寻①），怀
疑派（详查而不见），悬置派（搁置判断），疑难派（永不确定）。
[[布洛沙，56]]所以总是一些失败的意象，无能力的意象。→中
性承受语法的重压（阴影）：＝既非阴性，也非阳性，或者（动词）
既非主动，也非被动（＝异相动词②）＝遭阉割者，既无男子气，
[[阴性/阳性]]也没有吸引力（阴性）；众所周知，在神话和定见
里都有抹不掉的恶名。→咱们不必采取反对这个意象的立场（否则
整个这门课便是这种对立，我们不抗议意象，因为毫无用处）。我
们能够做的是，通过变动聚合关系深入阐发。[[帕索利尼，生命
力]]对于阳刚气，或者缺乏阳刚气，我宁愿用生命力取而代之。
中性有股生命力：中性在刀刃上行走：就在生命意志当中，然而超

---

① 动词宾语被省略了。此处应该理解为"永远在探寻真理"。巴尔特袭
用了维克多·布洛沙的范畴。

② 指希腊语和拉丁语里的一类动词，其词形为主动式，词义为被动
态。——译者注

越攫取意志→我想起那首已经提到过的帕索利尼的诗①（《玫瑰般的诗》，Garzanti，1964），第 5 章和第 9 章：

上帝啊，[[诗的作用，71]] 您有哪些积极方面可言？——我吗？（几乎结巴，我未服镇痛药，病孩的颤抖嗓音）我吗？一股绝望的生命力。[—Io? — (Un balbettio nefando, non ho presso l'optalidon, mi trema la voce di ragazzo malato.) Io? Una disperata vitalità.]

107　愤怒

我们需要一些不存在的词语才能够谈论这个熟语，或者是法语虽有，但不准确的一些字眼：état〈状态〉一词太抽象（不过我们会凑合着用）：一种存在的方式吗？[[感性诉求一词]] 它其实指外在的东西（格调，侧影）：习性〈habitus〉。那么，感受〈affects〉呢？有点过于强烈，有点裹卷一切，有点"原始"→如果我们把希腊语里的存在方式（不是法语）还原，那么最有意思的词语是 to pathos＝有所感受，相对于有所作为，也相对于 hè pathè：被动态。→to pathos：中性的：既是主动的，又是受影响的：从行动意志当中抽离，却未脱离"激情"→我不认为这么说过于牵强；在哲学上：ta pathè＝事件，事物当中发生的变动。→to pathos：物体的波纹面，

---

① 此处是（第二次）重提。在备课笔记之外，巴尔特补充说，中性是"不稳定的东西"，而且包含两条设定：一个是恶的或者反动的，即萨特所说的虚假性，等于屈服于偶然性；另一个是好的或者积极的，等于伦理学和美学意义上的单纯性。

因其变化而经历变动。这样就足以造成：cénesthésie① ﹛机体觉﹜。（因而有了我们喜欢的颠倒：能指造成的隐含义的反面：pataud ﹛笨拙﹜；或者通过所指物得到：沉重的心情。）

（一）状态

1. 愤怒

在神话里，中性总是与软弱的、无标记的"心态"（即感性诉求）相联系的，脱离或疏远强劲的、标显的、强调的状态（后者因而属于"阳刚之气"一类 [[愤怒]]），并与之保持距离。→我们可以愤怒为例，申说标显的感性诉求的强态：它的作用正是反中性。我知道愤怒的三个"版本"：

（1）愤怒作为一种逃避。[[愤怒，逃避，萨特，22]] 我这里参考的是萨特的《情绪理论概述》一书。② 参照昏厥③。愤怒实际上就是一种昏厥，一种意识的丧失，即愤怒过度的时刻，某种责任的丧失。此外，仔细观察一下我们的愤怒倒是很有趣的：愤怒作为一种情念素 ﹛pathème﹜（参照 to pathème：产生影响的事件）；我们有哪些情念素呢？（我本人很少发怒——大概是怕招惹反效果和

108

———————————

① 巴尔特在课堂上说：cénesthésie 的定义是"物体的一种既积极又被影响的波纹状态"。

② "在愤怒当中，以及在大概其他一切情绪当中，将自我的深层与表层分隔开来的障碍发生某种弱化，在正常情况下，这种障碍保障了深层人格和自制力对行为的约束；这是真实与非真实之分隔的一种弱化"（《情绪理论概述》，1939，第 1 版；巴黎，Hermann，1995 年重版，30 页；巴尔特在《恋人絮语》中引用了这篇论文，见 OC-Ⅲ，469）。

③ 昏厥是萨特在《情绪理论概述》（1939）一书中分析过的人类躲避险境的行为之一。——译者注

必然随之而来的负罪感，我可能会有的一种情念素：等待→在咖啡馆、饭馆里的愤怒。为什么会这样呢？大概是因为觉得受到羞辱。傲慢的幻象："竟然让我干等，哼!"拒绝转移情感：等待＝被动地把自己交给某种权势，某种掌控："听任摆布"：医生，牙医，银行，飞机场，教授?)

（2）可收健身之效的愤怒。[[健身的愤怒]] 十分常见的、通行的想法：把发怒视为一种有益于健康的放血疗法→情绪之不可避免的、自然的宣泄（物理学用语）。[[培根，《道德论》，382]] 培根："抑制内心一切引起愤怒的因素，这种想法只是斯多葛一派的自夸而已。"→由此产生一种有关自律的道德观：控制愤怒，尤其是发怒的持续时间及其结果。培根：放弃一切过于严厉的言辞，一切过于刺激人的脾气；小心不要让发怒泄露什么秘密→关于发怒有益的想法：控制无法控制的事端的外表，将愤怒戏剧化，把愤怒当成对力量的考验加以把握。尤其重要的是懂得如何结束愤怒：智慧，《圣经》教给我们的（培根的引证）："生气却不要犯罪，不可含怒到日落。"①

（3）作为火焰的愤怒。[[鲍姆，94]] 此处我想到鲍姆的那个极美好的概念，既是神秘主义的，又包含宇宙起源论。关于世界乃至上帝（作为一位妒忌的父亲），鲍姆常常使用这样的字眼：böse，grimmig②；不过，严格地说，恶、凶、坏等都不是他的本意→那是指一股能量（一种欲望），＝一股被激怒的和忧心忡忡的热情；某种接近愤怒、怒火、震怒的东西＝ira，orgè＝吞噬人的怒火（于是

---

① 语出《圣经·以弗所书》第 4 章第 26 节。——译者注
② 两个德语形容词，前者意思是"恶劣，坏，难对付"，后者意思是"愤怒，可怕，可怖"。

有上帝的雷霆震怒，即降临在人类头上的火焰）；这就是生成于火的水，火之水的悖论：血管里的火焰：王水①或者强硫酸水的性质（强硫酸水：炼丹术＝Arcanum，mysterium：液态火焰，vitriolum〈visitando interiora terrae rectificandoque invenies occultum lapidem veram medicinam——在掘开和改变大地的内核时，你将看见深藏的石块，真正的药材）。

2. 痛苦/不适

我们不妨想象一下，在一门关于波纹的科学（微差学｛diaphoralogie｝②）的前景之下，[[《恋人絮语》，61]]一部建立在"有标记/无标记"、"强/弱"的基础之上的心理学。[[西塞罗]] [[莱布尼兹]]→强劲的状态，愤怒，喜悦（laetitia）｛神清气爽｝，[[纪德]]以快乐为主的状态≠gaudium：｛欣喜③｝≠软弱的或"不那么强劲的"状态。→痛苦与不适之间有同样的分别。有些人明显地感觉到这种分别：纪德："我这已经不是头一次看到，他抗拒不适远不如抗拒真正的痛苦（能够以一种相当超脱的态度应付）；他心甘情愿地顺从不适，没有什么行动。"（见证，《小娘子实录》，1948）

关于痛苦/不适，有三种看法：

（1）对我来说，专就不适而言：[[头疼]] 头疼（头痛）：偏头

---

① 《小罗伯尔词典》的释义是"浓盐酸和浓硝酸的混合物，能溶解金和铂"。

② 见《罗兰·巴尔特自述》（OC-Ⅲ，999～1009）。

③ 巴尔特在《恋人絮语》里提到，西塞罗和莱布尼兹都把 gaudium 与 Laetitia 对举，前者指对于稳获某种资财感到欣喜，后者指一种轻松的愉悦。巴尔特并注明出处是莱布尼兹的《人类理解力新论》。——译者注

疼（hèmikrania）①：剧痛，部位明确（半个头部），真正的 algie
{痛感} ≠头疼（比头痛稍微好一点）＝的确是一种状态，位置不
太明确，整个头部，容易恶心：随即出现的心理方面：让我难以面
对责任＋无法确诊的症状：1）原因何在？机体方面的原因有上千
种＋2）用药因人而异：每个人头疼起来都不一样。→不妨主观地
说出这个矛盾的事物：1）头疼近似一种中性的生理经验，一种与
世界之间的弩钝、别扭的关系；2）头疼传统上被认定为一种歇斯
底里（以色列，32②）；在歇斯底里症患者诉说的痛苦当中，颅顶痛
只占第二位（排在晕眩之后）；"舒适的"症状：不明确（很难治
愈），其威胁足以使人更加关注，有关一个家庭成员的移情、比喻、
提尔→因此，如果中性可以作为反歇斯底里被体验，那么就存在着
一种歇斯底里的中性吗？非歇斯底里的歇斯底里症？

（2）强/弱→言语表达的不同类型。[[言语表达]] 粗略地、夸
张地说：1）强＝痛苦→必定是平庸的话语：人们遭遇痛苦的时候，
就会遇到平庸→受苦（在道德意义上，在丧礼上）＝巡视、穿越人
类的重要的老生常谈≠2）弱＝不适：相反却走向难以言说，难以
描述，无高尚可言的难以言传：没有人去写不适，却乐于描写艰苦
困境。不适：务须一个魏尔伦式的字眼：模棱两可（模棱两可的夜
晚③）：一个病人很难从临床方面诉说，不适感（例如消化不良）→

110

---

① 关于偏头疼，见 OC-Ⅲ，190。

② "人们经常注意到，头疼病是对某一位家庭成员，往往是父亲的一种
提示。歇斯底里症患者往往像自己的父亲一样受到头疼的折磨，或者体现出一
家之长在受苦，缺失，衰颓。"（出处同前）这一章题目为"疼痛"。

③ 语出法国诗人保罗·魏尔伦《烂漫年华》（Les Ingénus）一诗。——
译者注

在美学方面，最近惊见于：伯诺阿·雅科的《壁柜里的孩子》①：感性印象强烈，但从不会诸言词（加上中性格调的表演）→强烈的不适感。

（3）灵/肉。[[灵/肉]] 不适：介于灵与肉之间，并使这种区别失效。希腊语早已有之，不适的两种众所周知的状态：duskolia，郁闷，恶劣的心绪≠eukolia，好心情，随和宽厚。然而，很可能在辞源方面：kolon，菜肴、食物和肥肠、结肠、胃→灵与肉的混合＝心情，状态。[[叔本华]] 这一点我们的语言丧失了，因为整个西方世界是在灵与肉的对立之上运行的。不过，不应忘记：古代（荷马的）希腊的不偏不倚：没有"灵魂"或"人格"的任何统一的观念。psuchè〈魂〉：[[马伯乐，17]] 只有死后才能获得，或者垂死之际，昏厥之时。灵魂的唯一功能：脱离活人。② [[道兹，26]] 实际上，thumoi〈心〉（主管情绪的器官）有好几个。

然而，中国的道家不把精神与物质隔离→世界：从虚到实的过程中的一个不间断的连续体：灵魂相对于可见的和物质的肉体，并不扮演不可眼见的、精神的角色。③ 实际上，每个人都有好几种魂魄④；魂魄：微弱，平淡无奇，丧命时才分离。不适感即这种平淡

---

① 《壁柜里的孩子》是法国电影制作者伯诺阿·雅科（Beoit Jacquot，1947—　）1977 年的作品。

② 依照 E. R. 道兹所说："对于我们所说的'灵魂'和'人格'，荷马笔下的人物没有任何统一的观念。…… 我们知道，荷马似乎只将灵魂赋予死后的人、垂死的人、快要昏厥的人和面临死亡的威胁的人：灵魂的唯一功能……恰恰在于脱离此人。"（《希腊人和非理性》，27 页，巴黎，Aubier，1965）

③ 亨利·马伯乐说："所以，只有在身躯之内，才能想象获得不朽的可能性。"

④ 亨利·马伯乐说：按照道家的说法，"凡人都有两套灵魂，三魂在上，七魄在下"。

无奇的灵魂在我身体上的不稳定性。

3. 低限度生存

所谓"状态"（因而是感性诉求一类的东西）正好与"处于一切状态当中"相反：身体的含糊未定的单一性：既可以是消极的（duskolia，不适），也可以是积极的（状态的这个好的方面，我们在论及卢梭和托尔斯泰的文章时将会看到）。无论如何，状态指一种对于自我生存的身体的机体感觉、情绪。状态，感性诉求可以按照本课程所寻求的这样来定义：最有力的低限度生存：这种存在并不单纯（不是一种原始的情感），却剥除了一切特征。（→于是便可以理解，我为什么把感性诉求与中性联系起来。）

（二）感性诉求之学

再谈一点作为结束，不是方法论，而是元语言学：什么是专门谈论感性诉求的话语呢？

"元词语"是没有的。[[病理学]]"病理学"词义过于沉重，带有规范性（甚至有压制性），除非按照司汤达所说，试着去建立一套"观念形态/病理学"的聚合关系，可是这仍然不管用：病理学的词义过于固定。

"心理学"呢？也有缺陷。[[心理学]]这个词已经大大贬值。这并不是说"心理描写"时代的作品没有令人难忘的观念形态直达我们的真理的特征；例子：司汤达：许多人物的（心理）特征已经跟我们这些现代人（！）没有关系了，然而有时候，在心理学的边缘上会突现一个让人不得不接受的特征；例如，我在《恋人絮语》里援引过，奥克达夫（《阿尔芒斯》①）打算自杀，转眼之间却登着一把椅子，从书架上拿下来一本圣高班②的玻璃制品价格表③→我们需要这样的"心理活动"，它是波纹，细微变化，状态，变动（pathè④）的一份清单。[[本雅明，114]]参阅沃尔特·本雅明："心理学只表达人的极限生存。"

　　说实话，不应到元话语（某种学问）里去寻找关于感性诉求（积极地受影响）的"思想"，而必须再次到哲学—写作里去寻找：[[尼采]]尼采的哲学著述→布朗绍谈到尼采时说："什么是强能意志呢？它既不是一种存在，也不是一种渐变，而是一种感性诉求：是对于差别的激情。"[[布朗绍，24]]德勒兹（70 页）则认为：这种积极地受影响的能力未必意味着被动性，而是感受性，敏感性，情绪（尼采最先谈到的是有关强能的情绪）。强能：首先关涉情绪和敏感性，而不是意志。强能意志：情感的原初形式⑤。→让我们保留这个能让我们接近感性的中性的东西：对于差别的激情⑥。

112

---

　　①　《阿尔芒斯，或 1927 年一件发生在巴黎的沙龙里的事情》是司汤达的一部早期的小说。——译者注

　　②　圣高班（Saint-Gobain）是法国材料工业界的知名企业，以制造建筑玻璃起家。——译者注

　　③　从《阿尔芒斯》里援引的段落（"此人刚刚还用了三刻钟想去结束自己的生命，此刻却登上了一把椅子，从书架上拿下来一本圣高班的玻璃价格表。"）见于 OC-Ⅲ，663。《阿尔芒斯》（收入了《司汤达全集》），25 页，巴黎，Michel lévy，1854。

　　④　希腊语 ta pathè 意为"万物发生的事件和变化"。

　　⑤　"强能意志既不是一种存在，也不是一场渐变，而是一种情思。"（尼采语，转引自吉尔·德勒兹《尼采和哲学》，出处同前，71 页）

　　⑥　"差别是复数的、诉诸感官的和文本方面的。"（《罗兰·巴尔特自述》，OC-Ⅲ，147）

补充之四

这个星期我收到了好几条看法，另外有些资料也传到了我手上：亨利·米勒描写灰色调的巴黎的一页优美作品："我所知道的巴黎的灰蒙蒙的天空（《在柯犁畦的悠闲日子》①）（卡罗尔·霍夫勒）；巴

---

① 指亨利·米勒的《在柯犁畦的悠闲日子》一书的开头几页，纽约奥林匹亚书局，Weidenfeld 重版，1987。被引用的原句开头是 "I was thinking of this immense world of grey..." 柯犁畦（Clichy）镇在巴黎西北郊，是上塞纳省的治所。——译者注

西诗人曼努埃尔·邦德拉的一首诗①，把它传给我的人随即把它翻
译出来了：这首诗所使用的形容词可与一位名叫塞西莉娅（黎莉
娅……莱伊德？）的姑娘形成同位关系"＝十分契合"颜色"和
"形容词"两个熟语。同样，信件也扩展了若干熟语，甚至也把某
些《补充》扩大了：重提一些主题：现在分词形式用如主动态形容
词，疑难，灰色调的画作，单色画。至于以"无任何欲望"形式出
现的食欲丧失，参见下文谈到的熟语"傲慢"。关于这些新的看法，
我在这里就不谈了，因为它们涉及已经处理过的熟语，再说，我不
想过多占用讨论新熟语的课时。不过，我要向所有给我与文章和诗
歌的男士和女士表示感谢→所以，今天的补充只有两点，一真一假。

（1）假补充：有人推荐了一个熟语，可是我不去处理它：声
音→声音与中性的关系：明显的，甚至是固执的，而且甚至十分切
题。但是没有熟语，时境使然：声音，一个几年前就提出来的题
目→1973—1974 年，在社会科学高等研究院的研修班上②：这个题
目我总是明确宣布，但从未真正处理过：无意愿无行动的题目：看
起来十分重要，但是切实的处理总是推延→属于"假的好题目"一
类（梅洛-庞蒂与服装）→声音 ＝ 固执的"对象"：带出一些形容　*114*

---

① 系指曼努埃尔·邦德拉（Manoel Bandeira, 1886—1968）写于 1945 年
10 月 7 日的一首七步诗（Improviso）。诗的开首几行是：Cecilia, es liberrima e
exata/como a concha. / Mas a concha e excessive material / E o material mata. 见
《邦德拉诗文大全》，275 页，里约热内卢，Nova Aguilar SA, 1993。（曼努埃
尔·邦德拉，巴西诗人和散文家。——译者注）

② 见 OC-Ⅲ，55～56。一张未引用的卡片提到了爱德华·加爱德的《声
音》，PUF，《我知道什么？》丛书，627，巴黎。罗兰·巴尔特档库/当代梓行
纪念学会。关于声音，可参阅名为"托词：罗兰·巴尔特"的塞里榭研讨会，
出处同前，251 页，巴尔特声言"我不了解自己的声音"。

词（温柔的、动人的、平淡的、中性的等声音），仅此而已。"好题目"：也许不是研究声音，而是研究谈论这个"小写的 a"① 时遇到的抗拒，方式必须能够满足、达成理智的欲望（对于详尽性的欲望，详尽性的诱饵）→也许，假的"好题目"是一个人们欲求其所指物的题目，并因而落入欲望的圈套的题目→好题目："幻影"的动态性的（乃至）机械性的方面：人们以为抓住了，它却越走越远，而且永不止步：声音亦如是，或许再加上一些与"身体"有关的主题。

（2）在一封有许多别的内容的信里，某君把中性跟我在批评"既不⋯⋯也不⋯⋯"时曾经针砭过的东西（当时被说成"破除神秘感"）相提并论：我那时针对的是这样一些报刊文章，[[《神话集》，162]] 它们把两个方面或两种态度并列起来，以便更好地充当仲裁者的角色：例子取自当时的《快报周刊》，一份文学批评的真诚宣示——刊物创刊时（1955 年前后）即将从事的文学批评：批评既不应该是"沙龙里的游戏，也不是市政服务局"（= 既不是反动的，也不是共产主义的，既不是随便说说便罢，也不是政治性的）。我当时把这种做法概括为小资产阶级的特征（收支平衡的观念形态，其主体自认为是"惩戒之鞭"，正义的工具）。② →可是，中性看起来正是"非此非彼主义"的一种形式（佛门教义所说的 neti-neti〔非此非彼〕，我已经引用过，并认为它跟反证神学雷同）：不过，我在 1956 年不赞同非此非彼主义，待到 1978 年，我又（表面上）倾向于大大赞扬中性。这是怎么回事？矛盾吗？这一次我将

---

① 见安德烈·格林的文章《拉康的研究对象（a），其中的逻辑与弗洛伊德的理论》，载巴黎《分析学刊》，1966（3）。

② 《既不/也不的批评》，见《神话集》（OC-Ⅰ，651）。

不再借题发挥，而是要给一个"答复"，也就是说，在非此非彼主义和中性的关系上表明态度。

首先应当注意的一点：我完全可以不这样做，而且与中性毫不抵牾。

1）这个矛盾我可以接受→中性的功能：对"陷阱"满不在乎：对自相矛盾安之若素：为了（a）悄悄地拒绝 machè①，即唇枪舌剑的法则，已经确立数千年之久的西方世界的角力法则；（b）让人们了解另外一种逻辑、另一个话语世界的可能性。

2）我可以承认——我眼下恰恰如此，我身上有一些"小资产阶级"的成分：我的趣味，我的话语都有小资产阶级的特点（此处不去细论这种令人诅咒的品质）。（a）这些特点不是秘密（即使我自己并不全都了解）：罗兰·巴尔特已经多次开诚布公地把它们摆出来了。②（b）我的话语无疑会有一些"非此非彼主义"的特点：中性之所以有时降为不偏不倚的拒绝，一个自由派话语的极方便的藏身所，往往是由于疲惫（诚心实意地承认"我不知道"，这需要一点能量、一份率真）。

不过，我的答复不在这个方向上。我要说：中性跟非此非彼主义有联系，但绝非一码事。我用几句话简单解释一下这一辩证关系如何起作用：相似（即令人想起）而不同，甚至相反。

（a）非此非彼主义：绝不是偏激的、社会性的、策略性的行为（此处甚至是职业性使然）：一种政治立场的利己的表达 ＝ 这种立场的辞令（劝导）→非此非彼的摇摆的辞令：（关于平衡的神话，

_115_

---

① 希腊语"论战"之意。巴尔特在熟语"冲突"和"意象"（OC-Ⅲ，870）里进一步阐述了这个概念。

② 见 OC-Ⅲ，205 页。

正确性的工具）：不过，非此非彼主义的摇摆还有另外一层意思：在非此非彼的辞令背后，最终有一种取舍→非此非彼主义辞令的媒体大户《世界报》：不停地摇摆；但《世界报》挥舞的不是圣体显供台，而是戒尺：右打一下之后，还得左打一下，反之亦然 ＝ 萨德式教书先生的辞令：两边都惩罚，从而两番安享其乐→这另外一层意思 ＝ 享乐；《世界报》还有另一个东西：造成中间偏左的印象（参见富威①写的那些社论）→跟美国学生一道从事的微末的工作（很久以前）：关于大学的文章：正面/负面的特点→总之，有一面多出一个特点→能够看到整个神话："公正的"大报纸，而且有审判官的俨然道貌：为某项事业服务的审判官：法官的地位恰恰是既公正，又有所赞同，（我在这里质疑的是一套辞令，不是针对某种取舍）≠ 中性（对此我不再多说）不是"社会性的"，而是抒情的，生存的：它用于什么都不合适，尤其不宜用于使人相信某种立场，某种地位：它没有修辞术；非此非彼主义取代教书先生讲话：他晓事理、下判断 ≠ 中性则浑然不知（不过这些都应该用条件语式表达，因为我们甚至不知道是否确有一个中性的主体）→我们不妨沿用尼采的范畴论，非此非彼主义是断言性的，然而是反动的 ≠ 中性是否定性的，然而是积极的。

（b）现在谈谈相似性：在某种意义上，这是一种可怕的相似性，既可憎又可笑：非此非彼主义好像是对中性的滑稽模仿：首先，从前被马克思的思想所震撼，至今仍念念不忘（我觉得是在《路易·波拿巴的雾月十八日》里）：重大事件在历史上以"闹剧"

_116_

---

① 雅克·富威（Jacques Fauvet，1914—2002），法国资深报人，从1969年到1982年执掌过《世界报》。

的形式再现：法国大革命和路易·拿破仑①。→中性将戴着非此非彼主义的（华丽的、高尚的、自由派的）滑稽面具出现。其次，可惜我们还得走得更远一点：我们会在某个时刻，一下子偶然发现，我们在爱情当中最挑剔、最罕见、最精致、最温存的东西，可能在我们身上成为无比卓越的东西，是以一出公众笑剧的明显形式存在的；它是爱情之路上最令人痛苦的"急转弯"；发现情人有某种鬼脸相似的东西，即使这个发现一闪而过，迅即消失：非此非彼：中性扮出的鬼脸。我记得：我最喜欢布莱希特，特别是《勇敢的母亲》②，这出戏使我获益匪浅③——也许是因为我是头一回看戏——维戴斯导演的《勇敢的母亲》却让我深感受伤害：不折不扣的搞笑剧，是对我喜欢的《勇敢的母亲》的滑稽模仿。

中性的积极方面

（一）积极方面

让我们重提一下已经两次提到的帕索利尼的那首诗："可您有

---

①　这是马克思的《路易·波拿巴的雾月十八日》一书的开头一句话（1852）："黑格尔在某个地方说过，一切伟大的世界历史事变和人物，可以说都出现两次，他忘记补充一点：第一次是作为悲剧出现，第二次是作为笑剧出现。"（《卡尔·马克思全集》，卷 IV，"政治" I，《七星文库》，巴黎，Gallimard，1994）

②　该剧全名是《勇敢的母亲和他的孩子们——三十年战争纪事》（*Mutter Courage* und *ihre Kinder*），创作于 1938 年。——译者注

③　关于布莱希特的这个剧本，巴尔特曾经写过数篇文章（OC-I，833，889，1 200）。1973 年 1 月 11 日，安多瓦尼·维戴斯（Antoine Vitez）导演的该剧于南戴镇的扁桃树剧场上演。参阅安多瓦尼·维戴斯《戏剧文存之二》（巴黎，POL，1995），特别是他在导演该剧期间所写的日记。

哪些积极方面可言呢？——我吗？……一股绝望的生命力。""积极方面"应当从这个意义上理解："中性有哪些积极方面可言呢？"或者说，中性在积极方面所具备的这种绝望的生命力，它是什么？其中包括在这个字眼里回荡着的：尼采的音乐。

人们会说：中性的美德。是 virtus｛美德｝吗？参指 vir①，但不是指雄性（中性没有大男子主义！），而是为了破除有关中性的轻浮意象，即一个无孕育力的冷漠态度的空间→这意味着，中性的积极而多产的特征：虽无（美誉的）荣耀，却经过了深思熟虑，是设定的。

我们已经谈到"中性的意象"的熟语（在 3 月 18 日的课上）：定见的贬义意象，坏意象→它在这里是好意象，并非来自外部世界，而是来源于若干独立的"思想"（道家—布朗绍），特别是来自于我本人的意象：我的想象界当中的中性→更明确地说：由于经常认可中性，我已经不再顾及那条疑难了，它意味着不推荐中性，除去中性的离意象，不给它加修饰词，不断言其主体的是非曲直，而是承认中性是个美好的意象，美德，令人对之产生欲望。

（二）特征

就在这个熟语的内部，依然利用"特征"的方法：简短的意象，闪现，不靠逻辑推定加以概括，也不是一览无遗，因此：若干闪现，一些（属于中性之欲的）"否定而积极的"一闪：

---

① 拉丁语 virtus 有"男性的能力，勇气，英雄气概"等义；vir 意为"男性"。——译者注

1. 不纠正 = 放弃纠正

我想说：中性，中性的主体都放弃设想对于别人的工作的"纠正"活动；例如，这个主体不想，也不知道如何驱使别人工作，如何把一部手稿让人"返工"→"我这一辈子都不要求别人返工"→这是"自私"吗？也许是吧，因为中性从来就跟我们对利他主义、义务的意象不相符。不过，试想：

（1）凡是纠正都带有浓厚的独断主义；据为己有（取而代之）从中所占的分量：在"纠正"的借口下，我把制造产品的他人变成了一个我自己的价值的提供者。

（2）东方，书法艺术：老师不纠正，只当着徒弟的面，静静地完成后者应当独自逐步完成的事情。

118

2. 污染 = 不在乎被污染

知识界：似乎深恐观念形态被污染。例如，新哲学家们→我自己：皮浪主义严重得不知赞同什么，拒绝什么。然而令人难以接受的是：在最时髦的时代（1977 年春天①）：一些知识分子针对新哲学家的围攻、落井下石、起哄的架势：为了自清于后者、不被污染才喋喋不休地抗议。"本人不在其列"→"在其列"，讳言同性恋（普鲁斯特）②。中性的主体：不怕污染。

---

① "新哲学家"是一场揭露东方阵营的专制主义并支持其不同政见者的运动。在一份为当代梓行纪念学会准备的文件里，巴尔特对"人人共诛之"表示遗憾。巴尔特下文在"观念域"这一熟语中将援引安德烈·科吕克斯曼的话。

② 普鲁斯特是最早处理同性恋题材的欧洲作家之一。——译者注

3. 不排座次

中性摒弃分等级、排座次的原则——既使只是语言表现（因为问题也许仅限于此）：经常挂在嘴上，简慢随意，只消只言片语（说话并不难）（我们此处仍未脱离语言的傲慢）便把一个对象、一个人说成在众多当中排位第一（参见高尔道："20 世纪顶尖的、最伟大的钢琴家"①）——再者，这种夸大把"第一"变成了"唯一"→例如，有人告诉我，在一个研修班上，拉康好像这样说道某人："在当今的法国，弗洛伊德学派是唯一从事研究的场所"→面对这样的"断言"（虽然我自己也可能顺口说出类似的话），我的精神的"身躯"陡然紧缩→不过，我也利用这样的"说法"作出思考：其实，中性恰恰置身在这样的细微差异（这些波光）里：否认任何唯一性，但承认无可比拟：唯一性之所以令人害怕，是因为它意味着比较，以寡敌众，一种特殊性，甚至可以说新奇性，也即是一些竞争的、争强好胜的价值 ≠ 无可比拟 ＝ 区别，关于细微差异的学问②。

4. 与现时的关系

中性：寻求一种与现时的正确关系，关注而不倨傲。〔〔冈仓天心〕〕重提道家 ＝ 生活在世上的艺术：它带有现时的特征③。或许

119

---

① 见前文第 80 页。

② 即上文第 83 页和第 108 页谈到的"关于波纹的科学"。（其实巴尔特在上文第 36 页已经提到了这个概念。另外在《罗兰·巴尔特自述》中也提到过。——译者注）

③ 冈仓天心写道："按照中国历史学家的看法，道家思想在美学领域里作用最大。"

存身于细微差异（波纹）当中，即区分"现时"与"现代"（取其在"让我们跟上这个时代吧"这句诉求中的意思）；[[维科，米什莱，421]]同时不忘维科的那个说法，"不可再分割的现时点"，连哲学家也很难搞懂的现时。

5. 平庸

中性让我们把自己完全托付给自身的平庸性→或者干脆承认这种平庸性。这种平庸性［这一点当我说到巨痛（丧葬）必经人类的刻板模式时，就已经提示过］——在接触死亡时得到体验和承认：关于死亡，从来只有一些平庸的思想。→中性就是这种思想本身，非教义的，未得到解释的，尤其是非神学的，接近某种将死亡视为平淡无奇的思想，因为死亡的不同寻常之处正是其平庸性。

6. 软弱

这个词不恰当。因为它跟我想表达的概念有相通性，我才使用它，《福音书》所说的"我的力量在我的弱点里"；不过，我是从道家的意义上进一步理解这个词的，即在一切超越性之外：的确，道家信徒自我贬低，[[冈仓天心，53]]以便能够没入他人的阴影里："他像一位冬天过河者那样踟蹰徘徊；像害怕自家的邻居那样犹豫不决；像做客那样谦恭；像随时会融化的冰块那样颤抖；像一段未经雕琢的木头那样朴实无华，虚怀若谷；像混浊的水一样无形。"①或许，中性的这种不寻常的勇气（≠ 傲慢）出自于这些隐喻的出人意料的美感？中性依赖隐喻吗？

---

① 这段话英译本注明出自冈仓天心的《茶艺》。——译者注

7. 力量

这里所说的显然不是一种（傲慢的）初级的力量。[[冈仓天心，52]] 例子来自于从禅宗得到启示的艺术，即柔术（保持灵活的艺术①）：不用武器自卫的艺术：规则远不如柔道严格。原则："利用不抵抗即虚空吸引并耗尽对手的力量……"→很平常的主题。我不是说中性是一种为了获取利益、赢得胜利而采取的策略性思想，而是说中性的主体能够亲睹自身力量的成效。

120

8. 克制

= 这一点不言自明，如果不妨这么说的话。所以，我打算强调一下禅宗有关克制身体的规则；规则是一位喜剧演员制定的（这一点很重要，因为这样就跟有关歇斯底里行为的问题衔接起来了）：世阿弥②（15 世纪初人），[[世阿弥，115]] 能戏表演家，一篇论戏剧规范的出色论文③的作者→世阿弥的原则："十分精神，七分身体。"例如动作（手臂的伸曲）必须稍欠于心中所想象的样子④；运用身体应该比运用精神有更多的保留⑤→对于我们，这是绝对的悖论，至少在传统上，我们的喜剧演员往往在"超过"上，而非"欠

---

① 这种"自卫的艺术""是从《道德经》里的一句话得名的"（冈仓天心）。

② 世阿弥（Zeami，1363—1443），日本能戏的始祖之一。——译者注

③ 《能戏秘辛》，巴黎，Gallimard，1960。

④ 《能戏秘辛》，115 页。世阿弥的评论者写道："这个原则规定着能戏所特有的表演风格。"

⑤ "在这套做法所要求的身段运用中，如果在运用身体时比精神有更多的保留，身体便成为实质，精神便成为次要效果，（观众）就会产生兴趣。"（116 页）

缺"上花工夫→中性通常恰恰是欠缺、保留、精神超前于身体的场所→这也许是正确的：参见卡萨尔斯①的用语，既深刻又富于技巧：[[卡斯塔内达②，19～20]]节奏即延迟③→正如印度的瘾君子们所做的那样，此处要对举：datura：获得某种能力 ≠ peyotl，获知"正确的生活方式"（智慧）。

9. 愚笨

毫无疑问，这是道家的"美德"之一："大智若愚"→道家的伦理学，为的是不引人瞩目，[[道家，葛罗涅，30]]摆脱名望，退出对于美好形象的迷恋（或者更浅显地说，为了不引起他人的关注）。→

（1）戛纳一晚。我晚上走在滨海大道上，步履肯定是沉重的（极受重视或被贬低的话题：步履沉重/轻盈：神仙的步态："移步宛如起舞④"）；远处有两位姑娘在嘲笑我，边笑轮流模仿我走路的样子→我丝毫没有感到羞辱，心中反倒涌起一股明快的愉悦，因为我知道一件她们无从知晓的事：我内心的轻松感：跟她们相比，我身处现世，也就是说，比她们"强"得多。

121

---

① 卡萨尔斯（Pablo Casals, 1876—1973），西班牙和平主义社会活动家。——译者注

② 拉尔洛斯·卡斯塔内达（Carlos Castaneda）：《魔鬼草和小烟雾》。Soleil noir, 1972；克里斯蒂安·布尔古瓦（Christian Bourgois），1984 年重版，24 页。这段话说到这两种植物使人产生幻觉的特点。

③ 在《罗兰·巴尔特自述》里，巴尔特已经引用过西班牙小提琴家巴普洛·卡萨尔斯的这个说法（OC-Ⅲ，215）。

④ 波德莱尔的诗句，见《恶之花》第 27 节："服饰流溢珠光/移步宛如起舞。"

(2) 不妨想象，中性有一条规则（≠ 法则）：设法将睿智的东西分布在一方平展的、傻乎乎的（语言）织物的纹路之间（参照单色调）。

（三）中国肖像

我们将简要地谈一谈：把中性交付这场游戏。这种集体游戏你们都知道：要猜出被大家选中者是谁，必须根据人们将之比拟的东西："假如是……那就会是什么？"请注意：

（1）逻辑上：游戏于种与属的关系之间：假如是一部小说，一个国家，一种颜色→即一种涉及包含关系、常规化、比较和轻微、差异的过程。→而且这个游戏分析起来也很有趣：因为，一般说来，只靠一种相似性、亲缘性是得不到答案的，因此必须通过联想。例如拿破仑：一个文学人物？——"斯卡班"（米什莱①）：你找不到答案；可是假如是个地方："科西嘉"：你就能找到。→这就是说，找到答案必须经过换喻，而不是聚合关系；叙事比隐喻要"容易"得多。

（2）对于中性来说，这样做能够轻而易举地得到一些换喻式的

---

① 米什莱的《法国史》里有题为"拿破仑的性格和心肠"的一个章节，从中可见这位历史学家对于德·普拉德所写的《驻华沙大使》一书的评语："这一性格有着令人难以置信的矛盾和强烈的对比，德·普拉德是把它揭示出来、让人能够理解的第一人。这恰恰也是维涅和马里奥·普浩特后来用喜剧女演员、悲剧女演员所成功地表达的意思。德·普拉德用了一个大胆，然而真切的字眼表示它：朱庇特-斯卡班。"（《米什莱全集》卷 XXI，638 页，巴黎，Flammarion，1982）（朱庇特是罗马神话中的主神。斯卡班是莫里哀喜剧里的一个狡黠多谋的下层人物。——译者注）

答案：假如是一个国家呢？——瑞士（不过那是错误的，因为瑞士是否属于中性并不能断定，总之绝对不是我们所说的中性）。但是，最有意思的答案将是隐喻式的：因为，如果说很难利用定义谈论中性（那便是观念化，独断论化），利用隐喻倒是可能的，可接受的。

我们于是可以开始这场游戏了：[[纪德，141，107]]

122

——是一个汽车部件吗？——"一只泄气的轮胎。"① 纪德。

——是一个运动员吗？——纪德："我好像在开裂的冰面上溜冰。"

——是一种食物吗？——我会说（完全是个人意见）：米：既非无味，也非美味；既不板结，也不松散；既非有色，也非无色。

——是一只动物吗？——我会说：是头驴（尼采的动物），恰如雷昂·布洛瓦所描写的那样，他是这样描写自己的女儿薇皓妮卡的（一幅隐含的中国肖像）（《不可出售》，Mercure de France，125页）："这是当太阳初升时，蜘蛛网在田野晨露中的闪光；这是远处被圈在寂静农庄里的羔羊的呻吟，农庄被茂盛的苹果树环绕，远在五月的草场之外；这是驴子的丝绒般的双眸，悲戚而温柔……"

——那么，是一块布吗？——是丝绒。

——是一种写作方式吗？——悬念：我等到 6 月 3 日再讲，除非你们自己回答。

当然，我们越深入，就越不满意"种属"所体现的那些粗疏的范畴。[[布朗绍：《交谈》，450]] 因此，结束这个熟语需要布朗绍建议的那种无懈可击的微妙："中性：就是无差异当中的差异；更正确地说，中性不让无差异满足于对一切等量齐观。"

---

① 实际上原文是"一只正在泄气的轮胎"（见 43 页）。

观念域

观念域 {idéosphère}：这个词是我根据"观念形态"{idéologie}一词造出来的：即一部观念形态的语言体系，但必须马上说明——这已经使这个定义不准确了：[[字眼]] 在我看来，一切观念形态都是，而且只是言语行为而已：它是一套话语，话语的一种类型。

我们也可以想象别的新字眼：定见域 {doxosphère}：定见的语言领域。既然涉及与信念有关的话语，还可以有：信念域 {Pistéosphère①}；也可以说，社群语言（《写作的零度》里的"写作"）。或者干脆说：论说域 {logosphère}：这就提醒我们，言语行为是人类的一个名副其实的生物学环境，人类在其中生活，依赖它，被它包围。

的确，观念形态须根据其言语行为作出规定，而言语行为本身，如果可能的话，则必须根据其话语性的典型特征从结构上得到规定；这一点做到以后，才能从这些话语类型与社会政治的规定性之间寻找对应之处→在一个特定的世界里，我们无疑会看到多个观念域共存，它们能够互相理解，却不沟通。

所以（暂且这么说，因为只是研究笔记）：观念域：很强的话语体系，不是个人习惯语（也许会被很多人不知不觉地模仿、说出），一些"社群语言"在文化上来源于创始性言语行为（例如马克思，弗洛伊德）：既为众人所用，又不匿名（不如说：有名祖）。

---

① Pistéosphère 一词中的希腊语 pistis 的意思是相信他人，信仰。

→关涉"logothète"① 的问题。

（一） 特征

我举出几条任何观念域都会具备的、（在我看来）十分广泛的特征。

1. 坚实度

为了说明观念域的坚实度，我想用一个概念和一个比喻，都是通过巴什拉之口，借自杜普莱尔②的《关于加固的理论》一书（布鲁塞尔，1931）［［巴什拉，80］］→任何制造过程都有两个接续的状态：箱子：首先，工人用手托起他打算钉在一起的箱板；然后敲进钉子，箱子就能站立了③（参照模具和依模具塑造的物件④）［［辩证的绵延］］→部件之间的协调首先靠外因保障，然后通过内因实现、维持→因此才有这一提法："内制造于外。"（≠ 某种物质的延伸）

的确，观念域就是这样运行的。第一时刻：语言创始者通过言语行为安放、聚拢各个部件（马克思，弗洛伊德）：这就已经很像一个体系的样子了（如同工人双手托住的箱板很像一个真箱子）＝

_124_

---

① 巴尔特在《萨德·傅立叶·罗犹拉》里创造的字眼，指"语言的创始者"。

② 杜普莱尔（Eugène Dupréel, 1879—1967），比利时哲学家。——译者注

③ "如果要打造一个柜子，无须花费很长时间，把钉子敲进去之后，柜子就自己站起来了。"（巴什拉：《绵延的辩证法》，80 页）

④ "这涉及从瞬间范畴到持久范畴之间的，从完全外在的范畴到内在和必要的范畴之间的一种过渡。"巴什拉的依据是尤金·杜普莱尔的论文《连续体的巩固》。

憧憬体系的时刻＝maya ①的时刻：美妙、有滋有味、可供享用：一个体系产生时的快乐，没有成品箱子的体系的教条主义，那是一件被转手、使用的产品→不消说，拥有中性的主体（≠ 中性的主体）强烈地享受这个时刻（他喜欢"阅读"马克思、弗洛伊德）≠ 第二时刻：箱子、语言体系即将形成（参照蛋黄酱）：人不在场的、良知显现的时刻：观念域形成了，从内部开始独立运转：它是流通当中的一件自主的产品，一股独立的能量（创始者的周期性努力）；试图找回和重启第一时刻：那就是所谓"返归什么什么"（弗洛伊德，马克思）。杜普莱尔在尝试为加固体理论做出概括时说："利益的外部范畴被意识的内部范畴所取代。"② 我倒是愿意按照观念域的情形把它改为："创造和生产活动的外部范畴被良知和信念的内部范畴所取代。"

2. 杠杆

我说过（特别是在塞里榭③）：强势的语言体系（观念域）有系统的熟语 ＝ 一些用于论证的修辞格，它们能够利用把某一条非议

---

① maya 即名称的分类法，这个概念见于 OC-Ⅲ，797，1508，以及《恋人絮语》（OC-Ⅲ，494）："maya 即名称（谬误）的分类法。"这个概念是巴尔特从阿兰·W·瓦茨（Alam W. Watts）的《禅宗佛教》一书里借来的阿兰·W·瓦茨：《禅宗佛教》，巴黎，Payot，1960）。[瓦茨的英文原著名为 The Way of Zen，纽约，Pantheon，1957。另外，从上下文看，梵语多义词 maya 似乎用于"幻化"之意（音译摩耶），即佛教所说的不真实的现实世界。——译者注]

② 英译本认为这句话是加斯东·巴什拉在《绵延的辩证法》一书说的。——译者注

③ 指在名为"前文本：罗兰·巴尔特"的塞里榭研讨会期间，这个由安东·龚巴尼昂策划的研讨会于 1977 年 6 月 22 日至 29 日在塞里榭召开。见《意象》一文（OC-Ⅲ，870）。

或保留纳入体系，纳入用体系的词项组成的代码，从而收到反制之效：心理分析疗法唯利是图：不属于另一个体系（商品经济），只属于心理分析学的观念域：为治疗的需要而编入代码。参照基督教话语："假如你没有找到我，你就不会寻找我"①，等等。→反对者，持异议者或者观望者总是上当受骗，失败→把观念域的这种力量跟泡泡糖的力量相比较：当你想扔掉、放下、丢弃它的时候，它总是返回来，黏在你手上、鞋底上。无论你是否愿意，观念域总是把你抓回来，因为它构成了言语行为的整个空间，把你置于其中。亦可认为，每一种观念域：（言语行为的）力量的体系，没有可用来使人摆脱它的外部杠杆。

3. 癖习

从"主体"方面看：问题不是"赞成"还是"反对"一个观念域所"负载"、提出或者"搅动"的"思想"，而是如何评价我们与这个语言体系的黏附力（凝聚力）的亲疏程度→如果我们自己不是这个体系的发言者（而只是听众，哪怕是十分着迷的听众），甚至不是零打碎敲的运用者→观念域：（被完全置身其中的人）视为、感知为一种（精神）状态，一种感性诉求。因此可以把一个深陷某种观念域的主体与一个受麻醉品或癖习摆布的主体相提并论（绝非滑稽可笑）。我与这两者无涉。参照印度大麻的吸食者被没有吸食的人看到②：[[巴什拉，179]] 波德莱尔："您的喜开玩笑的性格，您的开怀大笑（您的癖好，您对于观念域的语言癖习）在任何与您

---

① 帕斯卡尔的这个思想出自《耶稣之谜》片段，717 页。

② 这个例子在熟语"强度"里将再次提到。

状况不同的人眼里愚蠢得无以复加。"→变异性的立场→在各种观
念域之间转换不停：[[布洛瓦，《不可出售》，219]] 雷昂·布洛
瓦：沉浸在"整合派"的观念域当中（所以我看应该是个"疯子"），
如此顽固地评论政教分离（共和派的专用语言）："明天我们就会发
现面临普遍占有的情形。"→观念域都有一种魔幻的特点（除非你
身在其中）→观念域实际上正好符合培根所说的偶像或者幽灵（他
认为是谬误的根源，妨碍头脑接受真理的原因；在我们看来却相
反，"真理的坚实度"或者"信念"才是）。[[培根，《工具论》，
Ⅶ]] 培根 ＝ 四类偶像（或幽灵）：(1) 族群（种族）偶像 ＝ 人类
的通病。(2) 洞穴（幽洞）偶像：个别智能的谬误（源于偏好）
（→个人习惯语）。(3) 市场偶像（源于错误地运用语言）。(4) 剧
院偶像 ＝ 哲学家们的虚假体系造成的谬误（＝ 笑剧，剧目）：我们
的观念域当属这一种。

（二）观念域和权势 [为时尚而牺牲①]

126　　　(1)（言语行为的）观念域和权势（单数：政治的、国家的、
民族的）之间的关系→仓促提出一两条看法（因为这个题目很大，
实际上涉及整个政治范畴）。

　　　1) 观念域有形成定见，即"话语"（独立的语言系统）的趋势，
也就是说，它在语言运用者的经验里是一种普适的、自然的、不言
而喻的话语，其典型性尚未被察觉，任何"外在"物均被贬入边缘
和偏差之列：一种没有被当做法律的法律话语。我用负面的、批评
性的、谴责的形式谈及的这个东西，也可能以一种得意洋洋的方式

---

① 参见"开场白"里关于这个话题的嘲讽的话，33 页。

表达。[[迈斯特，152]] 约瑟夫·迈斯特说：“我们所了解的人民之所以幸福和强大，只因为他们心悦诚服于这种民族的理性，后者恰恰在于消除个人说教和民族教义的绝对与普遍的统治，即一些实用的成见。”①＝ 这话说得绝妙无比，尤其是完全符合苏联的观念域，人们（从“内部”）体验到的“民族理性”，“消灭个人说教”，“民族教义的统治”，“实用偏见之大成”：脱离观念域 ＝ “罪孽的”或者“疯狂的”言语行为：千夫所指。这一点适用于“强势”政体；但是在“自由派”政体的内部，有一种较为含糊的观念域，权力有赖于它的哺育和保护：超出它之外“游逛”是不允许的 [[迈斯特，60]]：迈斯特（还是他）：“只有在定见所认可的事物的范围内，君主才能够有效地、长期地施行统治；而且这个范围并不是他们圈定的。”②例如，某国历法有误，却不敢修改→“您知道，有些事情远不如战争那样重要（迈斯特随即指出，战争是很‘自然’的事情），当局觉得绝不该在这些问题上妥协。”我们确实知道，而且要深究，由于政治科学（尚未）包括语言问题（话语和权势之关系：政治思考不包括言语行为；在各个“学科”当中，政治学甚至否认和排斥语言这个对象）：观念域（有关定见的话语）：某种调节机制，同态调节，将权力节制在最大限度之内：权力一旦越出界限、标准和公众观念域，就一定会（给自己）带来危险。

127

2）某一权力的观念域（为之设定、吸纳和整合 ＝ 其观念形态的表达）具有一种波及的、中继站似的效果：这情形仿佛一部机械装置的传递和维持功能→迈斯特：“一般而言，不妨认为任何君主

---

①　西奥朗选用的这段话取自《迈斯特全集》第 1 卷中《至上君权的研究》一文。

②　这段话取自《圣彼得堡之夜》一书中的“第 7 次晤面：战争是神圣的”。

制都不足以强大到统治数百万人民，除非借助宗教和奴隶制，或者二者之一。"① 迈斯特是主张强势权力的，这就是说，权力必须借助宗教或奴隶制。这些范畴我们已经没有了，至少没有那些语汇了，可是，如果宗教的意义是一种观念域，迈斯特的看法就是正确的：缺少一种强势语言，也就是一种为之起到中继作用的语言的帮助，任何权力便都不够强大。观念域：科吕克斯曼②（也许依据索尔仁尼琴?）：观念形态的，观念域的波及功能：斯大林：本身并没什么了不起，"下级警察的凶恶面目"＋ 调动一种观念域，马克思主义的艺术→"理念"成为言语行为的固定形式，"表达"权力的罪恶，使之倍增：罪恶的普及、繁殖→米什莱（《女巫》）提到过："撒旦的繁殖和普及。"③

（2）应该把观念域的概念，这样或那样的观念域的现实，同暴力联系起来。不幸的是，暴力有好几种：法律的、权力的、国家的暴力；以有组织的形式反制暴力的团体的暴力；工会罢工的暴力；地下的、违法的、团体的、有组织的暴力；所谓"野蛮的"暴力（即本雅明所说的总罢工④）。在我看来，只需注意一点：一种"观

---

①　这段话出自前引《迈斯特全集》第 8 卷"四篇关于俄罗斯的文章"。

②　安德烈·科吕克斯曼（André Glucksmann，1937—　），法国新哲学家的代表人物，著有《厨娘和食人者》、《论国家、马克思主义和集中营》，巴黎，Seuil，1975。

③　这是《女巫》第一章的标题"堕落的女巫——撒旦的繁殖和普及"，见《GF》丛书，143 页，巴黎，Flammarion，1966。

④　在当代梓行纪念学会的文档里，巴尔特写道，本雅明认为暴力存在于"凡以法律为基础（或保障）之处：国家，政治总罢工"。沃尔特·本雅明是在解释乔治·索莱尔（Georges Sorel，1847—1922）关于总罢工的无产阶级神话的理论。

念域”的明确存在会减缓暴力的效果（意象）：国家暴力：不显现，因为说得太多，被一套广泛的、无时不在的观念形态所包围；恐怖主义的暴力：令人印象深刻，因为极少谈论：恐怖主义的观念域很少得到明确的解说：人们弄不清楚暴力行为与什么样的观念域相联系。恐怖分子不会滔滔不绝→给人以疯狂、恐怖的印象。

128

（三）诚恳

观念域：语句—理念的范围、体系，语句化的理念、常用论点、固定说法的范围、体系→所以，它是一个言语行为的对象，本质上可以复制和/或可以重复→因此，模仿术的一些极重要的现象：也许存在一种有意识的模仿术（一个特定的观念域），有意为之，要么出于国家的一种马基雅维利主义，要么出于个人的一种谨小慎微，只要观念域与权力联系在一起时总是如此。

不过，还有一种并非故意的模仿：此时，观念域与某一信仰密不可分→排斥异己的定式：中世纪天主教的观念域，路德的观念域（缺乏宽容的路德：他信魔鬼，等等）（我只谈过去）→因此，观念域与信仰是有联系的（有待研究）（群体信仰的言语 ≠ 神秘家的习惯语的信仰），甚至可能与真诚有联系：苏联人很可能从他们的观念域出发，真诚地相信那些在我们看来是凶恶的东西，真诚地相信跟体制对着干便是精神病，是某种病态反常的标志，因而应该进精神病院→也许这是强大的（以及不那么强大、强势的）观念域并存的当今世界的悲剧之一：它们毕竟都是靠真诚、诚恳（也就是靠排斥异己）运转；当今世界作为马基雅维利主义的反面：目前的各种暴力形式均源于此→马基雅维利主义是一种进步吗？→无论如何，五花八门的观念域并未给中性的言语行为留出一块栖身之地，其实就社会而言，中性的言语行为仅仅占去一粒尘埃之地，个人习惯语、个别言语行为构成这粒复数的尘埃（请看你们自己的生活范围内的关系、交谈对象：你是生活在某种观念域当中呢，还是一部用不同语言组合成的复杂的交响乐当中?）。

（四）持久

观念域 ＝ 一个运行中的言语行为的体系，即是说，一个有延续能力的体系，一个体系的延续并不证明其"真"，只证明其"耐力"，也就是它在运行时的品质，作为引擎的言语行为的表现→必须注意可延续的，或者（毋宁说）不知疲倦的力量。

（1）在观念域的内部，不倦的语言，语言的不知疲倦、无限延续变成了权力的坚韧性：也就是严厉无情："运行"中的语言，无法"哀求"它。不可忘记，在拉丁语里（即使只是一种词源上的巧合，我这里有点牵强附会）：dicto〔反复说出的〕：重复 ＝ 反复地、着重地和规定地说出，下达命令→dictator〔独裁者〕→〔〔布朗绍《交谈》，106〕〕布朗绍引用得很好，语言作为一种纯属法西斯主义的明证，其可怕的持久性："一个口若悬河的人最终会被埋葬（让我们想想希特勒的可怕的独白，以及一切国家元首，如果君临一切地享受独白的乐趣，而且毫无顾忌地强迫别人接受，似乎只有他的话才是至高无上的，那么他就加入了同样的 dictare〔反复说出〕的暴力，即帝王的反复的独白）"。

（2）如果把观念域的概念加以扩展，不妨说每个主体都有自己的观念域 ＝ 个体语言域〔idiosphère〕：脑海里喋喋不休的语言体系。言语行为的这个永不枯竭的侧面令我很感兴趣：这是一种人类对言语行为的永恒的敬慕①。→两种看法，一种是认真的，一种是滑稽的。

1）道家："为什么要用词语来区分事物呢？词语只能表达对于事物的主观的和想象的理解。命名和计算一旦开始，你就停不下来了，因为各种各样的主观看法是无尽无休的。"② 这话我打从心里感到得千真万确：有一种对于言语行为的疲惫感，而且像一切疲惫感那样没有尽头：言语行为如同一场苦役。

2）希腊语有个有趣的说法：égcheirogastôr：靠双手过活者③→阿里斯托芬（《鸟》④，第 1 694 行）"法奈斯地方曾经有……一个勤劳的民族，他们是靠舌头过日子的人：égglôttogastôr……"⑤（他们是举报者，领人观赏无花果，揭发偷无花果的窃贼）。但丁式的印象：我们都是语言工作者，就连我们的内心话语也总是处在一种揭

130

① 他在谈到特征"疲惫"时，用过"永恒的敬慕"这个宗教的和普鲁斯特的用语，见第 45 页。

② 引自葛罗涅《道家精义》的这段话似乎出自《庄子·齐物论》："天地与我并生，而万物与我为一。既已为一矣，且得有言乎？既已谓之一矣，且得无言乎？一与言为二，二与一为三。自此以往，巧历不能得，而况其凡乎！"——译者注

③ 在布岱出版物里，希腊语 égcheirogastôr 被译成"靠双手的劳动过活的人"。（布岱出版物是指法国以 16 世纪人文作家纪尧姆·布岱命名的出版社所专门从事辑刊的古希腊罗马时期的作品。——译者注）

④ 《鸟》是公元前 414 年阿里斯托芬创作的一出讽刺诗剧。

⑤ 字面意思是"靠自己的语言产品生活者"。让-保罗·杜蒙进一步解释说"这个词是从手工劳动者类推出来的"。布岱出版物译做："而且在法奈斯那个地方……生活着一个顽皮的种族，他们都是靠语言产品生活的人，他们用自己的语言去收获、播种和采摘，也采摘无花果。"

示别人和我们自己的持续的状态当中，简言之：揭示谬误→人这个主体就成了没完没了的讲述者→持续不断的言语行为正好符合德国浪漫派所说的生命的魔鬼特征（Nachtseite der Natur｛大自然的阴暗面｝①）。鲍姆的一个主题，有关隐藏的、阴暗的生命，持续不断的活动，而且漫无目的，自我追逐、腐蚀、吞噬、逃避的生命；忧心忡忡的生命，无止境、无光明的绝望的生命 [[鲍姆，200]] ＝quaal②："生存和生命深处的残酷折磨。"③

（3）涅槃从 quaal ｛quaal｝ 达到解脱（叔本华④）→语言冲动感必然与中止言语行为的感觉相辅并行。中止（如果是认真地幻想的）是自杀性的（参照涅槃）：[[布朗绍：《交谈》，XXVI]] 布朗绍说："他怎么竟然要中断话语？这不是合理的停顿，使交谈能够一来一往地进行下去的停顿，善意的、理智的等候，甚至是美妙的等候，以便双方掂量自己的讲话的权利。绝非如此，亦非冷峻的沉默，对于显而易见事物的无言话语，对于不可见事物的矜持。他要的是完全不同的东西，是中止冷漠的态度，是打破循环。一旦做到这一步，心脏便停止跳动，永恒的语言冲动就停止了。"⑤ →言语行为的中断：大主题，神秘的重大要求：神秘主义摇摆于语言的（命

---

① 德语。雅各布·鲍姆的评论者亚历山大·柯伊雷写道："在歌德所说的意义上。"

② 在熟语"愤怒"里已经提到过。（似应为熟语"形容词"，见本书第87页。——译者注）

③ 科伊雷：《雅各布·鲍姆的哲学》，出处同前。

④ 阿瑟·叔本华所说的涅槃是指否定现世，否定意志。参见《作为意志和表象的世界》，1376页，巴黎，PUF，1966。

⑤ 布朗绍：《无尽的谈话》，23页。——译者注

名的）"定位"即 cataphase，及其中断即 apophase① 之间。我毕生都在经历这种循环往复：身陷语言的高扬（享受冲动）［→因此：跟我的社会存在相关，我写作、说话因为我发表和教书］和欲望之间，亟欲暂歇、中止和豁免言语行为。

---

① 这些根据希腊文构成的词语来自反证神学，巴尔特在上文第 92 页讲到过。这两个词的意思分别是"肯定"和"否定"。

1978 年 4 月 1 日[①]

补充之五

补充有两种：（1）外来的：在听众的激励下（信函，意见）；（2）自发的：我在讲完熟语之后的思考：事后聪明。→ 今天：只有一条"自发的"补充。

昨晚收到一封信，放在《补充》里细谈终嫌太迟。请写信人来见我吧。此君大名只需把我的名字里

---

① 这一堂课的篇幅最短。从本课的录音可知，由于巴尔特忘记带讲稿，一位听众开车带他回家取回，故延迟了 20 多分钟才上课。——译者注

的辅音对调或颠倒一下，便可知晓。①

"观念域"的熟语 = 涉及观念形态：各种说法、熟语的语言系统（作为观念形态 = 表象的体系，真实被颠倒，马克思：照相机映象的比喻②）→问题在于：能否设想不存在观念形态，如何行得通？是否存在着观念形态的零度？→设想：（1）可能有按照阶级划分的观念形态：逻辑上，"统治的观念形态"意味着也有"被统治的观念形态"。世界 = 观念形态的斗争→统治地位的颠覆。（2）（自我）：不存在被统治的观念形态。观念形态 = 不过是 = 居于支配地位的理念→观念形态：（代表）某种权力的纯粹的语言表征，无论它是什么样的权力→因此，无论革命还是乌托邦，目标都是要达到一个无观念形态的世界：其定义是"社会关系透明"，用不着中介话语。

→我正是这样看待事物的：观念形态阙如，零度，观念形态的中性，犹如田园诗。一位社会学家朋友的意见突然动摇了这个田园诗般的看法，使我感到十分恐惧，因为它把观念形态的缺失变为一种蒙昧状态：正在进行的一场调查显示，许多年轻官员完全没有观念形态：他们只谈论一己之需（住房，假期，生活方式），也就是说，任何话语都无法改变、颠覆、升华对于他们的需要的宣示③，

---

① 调换 Roland 中的两个辅音 r 和 l，即得 Laurent，常见的法国男子名。——译者注

② "如果在全部意识形态中人们和他们的关系就像在照相机中一样是倒现着的，那么这种现象也是从人们生活的历史过程中产生的……"（马克思：《德意志意识形态》，第 1 卷，157 页；在《神话集》的《今日神话》一文中引用过，见 OC-I，157）。

③ 巴尔特在课堂上补充："直言不讳地。"

132 无法使之成为正当的和自然的（劳动阶层的需要却由政治话语负责间接地表达）→这个图景显然很可怕，至少在我看来如此：纯属有关电冰箱的话语，小轿车的话语，第二套住房和假期的话语→应该看看美国人是怎么做的。

→这样一来，关于观念形态的（也是观念域的）缺失便有两种宣示彼此对立，两块观念形态的"空白"，一块是可怕的，另一块是田园诗般的。

也许，用一种突兀的说法，作为一番尚待修正的思考的出发点，或可认为：

（1）跟需要相关的话语的透明性 ＝任何形式的蒙昧状态：天然状态下的热烈的野性，纯技术统治的冷漠、冰冷、"文明"的野性。

（2）跟欲望有关的话语的透明性：乌托邦，神奇地免除一切人际模糊性：恋人们的佳境，在同时彼此欲求的两人之间，绝对透明的、近乎原始的话语（在原始语言的意义上）→"我爱你"—"我也爱你"的情话。

→我们再次见证、得知，中性每每被扭曲，变得恐怖→也许应当把（蒙昧的）空白区别于（乌托邦式的）中性→参看布朗绍在谈到中性时提出的对立（《无尽的交谈》，447页）："虚无主义"的操作和"不操作"的操作①。

---

① "我不会那样认为，同时要提出，我们称之为存在的中性早已将其搁置一旁，在某种意义上先于它，而且早已使之中性化了，这并不依赖一种虚无主义的操作，而是更加依赖一种不操作的操作。"

意识

我这里所说的意识绝无道德意蕴，而是古典心理学意义上的。利特雷词典："使我们能够判断自身生存的自我感受或者一般的感受性的方式。"（很有 18 世纪味道的解说。卢梭。）提示 conscientia ＜ conscius：与他人一同知晓、同谋（轻度贬义）→ conscience {意识}：自知为二人所共同知晓，两个同谋的主体合二为一：每个人的知识都有赖于另一个人的知识；巩固的、相通的、强大的、超强的知识（≠ 打破把意识当做单一状态的观念）。

133

常见的观念：意识 ＝ 固守内心现实的能力，正确地、确凿地明了自身发生的事情→其作用如同一种睿智的、理性的能量（因而向道德方向发展：对于有害事物、错误的意识），而且是麻醉品——主掌无意识或者虚幻意识（幻觉）　[[作用于意识的定见]]——所神秘地导致的一切状态的反义词→自我的一项光荣的、理智主义的特权，这个自我是一个通过自省认识自我的心理单位。

我的论点与此完全相反：把意识（一个反麻醉品的意象）本身视为麻醉品，过度发展为其简单的条件→过度的意识，意识的过度明敏：一种麻醉品，带有凡麻醉品都有的不道德、反常、邪恶、被贬斥、边缘性的特征。所以，我要谈的是一种起作用的麻醉品，或者说，一种什么都无需服用，却挑战一切立法的麻醉品。

这个题目将分成两步讨论：[[安排]]（1）理智主义的超强意识，彻底融入本身的反思性（并非我本人的）。（2）从感受的背景中，这种超强意识如何浮现，如何演示感受、演示鲜活的"敏感性"。

（一）作为麻醉品的意识：戴斯特先生①

戴斯特先生：一个由于作者不入流而经常被误解的人物，体现着对于作为麻醉品的意识、作为极限体验的反省的探险、体验，强度堪比幻觉中的蜕变。

1. 戴斯特先生

这是对一种醉态的描写。[[波德莱尔，76]] 此书的怪异之处：可用波德莱尔关于鸦片对德·昆西的评论来说明："作者着力用一个看来跟描写醉态一样单调无味的主题吸引读者……"②

背景是一次（初尝的）体验：[瓦莱里，10]] 瓦莱里说（在英文版序言里）：始于一间卧室。接下去是歌剧院：场景：小说的成分，因为必须采用间接叙述（戴斯特的讲述者是一位友人，其妻）；再说，直接叙述写得不那么好（Log-book，航行日志）。

这的确涉及一次体验：参照吸食麻醉品→"我的意志进入沉醉阶段"，"怪异的过度的自我意识"③→如同生了一场病，属于反常现象，身体轻飘飘的："因为清晰而极感难受。"

被迷幻的：自我：即达到自知的反省的力量，巨大的同言重复。[[自我]]——不过，瓦莱里作品中今日已显得过时：自我，因为被当成（唯心主义的）心理学实体。可是，瓦莱里实际上把自

---

① 戴斯特先生是法国作家保罗·瓦莱里（Paul Valéry，1871—1945）25岁时发表的小说《与戴斯特先生共度良宵》中的人物。——译者注

② 语出法国诗人波德莱尔（Charles Baudelaire，1821—1867）的散文《人造天堂》，文中描写了作者吸毒的感受。——译者注

③ 这两句话都出自瓦莱里为《人造天堂》的英文版写的序言。——译者注

我当做一种反常，一种怪异性→戴斯特：描写一种极度的边缘状态，今日更显其边缘性，只因时尚无法理解这种理智主义的谵妄①→一本毫不含糊地反对循规蹈矩的书。不妨说，在我要谈的意识里，在戴斯特先生身上，都与自我有着一种绝对诱人的联系，有被自我所捕捉的东西②，分析工作的任务就是让你摆脱它；拉康：（《研讨班》，Ⅱ，77 页）"自我的直观集中在一种意识的经验上面，因而具有一个很引人瞩目的特点，必须摆脱它，才能够接近我们对于主体的设想。"③→大家知道，我本人一直不无偏心地坚持或者重视（如同诱骗带来的喜悦，maya④ 的喜悦）心理分析学力求摆脱和动摇的东西。

这个膨胀起来的自我产生"幻觉"：理念（参阅《诗歌》）[[理念]]：都是一些恶魔⑤（15 页）："理念在反省的照耀下支撑不了多久"：活不到正常寿命是恶魔→反省的持续时间：巴什拉把它变成了一个有关休息的心理学课题（[[指数心理]] 指数心理学：我在想我在想我在想，等等）。这个问题我们以后再谈。对于瓦莱里来说，这种经验与休息无关，却与有关垮塌之虑的压力有关。

这是一种不折不扣的极限体验：知识的、存在的、语言的极

① 巴尔特在课堂上说："任何流行时尚都包含着那么一点真理。"

② 巴尔特在课堂上说："瓦莱里的自我就是这个思考自身的东西。"

③ 雅克·拉康：《研讨班》，第 2 册《弗洛伊德理论和心理分析技术中的自我》，同前引，"生理稳定和执拗。"（1954 - 12 - 15）

④ 前文第 124 页出现过这个词。

⑤ "谁知道呢？这些数世纪以来曾让那么多伟人……黯然失色的卓越思想或许只是一些心理上的妖精罢了。"（11 页）瓦莱里的《诗歌》讴歌理念的世界。

限：这是一些倾向于负面的区域①，通常被神秘学说所占据。因此，埃米莉·戴斯特夫人才会说："没有上帝的神秘学说。"（105 页）

135 依我看，戴斯特先生再现和复制了波德莱尔的《人造天堂》。初尝一种精神经验依循同样的规程：幽闭于卧房内，由一位友人见证 ＋ 某种导致亢奋的质料：彼处是印度大麻，此处为意识（良知）。此外，在谈到巴尔扎克的时候，波德莱尔本人也称这种心理为自愿的、有意识的：一种质料（即毒品）。巴尔扎克对印度大麻很感兴趣："人竟然会不由自主地思维，这个念头使他深感错愕……"[[波德莱尔，69]] 的确，很难想象这位关于意志的理论家，路易·朗贝尔的精神孪生兄弟，会同意被剥夺一小块这种珍贵的物质。② 而且，波德莱尔的麻醉品跟意识一样，也是"干巴巴的"（我们在下文里将能看到）。援引（我们利用辞源能够做的不过如此）：drogue〔麻醉品〕＜荷兰语 droog ＝ 干巴巴。

2. H. B. ③

波德莱尔的印度大麻，就与麻醉品—意识相通而言→H. B. 〔波德莱尔的印度大麻〕值得注意的特征：→

（1）敏锐。波德莱尔 47④。第一个阶段是笑，是孩子般的喜悦；随后是第二阶段：敏锐。"实际上，一种新的精细感是在迷醉这个

---

① 巴尔特在课堂上说："apophatiques〔否定的〕。"

② 语出波德莱尔的《人造天堂》。路易·朗贝尔是巴尔扎克同名小说里的人物，写过一部名为《论意志》的书。——译者注

③ Haschisch baudelairien（波德莱尔的印度大麻）一语的缩写。

④ "47"所指未明，也许指波德莱尔 1947 年发表的小说《舞女芳法萝》（*Fanfarlo*）。英译本删去了这个数字。——译者注

阶段出现的，这是一种在任何意义上都说得通的高度的敏锐性。嗅觉、视觉、听觉和触觉都加入了这一过程。眼睛眺望无限。耳朵在乱哄哄的嘈杂声中辨听出一些难以捕捉的声音。"① →我再补充一点：在我看来，一旦敏锐把握了模糊，意识的过度明敏状态就达到了它的特殊性，它的"具有揭示作用的"悖论：对于模糊、非敏锐的敏锐意识→或许可称为对于云雾的意识。例如，乡下某日（在乌尔特②，1977 年 7 月 15 日③），午后 5 时，屋里静寂无声，有苍蝇。腿有点疼（参照：感冒之初或儿童生长痛）。万物昏昏沉沉睡去，黏糊糊的。然而：浑身乏力之中却有着无情的、鲜活的意识。

（2）记忆。我们都知道，过分强烈的记忆会使人难受，甚至逼人发疯：一个主体可能会跟自己的记忆竭力纠缠（焦虑地使劲回想一件事：小说的主题），也可能会奋力挣脱记忆（文学主题）。很自然，这里必须做细致分析，它不同于记忆和诸多回忆：成段的、讲述的记忆，连贯性 ≠ 有遗漏的、零散的、清晰的记忆 ="既往症"：这种记忆显然相当于麻醉品—意识的清晰、超常和"疯狂"（不连贯）的记忆：这种记忆与增强记忆的物质（麻醉品）有神秘的联系：魔药（或医治遗忘，或有助于记忆）的主题：[[智者]]参见智者希庇亚的故事：居鲁士国王④，抒情诗人西摩尼德，还有埃利斯的希庇亚——智者当中最能干的一位，他们都因吸毒而有神

136

---

① 引自波德莱尔的《人造天堂》。——译者注

② 乌尔特是法国南部巴斯克地区的一个小镇，巴尔特生前一直在此度假，死后埋葬于此。——译者注

③ 见巴尔特插入《思忖》中的日记片段（OC-Ⅲ，1009）。

④ 居鲁士二世大帝（Cyrus Ⅱ，前 590 或前 576—前 570），古波斯帝国的创立者，征服巴比伦并允许流亡犹太人返回耶路撒冷。——译者注

奇的记忆力，因为那是吸食麻醉品造成的。①

（3）拔高。波德莱尔关于印度大麻的主要想法是，印度大麻并不会改变一个人（意识），不会使之异变（跟定见相反），而是拔高，夸大，使之发展过度：凡是怪异的东西（反常）都来自某种"数量"的变化，"多出来的"。[[波德莱尔]] 多处明言："印度大麻向一个人揭示的只是其本人而已。此人因而剧烈膨胀，被推至极端，这是不假的。"（71 页）"世人和蠢人由于对获得特殊享受感到好奇，所以应当明白，他们在印度大麻里找不到任何神奇之物，超常自然而已……的确如此，一些量与能都扩大了的个人的日常现象，但始终忠实于本源。"（36 页）：极为自然：多好的提法②（《人造天堂》是世上写得最好的作品之一，还有帕斯卡尔的《思想录》，或许再加上蒙田），因为在某种意义上，超常的自然乃流光溢彩的人类造诣：全仗数量、强度。

3. 差别和一致

我之所以把 H. B. 的几个特征提出来，意思是这种描写同样涉及作为麻醉品的意识：超强意识，过度的意识。让我们把这种比照推而广之，并说明一些区别和相同点。

（1）对象/倾向。我不大喜欢对吸毒状态的描写，因为它有赖于描写者的才能（因此我才只取 H. B.）；然而我保留了以下有关梦

---

① 柏拉图有两篇对话以希庇亚（Hippias of Elis，公元前 5 世纪人）为名：《大希庇亚篇》和《小希庇亚篇》。据英译本注解，这个故事出自希腊最后一位著名历史作家阿米阿努斯·马尔凯卢斯（Ammianus Marcellinus，公元前 4 世纪在世）的《罗马史》。——译者注

② 波德莱尔文字上的着重号为巴尔特所加。

幻药的作用的传统看法。埃利希·乌尔夫的《麻醉品、政治、语言与工作》[[29 页]](有关麻醉品的集体著作？见 J. L.①)：1）俗常生活及其负担都消失了；2）丧失了每个感官的特殊性：联觉现象；3）每一种欲望都得到了满足；4）对于一切感觉敏锐：人成为一切，不再什么都不是了→如果重提弗洛伊德关于性意识的一个见解：希腊人：倾向规定性意识 ≠ 现代西方人：根据对象去规定（这一点从对同性恋的态度得到证实：我们这里，根据对象的种类作出谴责：男人与男人）→可以说，在传统的麻醉品当中（梦幻药），重要的是对象，因为它被重塑、移位、拉开距离、调整、使用 ≠ 在麻醉品—意识里，趋向被加工、强调，被拔高至极限、精准化、产生回响；与传统麻醉品相反（参阅乌尔夫的第 4 点②），这里有本我的增强，但增强到迸裂的程度：压力引起变化，是状态的变化，对象不变。

137

（2）非能产性。两类麻醉品的体验均以完成一场挥霍为目的→参阅阿尔多·莱西奥的《本雅明与印度大麻》（载于《麻醉品》，[[本雅明]] 114 页）："在本雅明笔下，吸食印度大麻的经验在于使人隐约看出一种非能产的生活方式，尽管为时短暂：其基础要么是挥霍，要么是发明创造，后者其实十分类似爱情。"③同样，戴斯特先生也（像搭布景似的）展示了一种在挥霍对象的同时试图自省的

---

① 指巴尔特的一位友人，名叫让-路易·卢埃特（Jean-Louis Routtes）。[埃利希·乌尔夫（Eric Wulff）的这篇文章收入了阿曼多·维蒂格利奥内主编的《麻醉品和语言》（巴黎，Payot，1977）一书的第 19～30 页。——译者注]

② 乌尔夫，出处同前。——译者注

③ 莱西奥（Aldo Rescio）的这篇文章见于前引维蒂格利奥内主编的《麻醉品和语言》一书第 115～116 页。——译者注

思想。

（3）极限体验。平庸：两种情形下都有压力的感觉，也就是感觉到在发掘极限。需注意：体验有一个准确的地点：很远/非远不可及。参照一位画家的说法（塞尚或巴赞尼①?）："问题不是要超越我们的极限，而是要达到它，直至使之崩裂。"→"直至"这个词很重要：这是止步之处：与精神病擦身而过→意识—麻醉品：适应或者契合这种微妙性：不超出自身既有物，但激怒它们，而且正是在这个意义上才成其为麻醉品：微妙的麻醉品，因为与强度相联系，但与变异（创造他者）无关。

（4）同一/异己。关于传统麻醉品（印度大麻）的常见看法：它剥夺你的权利，使你发生异变。[[波德莱尔]] 波德莱尔（69 页）说巴尔扎克："人竟然会不由自主地思维，这个念头使他深感错愕……" [[本雅明，287]] 本雅明在《马赛的印度大麻》里说："一种奇怪的现实接近了我，无法摆脱……＜他身上发生的一切＞②似乎都是身外发生的事情。"③ 也许，这个剥夺和变异（我是他者）的想法：轻而易举，但值得怀疑。总之，麻醉品—意识走的是另一条完全不同的道路：＝不倦地发掘我的本来面目，可是这样一来，我却变成了别人，因为难以想象：因同而异。波德莱尔说得好："人与自身的可怕结合！"（56 页）

---

① 让·巴赞尼（Jean Bazaine，1904—2001），法国画家。

② 巴尔特在尖括弧括内概括了以下文字："他的笑意和所有表情都使他震惊，似乎都……"

③ 沃尔特·本雅明写道："印度大麻开始起作用的征象之一是一种朦朦胧胧的印象，某种预感和焦虑感。……波德莱尔对此描写得最好。"（约尔和弗朗克：《印度大麻之醉》，收入《临床周刊》，1926，37 页）

（5）透明当中的晦暗。这个布朗绍称之为中性的东西，你们知道此处我叫做麻醉品—意识，布朗绍指出了它的悖论："因此，很值得注意，中性让我们反观透明性，后者的歧义的而非清白无辜的地位由此彰显：透明性有一种晦暗……"我想把这个悖论记录如下：主体（我本人）：如同一张乐谱（巨幅乐谱线）：每个部分（波形）都独立、清晰、鲜活、生动地被吟唱和听闻；可是我本人内心深处，没有任何自我能够垂直地、和谐地听到完整的乐谱→超强意识，中性：对自己很清楚，但是没有真理：一种十分清晰的语言（绝无隐晦、玄虚），可是没有所指物①；因为我对自己的全部看法都是谬误，可是我仍然缺少真理→我的清晰感没有用处。甚至可以说，我身上没有一位能够垂直阅读乐谱的乐队指挥。

（二）作为想象界的瓦莱里的自我

意识作为麻醉品既来自戴斯特先生，也来自波德莱尔。在对它的描写之上，现在又要添加另一个新的成分（领域?），这个成分为戴斯特先生所无，却为波德莱尔所有，而且如果我大胆地明确说出，这也是我自己体验过，并打算在此传达的一个成分。这个成分在波德莱尔：敏感性；在我身上：易感性，多愁善感→意识过于敏感和多愁善感之总体形态，动情的敏锐意识在我似乎是一个想象界定式（形成类型）：作为想象界的自我，感受及其意识的永久凝聚→总之，它不反对，却反制戴斯特先生。

---

① "关于写作的理论……把言语行为变成了某种无确定地点的东西。"（OC-Ⅱ，1208）

1. 悖论

知性和感受的接合部：在定见看来，是一种反定见〔para-doxe〕。

整个古典的、理性主义的传统一直蔑视"心"，要求它受头脑的制约：想象力（尽管并非我们的想象界）：[[维科，沙辉，62]]"主掌谬误和虚假"，受到笛卡儿、帕斯卡尔、博絮埃、马莱伯等人的贬斥 ≠ 维科便是在这个问题上"反定见"之人：建立起有关想象力即先于其他禀赋的禀赋的一般理论：想象的知识或诗意的智慧 ＝ 一切知识的原初形态→诗歌语言先于散文语言 [[维科，米什莱，423]]：寓言，"想象力的普适项"①。

因此，一种情感的超强意识看来很像逻辑项之间的矛盾：一个悖论。我觉得自己身上就有这个悖论，我得跟它一起生活、与之争辩：连同其他悖论，因为它把我自己的形象作为不可能之物退还给我：他们说，要么您很激动，而且显而易见；[[我的"沉静"]]要么您的沉静表明您的自控：无论我的"沉静"使人放心还是令人恼怒，人们从来没有质疑过它，不问它是如何造成的。然而，造成它的是：对于那些侵扰我身体的细微感受（嫉妒、摆脱的意愿、惧怕、欲望等）直接而明确的意识→极敏锐地意识到细腻的情感、情绪 ＝ 感受的碎粒→这意味着情感瞬间的极度可变性，变化迅速，恰如波纹。

---

① "维科建立了关于想象力的理论——其独创性令人极为激赏，人类精神的这种禀赋产生于其他一切禀赋之前，并且使得想象的知识或诗的智慧成为一切知识的首要形式：出于这个理由，他视之比经过思考的和知性的知识更深刻，更有创造力。"（沙辉）

这就是悖论，是作为悖论的自我的想象界，它一直让我觉得好似一个谜；这种感觉我一直有 [[沙辉]]：多愁善感（"感性诉求"）＋"精神在场"：我的精神与搅扰我的东西同在。我可以把维科的这句话当成座右铭（稍作修改）：Corpus sentit quia viget animus①→身体在受苦，欲求，受到伤害，感到兴奋，但与此同时 [[醒觉]]：我的精神不眠→不是道德的警醒，而是生存方面的（胡塞尔所谓警觉的自我②），或者审美方面的（小说艺术，虚构）→也许是主体的一个类型，[[睡眠]] 它们反倒跟睡眠有一种乌托邦式的关系：悬置警醒被当做某种不可能实现的东西被欲求：瓦莱里笔下的睡眠的主题。

140

2. "敏感"

"情感清醒"之悖论：在描写印度大麻的作用时，波德莱尔把它处理得很好；在波德莱尔看来，一种典型：机敏的人："一个我选择的灵魂，多少类似于 18 世纪所说的多愁善感的人，浪漫派所说的得不到理解的人，[[波德莱尔]] 以及大家和资产阶级民众通常斥之为特立独行的人。"（58 页）波德莱尔的麻醉品所揭示的"明敏"（我几乎要用化学标签式的 H. B.）包括：

（1）过度的温存—柔情：例如，受印度大麻摆布的机敏的人："因此可以认为，轻轻的一下触摸，[[温情]] 再平常不过的轻抚，

---

① 拉丁语"吾身因灵魂警醒而遭煎熬"。

② 胡塞尔在《纯粹现象学通论》中写道："当意识处于醒觉时，我无时无刻不与同一个唯一的世界发生联系，而且这个局面无法改变，不论这个世界的内容会有怎样的变化。它始终在我'面前'；我本人也是其中的一员。"（同前引，90 页）

譬如握一下手，都可能因精神和感官的当时状态而百倍地增加分量，也许还会急速导致一时昏厥，也就是流俗之辈所说的'幸福'至极。"① （62 页）→温情—昏厥。想法亦会引起这样的温情—昏厥：波德莱尔谈卢梭："卢梭以巨大的热情赞赏美德，当他看到一件善行，或者想到那些他本欲完成的善行时，深切的感动会使他热泪盈眶，这些都足以赋予他的道德观一种极高的价值。无须印度大麻，让-雅克便已陶醉。"② （66 页）

（2）过度的、欣喜的"好心情"：[[好心情]] 这是一种强劲、高扬、亢奋的敏感性。还是波德莱尔："有些日子，一个人醒来时会感到浑身有一股青春年少的劲头……展现在他面前的（外部）世界清晰易辨，轮廓分明，令人叹羡地多姿多彩。"此外，波德莱尔还把这种特别的心情视为天堂的一条特征（≠"日常生活的极度沉闷"）。[[道兹，19]] 这种明敏的意识的超强力量使人想起古希腊人称之为威力〈ménos〉③的精神状态（参见梵文 manah〈心〉）：不是一种永久性的官能（thumos〈心〉，noos〈思〉）；与 até〈迷狂〉④相似：能量的神秘迸发，某种意义上的"豪气"→来自神灵：无所

141

---

① 语出波德莱尔《人造天堂》。"至极"在原文里是拉丁语 summum。——译者注

② 出处同上。——译者注

③ "首先，这个所谓 ménos 并不是一种物理力量，也不是精神生活的一种永久性的官能，如 thumos 或 noos 那样，而是一种精神状态，很像 até。当一个人感到胸中有 ménos 的时候……他就会意识到某种能量的神秘迸发。"（道兹：《希腊人与反理性》，同前引，20 页）希腊语 ménos 意为"义愤"，noos 意为"智能，精神，思想"，thumos 意为"心"。

④ 希腊语。希腊语 até〈迷狂〉，指英雄豪杰因骄傲自大而作出的自杀式举动。希腊神话里有同名女神阿忒（Até），司掌复仇和威胁。——译者注

不能：能够，自认为能够轻而易举地完成最艰巨的壮举。①

（3）微妙的醉意。[[微妙的醉意]]我笼统地这样称呼醉意、半醉、微醺：也许是任何醉意，只要不是酒精（波德莱尔所说的酒）招致的。[[波德莱尔]]波德莱尔：三件有关微妙的醉意的逸事②（31～32 页）。

1）"照希罗多德所述，塞族人常常把大麻籽收集起来，然后把烧红的石头丢在上面。这对他们来说如同一场蒸汽浴，香气比任何希腊浴室都来得浓烈。他们从中获得了巨大享受，以至高声欢呼。"

2）"孩子们在收割下的苜蓿上玩耍和打滚，过后往往奇怪地感到头晕；人们都知道，大麻收获过后，男女劳动者都会有相同的感受，仿佛从收获物里升起一股瘴疠之气，令他们头晕目眩。"

3）"谁不知道，吃了大麻籽的母鸡会行为反常？谁不知道，逢到婚庆和护圣瞻礼，农民用掺入大麻籽的马料喂饱参加越野赛跑的马匹，有时还掺点酒，马匹因而躁动亢奋？"除了苜蓿和大麻，我还可以补充另一种导致微妙的醉意的媒介物：雪茄（不用说，来自哈瓦那），它作用于感觉，而非口唇；不在嘴上，跟生殖器当然也无关，而是作用于鼻孔内壁：所以它往头上走，而不是往腹腔走。

所有这些，即如想到前面依次谈到的各种力量和强度：敏锐性，回忆，拔高，敏感性[[音乐]]：规定着过度明敏症的领域→一门完整的艺术司掌这种过度明敏症：音乐，在我看来是微妙的醉

---

① 依 E. R. 道兹所说，这是"阿伽门农丧失了情人，便用夺走阿基里斯的情人的办法来补偿，这正是因为他体验到诱惑或者说神圣的迷狂"。关于司掌迷失的女神阿忒（Até），见《恋人絮语》（OC-Ⅲ，514）。

② 以下三段引文均出自波德莱尔的《人造天堂》，第 31～32 页。——译者注

意的一个样板：我想重提一下：1）戴奥弗拉斯特指出：在所有官能中听觉感受力最强（pathètikotatèn）。参阅柏拉图和音乐的道德效果。① 2）与（选择性的）神经性重听症相对应，有（神经性）听觉过敏症：〔〔道兹，65〕〕周围的人不得不压低声音说话，沉默（以色列，27)②。音乐 ＝ 一种麻醉品—意识。

3. 作为危机的想象界

情感的驰骋的（"燃烧的"）想象力→把最微末的、不引人注意的事件立即解读为大难临头→自我的想象界因而具有一个节奏化的结构，它听命于时间的安排：时间作为可燃物的场区：火是一种特殊的时间：危急时刻。

（1）危机。现在必须脱离波德莱尔和印度大麻，因为印度大麻（或鸦片）没有临界的时间性。酒却能够产生这种临界的时间性〔〔德·昆西，225〕〕："酒带来的快感永远沿着一条上升的路线走，而且趋向于一场危机，过后便急剧减弱；而鸦片带来的快感自出现起却可以持续 8 到 10 个小时……（两种快感）一种像火焰蹿升，另一种像平稳安静的光照。"此话重复说出（仍然出自德·昆西之口）："饮酒者朝着一个最高限度或者顶点不断上升，一旦达到便沿

---

① "戴奥弗拉斯特跟柏拉图一样，也相信音乐是焦虑者的一剂良药。"（道兹：《希腊人与反理性》，同前引，86 页）〔戴奥弗拉斯特（Théophraste，约前 372—前 287），希腊哲学家，是学苑继亚里士多德之后的第二位主讲人。——译者注〕

② "重听症的选择性实际上过滤掉某一个身旁的人或家庭成员，后者不得不求助于第三者才能被患者听到。"（吕西安·以色列：《歇斯底里症、性和医生》，出处同前）

着一条松弛的曲线回落，而且也是逐渐完成的。这个强烈纵欲的顶点一旦达到，一种宿命的必然使得饮者原路下滑，逐渐颓萎。"①

因此，酒：所有临界性迷醉的样板：蹿升高、高潮、颓萎。这一点德·昆西看得很清楚：规定醉意的不是实质，而是结构。他风趣地提到饮绿茶造成的醉意，尤其是："伦敦一位有学问的大夫，他的专业知识使我肃然起敬，有一天他却对我说，他的一个病人在病情好转期间，吃牛排竟然吃醉了。"

不过，这里需要重提一整套有关危机的文献、结构、形式，希波克拉底②模型：危机是我们的语言的一部分，也就是说，我们吸收了它→可以作为鉴定各种文明的（第二）语言的标准：有/无危机的文明（我的意思是：危机在那里不是语言的一部分：人种志研究的社会，还有今日苏联社会：从来不承认危机）。

（2）缓解。说到危机，就要连带说缓解：颓萎的阶段。德·昆西强调了一个事实：他为了镇痛开始服用鸦片（阿片酊）：[[牙疼]] 为了治牙疼：牙疼，典型的危机，德·昆西深受其折磨，[[德·昆西，39]] 以致对于竟然无人更戏剧化地谈论它而十分恼火："有两条原因持续缓解了这种恼火，否则这种情绪仍然会因牙疼而生。" 1）极频繁："欧洲很难找出一个完全免受牙疼折磨的家庭，家家户户都回荡着痛苦的呻吟。这种普遍性导致人们安之若素。" 2）从不致命。菲利普·希德尼勋爵说："只要出现过牙疼致死的情形，哪怕极为罕见，这种病痛也会被视为人类的一种最可怕

143

———————————

①　这两段引文均出自托马斯·德·昆西的《一个英国瘾君子的忏悔》。出处同前。——译者注

②　希波克拉底（Hippocrates，前 460—前 377），希腊医师，西医鼻祖。——译者注

的瘟疫。"牙疼和癌症："二者均表现为外科医生所说的间歇性刺痛感——剧痛急遽地、一阵一阵地辐射开来……"

　　这句话把想象界的危机描写得很完美，想象界是一种危机：其中（精神的）痛苦是急遽的：（清晰的）明亮而尖锐。想象界是那种表象的能量，阵阵迸发如同鞭笞→ [[鞭笞般的词语]] 如同鞭笞般的词语（埃斯库罗斯①）：[[瓦莱里，70]] 早已见于戴斯特先生："智能的……一场被叫做智能的宏大运动……智能？……这个巨大的词语在我脑海里隐约浮现，一下子卡住了我的一切幻想活动。一个词能给头脑带来震撼，真是咄咄怪事！全速行进的大量谬误一下子跳出真理的路线之外……"② [请注意，交付给想象界、危机的文本需要游戏于印刷符标（虚点、大写、斜体等）之间：情感的超强意识：一套排印术。]

　　从危机中产生了对于缓解的要求。

　　1）对于德·昆西和牙疼来说 [[德·昆西，222]]，这是阿片酊：1804 年秋天；冷水洗头的习惯，每天一次。有一回忘记了→牙疼发作（！）从床上跃下，把脑袋泡在凉水里，回去睡觉，头发湿漉漉的。→次日，头痛和面部神经痛十分厉害，遭了差不多 20 天的罪。第 21 天正逢星期日，上街；遇到一个人，建议试试鸦片。潮湿阴郁的星期天傍晚（"世上的景观没有比星期天的雨中伦敦世界上

---

　　①　埃斯库罗斯的《祈援女》。[埃斯库罗斯（Aeschylos，前 525—前 456），古希腊"悲剧之父"。《祈援女》是上演于公元前 470 年以后的三联剧中的第一部。——译者注]

　　②　语出瓦莱里的《戴斯特先生》。——译者注

没有比这更糟糕的景观了。"①），沿着牛津大街走：药铺，傻乎乎的样子："我向他要一点鸦片的酊剂（阿片酊）时，他像对随便任何人那样给了我。"

2）从想象界的危机中浮现对于镇静的要求：中性，索求中性。

（3）行为。作为被索求的幻觉性对象，中性回答一个问题：如何在我的想象界待人处事？请注意这不是个实用的、"行为的"〔proa? rétique〕的问题；说到底，我们完全能够既有一个带来震撼的想象界（"典型"的想象界并不"疯狂"），也基本上合乎理性地待人处事。可是，怎样使一个魔障般的想象界平静下来，规劝它，使它自律，告诉它应当如何行事和说话呢？折磨人的难题不在于社会、观念形态和道德规范等方面的责任；而是人们对于自己的想象界必须负起的责任：那个以往被叫做幸福的生死攸关的东西便有赖于它：其中恰恰有个伦理问题。

维涅《日记》第 92 页："让我们在这个想法里找到一切的慰藉吧：我们在享受自己的思想本身，这种惬意是任何东西都剥夺不了的。"②

---

① 这一段里的两处引语依照托马斯·德·昆西的《一个英国瘾君子的忏悔》的英文原著译出。——译者注

② 阿尔弗雷德·维涅：《诗人日记》，96 页。Harmattan《觅不得》丛书重版，1993，沿用巴黎 Alphonse Lemerre 书局 1885 年的版本。

1978 年 4 月 29 日

回答

（一）回答作为一种形式

话语的一个部类，通常仅从内容方面着眼。可是，显然，跟在一个问题后面的（回答）和跟在一个命题后面的（应对）都是话语的形式，是可以脱离内容单独评论的结构性成分（话语素〔logème〕），而且，跟任何形式一样，会启动一种"观念形态"，使主体服从于社会常规成例，从而也服从于反抗墨守成规。这是一个有待设立的研究课题，一套有待设立的博士课程！

为了启动这个研究项目，有两条看法：与回答、应对有关。

（1）回答：一个受"发问"形式的制约的话语部类。不过，我想指出的是，发问总是带有些许恐怖主义；任何问话都意味着某种权势。问话否定了不知情的权利，否定了拥有不确定的欲望的权利→在某些主体身上——我也算一个——任何问话都会引起某种恐慌；[[明确的问话]] 更不用说明确的，或者力求明确的问话了（明确无误作为一种权势，恐吓：这正是科学的权势的重头戏）→一直想不明确地回答一个明确的问题：虽然不明确的回答可能被视为软弱，却可以间接地破除提问的神秘性；因为任何提问都出自一个意在直接回答以外的主体 [[权势]] →任何问话都可以被解读为一种提问、权力、宗教裁判的场景（国家，官僚政治：一些极喜欢问长问短的人物）。→采访时的权势场景并无二致：1）预定别人知道如何回答长篇大论的问题（什么是写作、大自然、健康等），必定对问题感兴趣，必定接受问题的提出方式；[[采访]] 2）采访的增多，提出要求时的傲慢施压，都标志着目前兴起的新闻报道活动成为一种权势。[①] 采访（什么都问）：面对被采访者，记者享有君王般的权利。采访有取代评论的倾向。20 年前，《写作的零度》：评论的案例 ≠ 今天的《恋人絮语》：访谈的案例。一本书不必费事去评论：我们采访一下作者就行了。可是，记者的权利、掌控力（冷漠的嗓音）依然是提问的预设条件，恐怖主义的预设条件。记者仿佛是一位喜欢你、为你着想的警察，因为他给了你发言和博取名声的机会。（为什么要回答？社会的职业伦理学，社会博弈。支使别人

146

---

① 巴尔特在课堂上补充说："也成为一种写作。"

劳动 ≠ 道德①。）在形式上：提问：将人牢牢套在一种交替当中：回答→好/坏//不回答：出于辞拒/无知，等等。其实对于不作答者来说，这种禁锢意味着很快就要死亡、消失或者发疯〔〔双重制约〕〕→榜样：斯芬克斯的问题，以及成百上千的神话传说（图兰朵的故事②一类）＋ 任何问题都蕴涵一种双重制约〈Double Bind〉③的局面（帕罗阿图学派④）：只要用是或否回答就必定引起致命撕扯的问题→陷阱，精神病：无论做什么，我都像一只被套牢的老鼠。任何问题都会把我变成一只束手就擒的老鼠：考试，警察，感情取舍，教理选择，等等。

我们必须做的是（至少在这里如此：一个自由的空间、至少是乌托邦），学习如何改变提问的性质：这不是话语的一种自然的方式（正如我们已经说过的，即令有这种方式，那也是断言），而是极富文化形态：提醒古典修辞学⑤——智者当中的智者——把提问

---

① 让别人劳动，参与社会游戏，在巴尔特看来，是一个社会的职业伦理。

② 普契尼的三幕歌剧（1926 年），情节围绕着狠心的公主图兰朵与知道如何破解她的三条谜语的男子之间的婚姻展开，答不出来者会被砍头。

③ "双重制约"一语来源于罗素和怀特海的一条逻辑悖论（例如在《数学原理》中），20 世纪 50 年代，以美国"帕罗阿图心智研究所"为代表的心理学派用此说明在沟通中接受矛盾信息的主体所面临的左右不是的局面。参见本讲稿第 227 页脚注。——译者注

④ 美国语言学派，以研究沟通活动和"双重制约"现象而知名。参见E.马克和D. 彼卡尔的《帕罗阿图学派》一书，巴黎，Retz，1984。巴尔特在课堂上提到了约翰·色勒（John Searle）的一篇文章，名为《尽力让别人发疯》，刊于《心理分析新杂志》第 12 期，巴尔特在《恋人絮语》里的"鸣谢表"一节中也引用过（OC-Ⅲ，682）。

⑤ 巴尔特的一篇文章以此为题目（OC-Ⅱ，901）。

变成了一种修辞方式。的确：问题＝诉诸情感的动作，非沟通动作
→伪装的、虚假的断言。问题：也许是最低劣的暴行。提醒弗洛伊
德所宣称的：一切问题：意图了解性意识（关于原始场景①的提
问）。在这个意义上，任何提问都是轻率无礼的，无论内容如何高
雅，都是在寻求他人的性意识→＝ 你的性意识如何？→偷窥癖，强
迫你暴露。

（2）应对：在一场两人（或多人）的对话当中，我的介入时　*147*
机→典型的领域→交谈。

1）[[参见"沉默"]] 在一场交谈中，保持沉默会立刻引发对
于自身形象的一种责任：关于卡夫卡（在熟语"沉默"里已经引用
过②），布朗绍说："卡夫卡很想知道，当八个人一起交谈的时候，
应当在什么时刻发言和发言多少次，才不会被人认为保持沉默。"

2）[[格赖斯]] 对于另一个人所说，我的应答受一致性（沿袭
做法）的约束、遵守规则、交谈的规则→格赖斯③开启了"科学"
分析，可惜其实是以康德的范畴为基础的硬性规定，不过，正因为
它们是硬性规定，才把一场良好的交谈所应当具备的东西告诉了我
们，亦即应对所需遵循的明智的途径。

————————

① 　原始场景 {scène primitive/Urszene} 在弗洛伊德学说里指幼儿看到或
幻想父母行房的场景，它跟诱惑创伤或阉割情结一样，都是心理发展过程中的
重要幻想。

② 　见本书第 55 页。

③ 　艾尔伯特·格赖斯（Herbert P. Grice）。备课卡片中有一张提到了
"逻辑和交谈"，收入 P. 科尔和 J. 摩尔根编著的《句法和语义：言语行为》一
书，纽约，Academic，1975。[格赖斯（1913—1988）是美国语言哲学家，现
代语用学的先驱。——译者注]

总原则："在您加入交谈的那一刻，让您的发言恰好成为共同的意图，或者交流方向所要求的东西。"

→四条规则或箴言：

（a）关于数量："信息勿过多或太少。"

（b）关于质量："您认定谬误的或者缺少证据的就别说。"

（c）关于关系："不可文不对题。"

（d）关于样态或方式："务必清楚明白。"

＝→应答（前言后语）若符合这几条规则：便完全满足交谈的一致性。只需站到相反的立场上，便可产生一篇颠覆的、挑衅的、令人糊涂的文本（应对）：谜一般的出其不意：怪僻地和嘲弄地提供信息，晦涩，过于简略，置身于真与假之外，说一些离题话（相对于刚刚说过的话而言），荒诞离奇。→我们现在就来看看这一类答非所问、中性的领域，因为良好应答的傲慢要求在此受挫。

148（二）答非所问

我把在阅读时匆匆地甚至是随机地采集到的略作分类。它们眼下还只是一些例子。我随后会做出解读。

1. 出行，逃避，沉默，遗忘

（这些举动我们在熟语"休假"① 里还将见到。）这些言语行为都必须放在与之前的句段的关系当中去理解：问题或话题（命题），因为它们通常都要求一个回答或者应对。

---

① 这个熟语在这门课上没有讲，而是以"休假"的题目收入本讲稿第251页。

（1）沉默，无答复。用沉默或等于沉默的装聋作哑，消极应对
"前言"，以没听见作收。　　[[斯韦登堡，2，344]]斯韦登堡
（1688—1778①，"北方的怪孩子"），巨大成功：不理睬反对他的文
章。忙于不停写作，根本不拆读写给他的任何信函。不想跟莱布尼
兹的继承者沃尔夫②通信，也不想跟康德通信，他们写给他的信得
不到回复。（这一点：意志坚强，因为这表明他接受自身形象被
改变。）

同样，想想布莱希特的《伽利略》③。伽利略奋斗过；被判罪，
隐身而退；他的著作却光耀后世。最后一幕。活跃而激愤的门徒筹
划秘密出版他的著作；然而置身舞台深处的伽利略无动于衷，听而
不闻，沉默不语，大嚼鹅肉和扁豆。[[伽利略]]这是他对亲自发
动的战斗精神的"回答"：大师 ＝ 反门徒。非门徒。

无答复：继续做手上的事情，固执地做下去：这即使不是一种对
"场景"的挑战（不少场景都是这样开始的），也很有颠覆性；不妨
说，难在看不出来，或者看不清楚：我行我素不应被视为冥顽不灵。

（2）遗忘。忘记说了什么，忘记话已经说过，不以为怪，仿佛
每次都把一个话题从头说起：很累人。[[纪德，39]]例如，纪德
（1946）："'您怎么看待介入文学呢？（纪德问他的见证者）——这
您很清楚呀！况且，这正是您的看法呀，怎么问起我来了？——我
正在竭力建立起一种看法。'而且，这是在他已经说过和写过这个

---

①　关于斯韦登堡的卒年，一说是 1772 年。——译者注
②　克利斯蒂安·沃尔夫（Christian Wolff，1679—1754），德国启蒙理性
主义的重要哲学家。——译者注
③　贝尔托·布莱希特 1938 年写的《伽利略》于 1943 年在苏黎世上演。

主题之后！"①

（3）出行。还是纪德。我把整段故事引录如下，因为它滑稽地预告着每天都发生在今日知识分子身上的事情，连名字几乎都一样（那是 1950 年夏天的事）。②

（纪德：《小娘子实录》，第 4 册，189 页）：

8 月 8 日清晨，他接到布里松③的一封信，他装作什么也没读懂；这封信的意思是说丹尼尔·盖韩④公布了一份宣言，据信他也在上面签了名，这在布里松看来是很严重的表态，因为他担心有人会盗用纪德的署名，于是把宣言的发表日期押下来了。可是由于莫里亚克⑤打算在 8 号的《费加罗报》上做出答复，因此他不得不做出决断。纪德对我断言，他什么也没签署，布里松的信无法让他想起任何东西；他根本不知道信里说的是什么——于是返身去工作了。稍后他又走出来，说道："您知道，我忽然模模糊糊想起什么，是啊，是啊，我想起来

---

① 英译本注明，这段话出自前引《小娘子实录》第 4 册，记录的是 1946 年 9 月 28 日的事。1945 年 11 月，纪德曾在《人的大地》创刊号上表达过针对萨特当年 10 月宣布的"介入文学"的忧虑。——译者注

② 巴尔特在课堂上念了这段故事。

③ 布里松（Pierre Brisson, 1896—1964），法国戏剧评论家和报人。从 1934 年直到去世，他把《费加罗报》办成了全法国最有影响的日报之一。——译者注

④ 丹尼尔·盖韩（Daniel Guérin, 1904—1988），法国无政府主义作家，著有《无政府主义：从理论到实践》一书，并编辑了《无上帝，无大师：无政府主义文选》。——译者注

⑤ 弗朗索瓦·莫里亚克（Francois Mauriac, 1885—1970），法国天主教小说家，诺贝尔文学奖得主。——译者注

了：临出发前，我接到过一个电话……”我于是打断他：“谁打来的？”——“我觉得就是布里松说的那位盖韩。那是在晚饭前，他说很希望我签署一份宣言。”——“事由呢？”我问。——“记不清了。我觉得跟印度支那的屠杀有关，他念给我的宣言听起来不错，有情有义的，我就同意附议了。”——“那么好了！您瞧，这不就清楚啦。可我纳闷的是，您记得细节，大意反倒记不得了。”——他还对我说，他已经征得萨特、布尔戴①、卡苏②……好像还有加缪的赞同。——“先别答复布里松说没有发生误会，别说您确实签署了宣言，赶快拿来《费加罗报》看看，从莫里亚克的答复里您就知道是怎么回事了。”——“是的，当然，还有，我希望皮埃尔③给我解释一下这件事。”（他一家是要来跟我们一块吃午饭的。）

纪德随即找来了《费加罗报》，开始阅读莫里亚克的文章，那题目是《不合时宜的呼吁》（而且令人极为不快）。我看着他读报，那神色越来越不对：“我什么也没读懂，我还是不知道说的是什么事。——那您怎么会听懂了电话上给您读的文章呢？——那个嘛？您瞧，当时听起来挺明白，可是莫里亚克一谈到这个动作的后果，我可就跟不上了。——可是，亲爱的，意识到和了解一种举动的后果却是最要紧的呀！——还有，我无法断定自己是否做错了，而且我觉得我跟萨特比跟莫里亚克更

---

①　布尔戴（édouard Bourdet，1887—1945），法国剧作家。

②　卡苏（Jean Cassou，1897—1986），法国诗人和作家，文化活动家。——译者注

③　皮埃尔·艾尔巴（Pierre Herbart，1903—1974），法国小说家和散文作家。——译者注

亲近。——那倒是可能的，可是像您这样的人，不能只因为有
人签了名，您就签名呀，特别当一件事还没有完全弄清楚，或
者完全不清楚的时候。——是啊，是啊，您大概说得对。"可
是我不愿意如此催逼他，另一方面也很不希望看到他陷入难堪
的局面。这件小事很能说明他的行事方式：越来越糊涂，说不
清道不明，想法不断改变和不合逻辑；他早已掉进日常俗务里
了，甚至事关欧洲的命运也是如此！他完全被淹没了。

四点钟，丹尼尔·盖韩的电报来了："莫里亚克在今天的
《费加罗报》上猛烈攻击咱们的宣言，您应该公开答复他。"
"哎呀！他们真烦死人了！"纪德说道。——"大概是吧。可是
他们的呼吁很自然。他们不会想到您无力捍卫您自己的立场，
再说您的声音最受他们重视，他们有事得找您说呀。"——
"我什么也不说，随它去吧，我旅行去了。"

中性（面对那些煞有介事的烦人的介入，并非被压垮文不对题
甚至滑稽可笑）的一课：1)"他们真烦死人了！"2)"我旅行去了。"

(4) 逃避。[[狄奥根尼·拉尔修，II，194]] 出行：也许是虚
构，假托→真正的逃避：皮浪的学生欧吕罗库说："另外一次在埃
利斯，他被学生们提的问题搞烦了，为了逃离他们，于是脱下衣服
而徒手横渡了阿尔菲河（流经奥林匹亚的河流）。"[[布洛沙，79]]
我们还会谈到这个最有趣的"答非所问"的举动。①

2. 偏离

跟所有这些沉默的形式相比，有些回答—应对甚至更微妙，同

---

① 见本讲稿原文第159页。

样利用语言，但不属于同一路线。所以，出轨，偏离，话锋一转→
古怪、荒诞、谜似的不着调的强烈印象：转向其他未定的事物。

（1）《佩利亚斯与梅丽桑德》①，第 4 场。格罗质问垂死的梅丽
桑德。（偏执狂的）嫉妒者 = 刨根问底的人（"你跟佩利亚斯睡过
觉没有？"），也是迫使人明确回答（睡过/没睡过）的运用权势者。
然而梅丽桑德不置可否，但是并没有表示无意回答；这场对话的巧
妙之处就在这里：奇险峭峻，令人眩目：一种真正的中性，打破是
与否的中性，然而并不抽身引退。演示了有关性的问题。《佩利亚
斯与梅丽桑德》，第 163 页②：[[《佩利亚斯》]]

> **梅丽桑德**：格罗，是你吗？我几乎认不出你了……晚上的
> 太阳耀花了眼……你为什么盯着墙壁？你瘦了，老了……我们
> 很久没有见面了吧？
>
> **格罗**（对阿凯尔和医生）：亲爱的朋友，你们能不能稍离我
> 们片刻……我会把门敞开着……只需一小会儿……我想跟她说点
> 事；不然我死不了……行不行？——径直走，走到廊子那一头
> 去；你们马上就可以返回……请别拒绝我这个要求……我太悲惨
> 了……（阿凯尔和医生离去。）——梅丽桑德，你可怜我吗，就
> 像我怜惜你那样？……梅丽桑德，你能原谅我吗，梅丽桑德？
>
> **梅丽桑德**：是的，是的……我原谅你……应该原谅什么呢？
>
> **格罗**：我给你造成了那么多痛苦，梅丽桑德……我给你造
> 成的痛苦无法言说……可是我都看见了，今天都清清楚楚地看

---

① 莫里斯·梅特林克的《佩利亚斯与梅丽桑德》创作于 1892 年。德彪西
谱写的歌剧是在 1907 年。此处系指第 5 场第 2 幕，Labor，1992，65～66 页。

② 巴尔特念了这一段对话。

见了……从头一天起……我以前没有看见的，今晚一下子都出现在眼前……一切都是我的过错，一切发生过的事，一切将要发生的事……要是我能说出来，你就会知道我怎么看了！我太爱你了！……可是现在，一个人快死了……快要死去的是我呀……但是我想知道……我想问问你……你不怨恨我吗？……我想……对一个行将就木的人，应该说实话……应该让他知道真相，不然他是无法入睡的……你能向我发誓说真话吗？

梅丽桑德：我能。

格罗：你爱过佩利亚斯吗？

梅丽桑德：是的，我爱过他。他现在在哪儿？

格罗：你没听懂我的意思吗？——你不想听懂吗？——我觉得……我觉得……也好，是这样，我问你，你是不是用偷食禁果去爱他……你有没有……有没有作过孽？说呀，说呀，有吗？有吗？……

梅丽桑德：没有，没有，我们没有作过孽。——你为什么要问这个？

格罗：梅丽桑德！……看在上帝的分上，告诉我实情吧！

梅丽桑德：为什么？难道我没有告诉你实情吗？

格罗：人都快死了，请不要再这么隐瞒了！

梅丽桑德：是谁快死了，是我吗？

格罗：是你，是你！还有我，我也死，跟在你后面死！……我们必须知道实情！……我们最终必须知道实情，听见了没有！……把一切都告诉我！告诉我一切！我会原谅你的一切！……

梅丽桑德：我为什么要去死呢？——我一直不知道……

格罗：可现在你知道了！……是时候了！是时候了！……

快说！快说呀！……实情，实情！……

梅丽桑德：实情……实情……

格罗：你在哪儿？——梅丽桑德！——你在哪儿？——这不合常理呀！梅丽桑德！你在哪儿？你去哪儿？（发现阿凯尔和医生就在房间门口）——好，好，你们可以进来了……我什么都不知道；没有用……太迟了；她离开我们已经太远了……我永远也不会知情！……我会像个瞎子一样死在这儿！……

(2) [[乌尔特]] 一种常见的、轻飘飘的、散碎的、超然于任何文化能力的偏离→乌尔特（1977 年夏）：杂货铺的年轻女掌柜："昨天天气很好"→我们可以期待是/否的回答（"是"的可能性大，因为此人并不喜欢争论！），女掌柜却回答说："天气很热"：既没有肯定，也没有否定好天气，而是把这种聚合关系移入了另一种聚合关系，实为另一种价值取向。因为她不认为好天气是天气热的同义语。此地人们不喜欢热，热天气：蕴涵贬义①。

3. 失礼

偏离：绝无寻衅之意的温和的游离：精疲力竭，不伤害人 ≠ 禅宗用于达到 satori {悟} 振聋发聩的技巧（见下文）：用最大的失礼来回答或应对每个问题—命题：如高峰和他的师傅的故事（铃木大拙，I，322 页）。[[禅，铃木大拙]]

（师徒关系）

高峰和他的年事已高的师傅。

---

① 这个小故事在《罗兰·巴尔特自述》里提到过（OC-Ⅲ，229）。

"师傅：是谁穿着你这身臭皮囊？"

高峰朝他"嘿!"地喊了一声师傅拿起棍子要打他。

徒弟让他住手，说道："今日您不可打我。"

"——缘何道理？"

高峰没有回答，却突然走出门去。次日，师傅说："万物归一，一归何处？"

"——狗舔锅里的沸水。"

"——你从何处学来此等蠢话？"

"——您何不问问自己。"

师傅于是感到十分满意。①

153 对于禅宗的这一教诲的看法：可以说，轻而易举地推翻了格赖斯的有关一致性的所有规则，带着一种超然的、彻底的潇洒自如（在真与假之外，全无任何信息，任何明晰性、相关性），展现答非所问的所有类型：沉默，出行，偏离，其中最严重的失礼反而使师傅最终感到满意：活像马科斯四兄弟。

（三）另一套逻辑，另一种对话

让我们从更广泛的方面思考一下答非所问的经验（因为这是一种临界活动，完全不合群）：危险吗？总之，难以运用于社会实践。

（1）虚假的答非所问。让我们看看伏尔泰的《宽容论》第 19 章是怎么说的，[[饶利]] 见饶利的书，107 页：

康熙大帝即位的头几年，广州城有一位官员，一日，他在

---

① 《禅论集》，前引第 298 页。见《有关意义的一个课题》一文（OC-Ⅱ，891）："禅宗的全部修行恰恰在于某种清空。"

家中听见邻舍传来一声巨响，便遣人询问是否出了人命。别人告诉他，那是一位丹麦籍遣使团的神甫、一位巴达维亚的牧师和一位耶稣会教士在争吵。他于是唤三人前来晋见，吩咐给他们端上茶水和果脯，然后询问他们吵架的原因。耶稣会教士回答说，此事使他感到十分难过，他总是有理，总是不得不跟一些毫无道理的人打交道，还说他开头尽力保持克制，可是最后丧失了耐心。

官员尽可能和颜悦色地告诉三人，礼貌在争执中如何重要，中国人从不发怒，而且问他们在争论什么。

耶稣会教士说："大人啊，请您给评评理，这两位先生拒绝听从特兰托公评会①的决定。"

"这就让我纳闷了。"官员说，"先生们，看起来你们都必须遵从一个大型会议的意见。我不知道什么是特兰托公评会，可是，三人行必有我师焉。谁都不应该自认比众人知道得更多，道理只在自己的头脑里：这是我们孔圣人的教导；如果你们相信我，我觉得你们最好向特兰托公评会报告此事。"

丹麦人于是发言："大人，您说的再明智不过。我们尊重大型会议的意见，我们本应如此，所以我们才完全赞同好几个在特兰托公评会之前召开的大型会议的意见。"

"哦！如果是这样，"官员说道，"请你们原谅，你们完全可能是对的。这么说，这位荷兰人和您，你们两位意见一致，都反对这位可怜的耶稣会教士喽？"

154

---

①　特兰托公评会（le concile de Trente）是罗马天主教廷 16 世纪中叶针对新教改革成立的机构。——译者注

"不是这么回事，"荷兰人说，"这个人跟那位耶稣会教士有着差不多相同的怪想法，他在您面前如此甜言蜜语，我可忍受不了。"

"我真想象不出你们是怎么搞的，"官员说，"你们三位不都是基督徒吗？你们来到我们天朝，难道不是为了宣扬基督教吗？那么你们不是应当遵奉相同的教义吗？""您瞧，老爷，"耶稣会教士说道，"这两个人是死敌，却合伙诽谤我，显然他们俩错了，道理只在我这一边。"

"那倒不见得，"官员说，"也许你们三个人都错了呢，我倒是很愿意听你们一个个地说。"

耶稣会教士于是长篇大论地说起来，荷兰人和丹麦人边听边耸肩膀，官员一点也没听明白。丹麦人也说了说，他的两个对手很不以为然地瞧着他，官员还是一个字也没听懂。荷兰人也没有摆脱同样的命运。最后他们三个人一起说起来，互相抛掷很难听的粗话。好心的官员费了好大气力才让他们停下来，告诉他们："如果你们想让你们的教义见容于我们，那么你们首先要做的，就是既要宽容别人，也要让人觉得你们是可以容忍的。"

出门的当口，耶稣会教士遇到一位雅各宾党人，并且对他说自己打赢了官司，还说真理永远战胜谬误。雅各宾党人对他说："要是我当时在场的话，您就赢不了；我会证明您是骗子和崇拜狂。"二人发生了激烈的争吵，甚至到了彼此撕扯头发的地步。官员闻知此事，便把二人都关进了大牢。

有一位幕僚对法官说："阁下打算把这两位关多久？"

"直到他们停止争吵为止。"法官说。

"呦！"幕僚说，"那他们就得在牢里呆一辈子了。"

　　"那好！"法官说，"那就一直关到他们彼此原谅的那一天吧。"

155

　　"他们永远也不会原谅对方的，我了解他们。"

　　"那好。"官员说，"什么时候他们装出彼此原谅的样子，就关到什么时候吧。"①

　　我把这个故事一字不漏地念完了，首先是因为阅读能够让我们休息一下，其次，因为末尾那几句应对，至少是因为那种把监狱和摆脱争吵的主题联系起来的方式。的确，这种逃避，这种对于精神论战的"超越"，似乎可以当成中性的答非所问的一种表达。然而，事情并非如此。为什么？很简单，因为利用把人关进监狱达到逃避，这跟中性无法产生任何关联。这是本丢·彼拉多②之流的权力行为。然而，权势的领域里容不下丝毫中性。③

　　(2) 对这个问题进行概略的结构分析是可能的→对于熟语的意识大于分析。就像对一切语言——一切话语——的表现一样，从根本上说，这是一个有关线性的问题，一个关乎连贯、序列的问题。就我们处理的问题而言（对话，交谈，应对，回答）：〔〔结构熟语〕〕序列分布于两个或多个参与成分之间？结构问题：一条双股线。线性的语言（有名的话语链）是双重的：物质的，音响的（实质）加内容。这条所指物的线的形成（营建，塑造）有赖于接续性

---

　　① 罗伯尔·饶利：《有关宽容性的文选》，《课题》丛书暨布鲁塞尔，Labor 版，170 页，巴黎，Fernand Nathan，1970。

　　② 本丢·彼拉多 (Ponce-Pilate)，公元 26—36 年担任罗马帝国犹太省的总督。据《圣经·马太福音》，是他下令把耶稣钉上十字架。——译者注

　　③ 巴尔特在一张备课卡片上写道："在权势问题上我从来不支持胜利者。"（罗兰·巴尔特档案库/当代梓竹纪念学会）

内容的某种逻辑思想：［［相关性］］它暗合一种规范，这一规范来源于一种与信念、定见大致不离的逻辑（参看亚里士多德和省略三段论的逻辑）："谈论同一件事，即使不以意见一致为目的"：观点的这种内在连贯性（有两个参与者的线条的连贯性）＝ 相关性？据此，我们可以得到这条线的好几种图示：

平稳的一致性（格赖斯）。相关性持续：

———————　———————　———————

沉默，伪装，等等。相关性中断：

— — — —

偏离。相关性被歧义或不相关性打破：

格罗 ↗———————↘

梅丽桑德①

156　　（3）反相关性的禅宗规则。动摇社会性自我的逻辑，动摇相关性：这就是禅宗所觅求、系统化、躬行实践的，为了在意识当中产生空录的"悟"｛satori｝② 的闪光：不恰当：因为什么也看不见，也许根本无可见之物。　［［公案］］这种技巧：koan｛公案｝③ 之术④：交给门徒们"破解"（用词错误：因为无关逻辑）的问题或题

———————

① 这一段话在手稿上被删去了。

② 关于"悟"，见 OC-Ⅲ，676 和 OC-Ⅲ，1167。

③ 一如前文，巴尔特在谈到禅宗时，征引的多为译自日文的著作。公案｛koan｝是禅宗的一种语录形式，形势多为取自禅宗历史上的故事、对话和问答等，故事诉诸直观的真理，一般不是常理所能马上理解的，故有待解之谜的特点。——译者注

④ 巴尔特在课堂上解释说："公案"破除相关性，同时有助于产生悟，即意识的闪光。

旨，以便测试他们。[[铃木大拙，I，320，324，428；II，622]] 公案＝"纠结"①，葡萄树或者紫藤的纠缠的枝蔓（这个意象也很适合我们所说的相关性线条）。公案的一个变体是 Mondō {问答}②，即案例或者对话（我们关于失礼的例子就是一种问答）。

公案的一个经典例子："万物归一，一归何处？——我在成城县的时候，定做了一件 7 斤重的道袍。"③

这一问一答很好地说明了公案的强烈功效：一个"严肃"而"高雅"的问题，哲学上相当华丽，而且要求以长篇大论应对，这段公案却用了一种开玩笑似的敷衍，遂阻止了任何宏论。请稍微想象一下那些浮夸、倨傲、长篇大论的大问题，我们的社会和政治生活，采访题目和圆桌会议的题目等，无处不充斥着这一类大问题（诸如，是否有为女人或男人所特有的写作方式？您是否认为作家在寻找真理？你是否认为写作即生命？等等）。设想一个人这样回答："我在朗万服装店④给自己买了件衬衫"，"天空蓝得像一只橘子"，或者，假如问题是当众提出的，您听后起身，脱鞋，头顶着

---

① 铃木大拙的《禅论集》里说（英文版第 1 册第 239 页脚注）："'公案'有时亦称'葛藤'，本意指盘错纠结在一起的葡萄或紫藤。"葛藤亦为佛家常用隐喻，指纠结交错或者混乱的状态。——译者注

② "问答"（日语罗马拼音：Mondō）是禅宗语录一种短小的问答形式，对话都是在师徒之间进行的，采用或直观而具象，或直指根本的答话，以其点醒作用破除俗常的思维逻辑。——译者注

③ 这个例子巴尔特在 OC-Ⅲ，676 里引用过，准确的原文是"一件重达 7 斤的袈裟"。

④ 朗万服装店是巴黎一家知名的服装店，1889 年由服装设计师珍妮·朗万（Jeanne Lanvin，1867—1946）所创。——译者注

鞋子走出门去→绝对的作为①，因为它消除了回答的一切共谋关系，一切解读；当然，不排除以下解读：这个人疯了。然而，禅宗佛教却没有给这种"相关性"保留地位。

另外还有一些多为负面的劝诫，也能够导致（但不肯定）造成符合悟（彻底的逻辑震撼）的答非所问；涉及抗拒逻辑的和论理的习惯，有关相关性的积习→这是一些反格赖斯的规则；如果遵守这些规则②，任何交谈都进行不下去。它们是（铃木大拙，《禅论集》，第2章，622页）：

关于禅宗和公案的劝诫：

1）不要根据你的想象力去筹算。

2）当师傅扬眉或眨眼的时候，不要分散你的注意力。

3）不要试图从公案的讲述方式归纳出什么意义。

4）不要试图给词语做出阐发。

5）当公案作为一个思维对象被提出来时，不要以为应从提出地点把握它的意义。

6）不要简单地把禅宗当成一种消极状态。

7）不要按照有与无（梵文 asti｛它是｝和 nasti｛它不是｝）的二元论法则去判断公案。

8）不要以为公案指的是绝对的虚空。

---

① 巴尔特在课堂上进一步明确说："是一些 happenings｛事件｝。"

② 铃木大拙："退隐和尚让徒弟们恪守以下10项要点。"（《禅论集》，前引，99页）（根据明嘉靖朝鲜休静和尚撰《禅家龟鉴》，这10条的原文是："话头有十种病。曰意根下卜度。曰扬眉瞬目处揉根。曰语路上作活计。曰文字中引证。曰举起处承当。曰扬在无事匣里。曰作有无会。曰作真无会。曰作道理会。曰将迷待悟也——译者注）

9）不要根据公案随意推理。

10）不要让你的精神陷入空等悟的出现。

（4）悬置〔épochè〕①的"举动"。让我们回到西方的答非所问的 habitus〔习性〕：行为没有禅宗公案那么暴烈和极端；更接近简单的逃避："从伙伴—对手的傲慢逻辑面前溜走"→也就是把对手—伙伴（socius，体现着社会、社会性制约）打算把你拖进去的惯常逻辑搁置起来：话语链的逻辑线索的真实悬置；从纪德到欧吕罗库，我们已经看到了一些例证；这些例子当中，我现在想点明一个（逃避的和放诞无忌的）动作：也就是说，与"商洽"对立的"否"字必定伴有一层隐含意义，一出戏（一个"举动"），将其变为一种积极的（使消极—怯懦的意象刹车）、出人意料的东西（使争执者缄口，而且有点傻乎乎的?）。我将悬置区分成三种举动：

1）Ciao〔再见〕。还要提到欧吕罗库，扒掉衣服，跳进阿尔菲河，为的是逃避别人提出的问题。应当从一种肢体运动的形式中看到回答（非所问也），而且可以说，〔〔狄奥根尼·拉尔修，Ⅱ，194〕〕〔〔布洛沙，38〕〕整个皮浪派的怀疑主义（经验主义的，不是独断论的）完全产生于这一动作：皮浪和蒂蒙②（加上欧吕罗库）：摆脱智者一派的刁钻诡谲：被那些没完没了的争论纠缠得精疲力竭：决定再不回答任何人的问题→从而有"我什么都不知道。我什么都不规定"。→这么说（至少起初在皮浪那里如此，后来教条化了）并不意味着建立了一套关于非知识、非规定性的理论，而仅仅是一个肢体动作的延续：欧吕罗库的动作，其唯一的语言表达

158

---

① 希腊词 époché 的意思是"搁置判断"，前面已经提到过。见 38 页。

② "皮浪的真正后继者，深谙他的思想及其教义的传承者是厌世者蒂蒙。"（维克多·布洛沙：《希腊怀疑主义者》，79 页，巴黎，Vrin，1959）

只能是这个平凡的词语：Ciao〔再见〕，"拜拜"，"你的奴仆"：通过推诿表达："我是自由的，请离我远点，我不欠您什么"；其实（正巧），Ciao：威尼斯方言 Schiavo，意思就是"我是您的奴仆"（放诞无忌：威尼斯人 ＝ 北方的南方人），再就是，厌烦了智者的异议、恫吓："这么想，别那么想"，"这个好/那个坏"，等等。参见纪德所说的"他们真烦死人了！我出门旅行去了"和斯韦登堡的频繁旅行，[[divagaménto]] 只为不参与论争①，即 divagaménto②。

2）"叫停"。智者的例子很好地说明了这一点：待到一定时刻，参加争论或交谈的一方会突然打退堂鼓：他们忽然感到泛泛交谈更像是一场游戏（诡辩大对决），有其游戏规则：然而，如果他厌烦了，那就没有比游戏更让他难以忍受的。这个主体于是打算退出，退出非赢即输的交替。在某些游戏里，有可能求助于一个叫停游戏的操盘手：暂停！既是动作，也是词语。"叫停" ＝ 承认我有什么都不知道，什么都不想，什么都不说的权利，哪怕这权利是短暂的（≠ 有积极意义的言论查禁）→然而，不消说，难以做出的举动：因为最困难不过的是抗议一场游戏竟是游戏，抗议一套规则，因为任何游戏、任何体系的机巧之一就是包含一些叫停的规则（"我放弃"）；话语方面同样有一些演讲方式："本人能力有限"，"问题不在本人"，等等。幼稚的"叫停"的演讲形式（纯口头的）：枯燥无味和无效的中止。→定见把暂停游戏的任何要求（"叫停"）当做投降：辞源："伸出大拇指"：承认落败，退让；13 世纪：骑士将大拇指朝下，承认决斗失败。这一点：与除掉衣装，裸露身体的极端行

---

① 这两个例子前文已经举过。

② 意大利语，"闲言碎语"或"休闲"之义。

为没有关系，欧吕罗库就是这样，为了能够一下子摆脱穷追不舍的讨论。

3）最微妙的举动之一（语言动作）：把名字搞乱①：情形有点 *159* 像聋子的故事。你们想知道老子（道家的名祖）的真名吗？你们马上就会知道，因为这是你们提出的问题：[[葛罗涅，29～30]]"姓李，名耳，字伯阳，谥曰聃。"所有这些加在一起才是老子！这套离奇古怪的名姓打乱了关于专有名词的沉重的现代机器（分析的、逻辑的、贵胄族谱的、警务的）→实际上，中性的问题不在于没有名字，而是拥有好几个名字，谈不上哪一个最好！最优越的中性不是无，而是多。→这里必须提出关于使用化名的问题，特别是当它具有某种谐谑的（系统的）含义的时候：克尔恺郭尔以及后期尼采②。

所有这些告假请辞的举动 ＝ 出格离谱的回答，也就是说，跳出了结构的四条路线：是/否/不置可否/既是又否 ＝ 第五种回答③→可当做一种新形式的超越的辩证法。例如，心理分析学，马克思主义：你可以"脱离"它们，但是很难忍受那些将其拒之门外者的话语：离开和拒绝不是一码事：脱离 ＝ 经历过：这是欧吕罗库的

---

① 见《意象》一文（OC-Ⅲ，874）。

② 巴尔特《就职演讲》（OC-Ⅲ，808）："他们两位都写作，但隐藏在作家身份的背后各写各的；他们都玩弄文字游戏，都陷入了对于专有名词的迷狂的危殆：一个不断求助于化名……几乎患有演戏迷的病态。"关于克尔恺郭尔如何使用化名，参阅安德烈·克莱尔的《化名与悖论：克尔恺郭尔的辩证思想》，巴黎，Vrin，1976。克莱尔在该书第 25 页写道："克尔恺郭尔把化名提高到一种全新的写作方式的层次，几乎是一种真正的新的方法。"众所周知，尼采晚年在信件中署名为狄奥尼索斯。

③ 参见 OC-Ⅰ，1512。

举动。

（5）另一种知识①。答非所问 ＝"聋子的对话" ＝一种经验，一种装聋作哑的策略。因为它可能是神经性的（选择性失聪或听觉过敏），失聪具有一种力量，一种暴力：人们通过一种玄虚的否认才把失聪与身限困厄混为一谈：我们这个极度吵闹的世界有强烈的噪音（话语）"污染"，失聪在这个世界上是一项权利——一项未获承认的权利。

160　1）选择性耳聋：一套话语一旦成为集体的、定见式的（或者，假如一个声音自诩代表别的民众），我就不去听它；选择性的 ＝ 答非所问并没有否定对方，我仍与之大力沟通，不过是在竞争和（智者们钟爱的）论战〔mâchè〕的代码之外。[[疯狂]] [[《女巫》，118]]

2）在某种意义上，答非所问打破了撒旦崇拜。米什莱："撒旦崇拜的总原则是凡事颠倒行之，与宗教世界的做法正好相反。"② 话语的通常做法：抗辩，针锋相对。答非所问：把赞美和抗辩双双化解，从而产生了疯子的形象：既不总是跟着异见走，也绝不服从于权势 ＝ 疯子：[[狄奥根尼·拉尔修，Ⅱ，26]] 这一点被狄奥根尼·拉尔修出色地点明了："当柏拉图被问到如何看待狄奥根尼（犬儒主义者，讲歪理的人）时，他回答说：'那是一位发了疯的苏格拉底。'"苏格拉底减去论战 ＝ 疯子。反过来说，热衷于论战才是智慧之常态：摆脱这种狂热，那就是疯子。

3）禅宗公案：目的是撼动知识：[[悟]] 悟→答非所问→一种

---

① 在巴尔特的手稿中，这个段落被整个划掉了。

② 语出米什莱《女巫》一书。——译者注

关于交谈的知识的悟→一种关于说/听双方之关系的悟→＝一个冲破语境的言语（或肢体）动作：→＝"我不在被期待之处"：信息的整体性——复杂性——被我打破，因为它要求信息同样包含有关位置的信息（我见到别人，别人也见到我的地点，等等）：我使言语行为达到了漫无定所①（切莫以为大功告成：这种现象将被归入"离奇怪诞"的名目之下）。

---

① "无定所较之乌托邦更优越。"（《罗兰·巴尔特自述》，OC-Ⅲ，132）

1978 年 5 月 6 日[①]

（一）公众礼仪

我在中国逗留期间（1974 年 5 月），[[在中国]]
正逢批林批孔运动[②]如火如荼地进行。 [[批林批
孔]] 对于孔子和"礼"的批判呈现有节奏的（我觉得

---

① 这堂课并没有以一段"补充"开始，但巴尔特在课堂上念了一段卡夫
卡的文章，而且在讲稿中注明为"补充之五"（实为"补充之六"）。

② 巴尔特在课堂上解释说：汉语的 pi〔批〕是"反对"的意思，从而可
以传达整个说法的意思；他说的是有组织的"批林批孔"运动（1970—1971）。
见《中国如何呢？》一文（OC-Ⅲ，32）。

这比说"控制下的"要强得多）高涨："礼"是集体生活的象征代码，意味着（1）凝固不变，不革命；（2）违背辩证法的形式主义；（3）等级体系。文化革命与"礼"是针锋相对的（不断动摇正在凝固的东西）。

孔子与老子的对立由来已久。儒家与道家：[[孔子/老子]] 两个原型，两种设定活动，一种有待研究的永恒的聚合关系：玄虚的聚合体：柏拉图/亚里士多德，伏尔泰/卢梭，陀思妥耶夫斯基/托尔斯泰。重提一下①：[[葛罗涅，32，88]]

孔子		老子
诲人不倦	→	退隐
法制	→	自然
社会的人	→	个体
和谐	→	休息
合乎常理	→	放弃
"有为而无求"	→	"无为"

不消说，批林批孔运动不适合这些聚合关系。孔子和"礼"并不与道家对立（退隐，个体，放弃，无为），而是隐含地与辩证关系对立。人民中国，用默不作声查禁了道家（与其说是一门哲学，不如说玄思）。了解它在深层民众中的地位则是另一个问题。

162

道家（就其阐述形式而言：老子）尽管没有点儒家的名，对"礼"却是蔑视的：在从自然降格至人为的阶梯上处于最低一级，再往下才是人为的。＝ 正好与儒家相反 [[葛罗涅，17]] →这架逐

---

① 这张表是根据葛罗涅的书制出的。（巴尔特在课堂上说："老子否定教育和文化的作用，认为两者均有害无益。孔夫子则相信知识的效用。"）

级下降的阶梯：

（1）如果失去了道（"自然界"的普遍原则——其实这个说法有误），至少还会剩下德（凡是个别事物都有这种性质）。

（2）如果失去了德，如果看不到这种个别的性质，还会剩下模糊的道德意识，即善。

（3）如果失去了善，还会剩下正义。

（4）如果正义消失了，还会剩下礼和仪典（儒家认为的理想状态）。①

我们不妨说（不太严肃的戏言），第一阶段：绝对的个体化，与社交分离；第二阶段：理想的基督教世界；第三和第四阶段：现代社会把第三和第四结合起来。[[葛罗涅，17]]追求正义和求助于礼和仪式（一样也不能少）：官僚制度，是作为"仪典"的国家主义。

（二）私人礼仪

让我们很快地从德·昆西和波德莱尔提取其典型：[[波德莱尔，37]]吸食大麻之前的仪式般的准备：把大麻泡入黑咖啡 ＋ 空胃 ＋ 一个小时以后，清肠 ＋ 忧虑全无。

最后这一点带来一种相当有趣的辩证法：礼仪和自由的关系。波德莱尔强调过（关于德·昆西）："完美的放荡行为需要完美的消遣［很有萨德的意味］。您一定知道印度大麻导致夸张行为，不光在个人身上，也包括场合和地点；您没有务必守时和明言的义务，

---

① 巴尔特引用的是葛罗涅书中的老子语，这段话当取自《道德经》第38章："故失道而后德，失德而后仁，失仁而后义，失义而后礼。"——译者注

无家庭牵挂，无恋爱的痛苦。对此您必须小心。这种忧虑和担心，这种对于义务的记忆，都在一个特定时刻要求您的意志和关注力，它们会敲响醉意的丧钟，破坏您的兴致。担心于是变为焦虑、伤心、折磨……"

按照波德莱尔的说法：恶性循环，絮絮叨叨，我服用大麻是为了获取自由，可是我首先须为自由之身，方可服用 H→忧虑会影响我达到中性。可是，我正是为了摆脱忧虑才要求中性的。实际上，也许必须把问题外化：波德莱尔的劝告坏就坏在再次提出了仪典的内在性。然而，礼仪越形式化，就越有安心定神之效：不要试图完成礼仪；把（私人的）礼仪设想为能够带来自由，而不是要求非得事先自由不可。私人礼仪的一个特殊情形：作家写作前的私密仪式，朗布莱的新书①→庸俗出版物（毕沃②）嘲笑作家的癖习（如笔、场所等）：意思是说古怪，全无必要：鸡毛蒜皮、可笑，以及慈祥的居高临下的看法：这帮作家还能有什么别的本事？应读让卡夫卡现身做答（亚努赫③，53）：

> 我的朋友埃奈斯特·莱德勒写诗的时候，喜欢用一种特殊的浅蓝色墨水，写在一种手工制造的优质纸上。我跟卡夫卡提到这件事，他说："他做得对。每个魔术师都有自己的仪式。比方说，不戴上一顶郑重地扑过粉的假发，海顿就决不开始作

163

---

① 让-路易·朗布莱（Jean-Louis de Rambures）的新书名为《作家如何写作》，巴黎，Flammarion，1978。见《与书写工具近乎成癖的关系》（OC-II，1710）。

② 毕沃（Bernard Pivot，1935— ），记者，当时主持法国电视台的文艺评论节目。

③ 古斯塔夫·亚努赫（Gustav Janouch，1903—1968），德国作家，卡夫卡的友人。——译者注

曲。写作其实就是一种召唤鬼魂的方式。"①

（三）来点象征手法

为什么？要想有自由，必然首先得有一点禁律：仪典凭借这么一点点规则：礼仪。仪典 = 调节装置；在情感方面，一切仪典的"净化作用"→飞轮似的 = 沙漠或者暴风雨（感情的狂泄）。仪典（例如庆祝生辰）好像一个家庭，起保护作用：一个能够寄托感情之地。例如，葬礼：葬礼的"灾难性"时刻（开头，悲伤的）在某种意义上比较容易承受，因为灾难是由一套集体仪式来承担的，即使做得不好，仍起保护层的作用，它保护和隔离丧葬的痛苦的表层；随之而来的是沙漠，由于没有任何仪式的保护而十分痛苦，除非有庆生仪式→唯一可取的集体仪式：围绕死亡，帮助生者的仪式（现代社会里的生者其实很可悲）→乌托邦：整个社群围绕着留存的主体→生活中需要一点象征手法；强迫现象的适当运用→太多象征手法会远离中性，少量的却能够重新接近它②

（四）文字③

此处所要求的，或者说推荐的这种"少量的象征手法"，也许正好相当于那个困难的（而且微妙的）东西，不妨称之为文字的不稳定性→不妨从象征手法（通常意义的，并非径直用于拉康所说的

---

① 巴尔特在课堂上补充说："写作必须有点魔法。"这段话取自古斯塔夫·亚努赫的《与卡夫卡的谈话》，53 页，巴黎，Maurice Nadeau，1978。

② 巴尔特在课堂上补充说："这是为了戏用一个有名的词语。"见 OC-Ⅰ，685 页。

③ 巴尔特在课堂上补充说："与精神对立。"

意思）的类别当中去寻找，并非从能指/所指的结构关系入手，而是（依旧）根据一个强度的、"纯度"的级别→大略地说，我们有两大领域：

（1）固定性，文字的一元论：文字的纯粹肯定。

1）文字的僵固性→有害的"形式主义"→恐怖主义 ＋ 魔鬼（120 页①）：中国："皇帝手中的威力巨大的机器，以至今日我们仍然可以看到全家惨遭灭族，只因一家之长把圣上的名字少写了一笔。"（这段与文字有关的故事意味深长。）

2）与此相反（但依然尊重文字的完整性），文字的有益的顽固性，切记文字不可歪曲，掺假，"窃取"：[[饶利，69]] 列宁说："事实都是顽固的"，以及反加尔文的加尔文主义者卡斯蒂里昂说（讨伐对塞尔维犯下的罪行，被加尔文阻止刊行的 Contra libellum Calvini〈《讨加尔文檄》〉②）："杀人与捍卫教义无关，杀人就是杀死一个人。"③

（2）辩证法（文字的，在克尔恺郭尔的意义上 ＝ 规定着一次决裂，一次质的跳跃，一种结构变化）。文字有路可循，进入方法→禅宗的辩证法：[[铃木大拙，Ⅰ，28]] 1）看山是山，看水是水；→2）（经过良好的禅宗教诲以后）：看山不是山，看水不是水；→3）（休憩地④），看山

---

① 见前文所引的约瑟夫·德·迈斯特的著作。

② 卡斯蒂里昂（Sebastian Castillion, 1515—1563），欧洲文艺复兴时期反对宗教裁判的著名文人。早年一度追随加尔文，后者在米歇尔·塞尔维（Michel Servet, 1511—1553）死于火刑以后，发表了为宗教裁判辩护的文章。卡斯蒂里昂随即写下《讨加尔文檄》，这句话便出自此文。——译者注

③ 见《话说暴力》（OC-Ⅲ，904）。

④ 铃木大拙区分出两个阶段：人"在学禅之前"和"学禅之后，当他真正进入休憩地时"。

165 还是山，看水还是水，等等。从历史的角度来看，我们目前正处于
第二个阶段：一切事物经过分析、阐释都转入其名称的反面、其外
表的反面，如马克思主义的分析（在观念形态的照相机里为倒立呈
现的映象①）、弗洛伊德派的分析，等等，我们的确身处一个看山不
是山的世界→显然，这并不是禅宗教诲的结果！它是经由世俗的
（18 世纪的）科学→有待了解，很多人不满足这种第二阶段，以及
随之而来的乌托邦幻想，是否在召唤文字的辩证阶段②（生态学，
自然，宗教热，模糊的精神性，神智学的成功，等等）："第三种文
字"似乎正在笨手笨脚地寻找自己的道路。抑或：

1）蠢行，同言重复，狭隘的科学观。

2）智能，偏执狂。

3）纯朴（神秘的），智，"方法"（＝ 道家）。

冲突

（一）一个司空见惯的概念

认为宇宙秩序、世界、社会、主体、真实，一切都处于冲突的
形式之下：最为普遍接受的命题：西方哲学、各门教义、形而上
学、唯物主义、各种"感觉"、日常言语活动，一切的一切都在谈
论冲突（冲突因素），冲突似乎是再自然不过的事情。此外，有待

---

① 在 OC-Ⅰ，第 707 页已经提到过。（参阅 1978 年 4 月 1 日课的脚
注。——译者注）

② 第三个状态。巴尔特在课堂上提到了茨维坦·托多罗夫的《象征手法
与诠释》，巴黎，Seuil，1978。

建立一部有关冲突的概念的人种史，因为，它毕竟一直是"永恒的"、"自然而然的"的东西，最需要一种历史学的处理（例如死亡：历史研究十分丰富）。不妨以争斗称之者：科学，观念形态，冲突的实践和意义。

总之，在这个大前景下，有必要把西方传统重新定位：关于希腊人的machè①的研究（智者一派，苏格拉底，尼采关于论战的理论）。machè：逻辑和心理方面：心理的愉悦与逻辑的假定：置对方于自相矛盾的境地 ＝ 迫使他闭嘴：绝对的胜利→自恋癖的致命伤→淘汰出局。

看来在 19 世纪末叶和 20 世纪，有关冲突的哲学扩大和深入了：马克思，弗洛伊德（另一方面也不能忘记达尔文）：冲突不是一种恶，而是一股动力，一种功能。值得注意的一点：冲突哲学似乎经常"换喻式"地影响到谈论冲突的哲学家的"性格"：例如，亨利·勒费夫尔②：不断提到世界上的冲突因素的动力，他本人也是个唇枪舌剑的舞台：这在马克思主义者身上是司空见惯的。当心：切勿把第三个人物跟这两个人相提并论，尽管通常难以避免：尼采：他不是一个直接意义上的有关冲突的"哲学家"。德勒兹（93）："斗争、战争、敌对，甚至对比，这些概念都不属于尼采，也不属于他关于强能意志的构想。不否认斗争的存在：但它并不创造价值"③：斗争 ＝ 仅仅是弱者用来打败强者的手段。

概括而言，在我看来，西方传统在这一点上是成问题的：不是判

---

① 希腊文，意为"论战"，已见于上文第 114 页。

② 马克思主义哲学家亨利·勒费夫尔曾经写过《论国家》一书，见《10/18》丛书，巴黎，UGE。

③ 引自德勒兹《尼采与哲学》（1962）一书。——译者注

定冲突是否存在，世界是否充满冲突因素，而是把冲突变成了一种天性和一种价值（或者说把天性变成了一种价值：依然是同一种拒绝）。

（二）编入代码的冲突

冲突的两种表象（天性，价值）因冲突被编入代码而消解→一份有关代码化的冲突或冲突的各种代码的浩繁案卷。

希腊人：这里应该重提尼采关于论战（Agōn）的看法：[[对决]]论战精神：前苏格拉底时代；然后是在苏格拉底（和欧里庇德斯）的面孔之下，"心理化"，"自然化"，"戏剧化"。

中世纪：吸引我已久，[[论战]]但一直未能真正深究的课题：经院学术之争｛disputatio｝：那就得重组言语冲突的规范：对于分析在我们的时代已属自然的冲突（舌战），将是一部极佳的历史导论：这些冲突必定服从于隐而不露的编码活动（参见电视上的政治辩论）。

种族学：同样也是一个有待建立的研究课题。[[hain-tenys]]例如：hain-tenys 的实践（见伯朗《全集》第二卷，1966）。我不知道这个说法的字面意义和起源①：（马达加斯加）梅里纳人的部落。游戏：双方竞赛：征引和反征引的较量；赢家：引语知道得最多，征引得最准确者；最后说话的一方（话是转借的）。

应当看看今日法国的情形如何（我是说话语冲突）：[[法国

---

① 见《hain-tenys，论争的诗篇》，载《作品集》，69～96 页，巴黎，Cerde du livre précieux，1966—1970。按照伯朗所说，hain-tenys 这个词的意思是"语言的科学"。另见下文第 177 页。［让·伯朗（Jean Paulhan，1884—1968），法国作家、文学批评家和出版商。除第二次世界大战外，曾长期担任影响广泛的《法半西杂志》（NRF）的主编。1963 年成为法国科学院院士。——译者注］

人〕〕法国人显然偏好（口头）论战〔agōn〕：希腊人的继承者，但缺少那份才能：橄榄球、足球、对抗性的体育运动→针锋相对，正面冲突，对手之间的辩论，等等①→含糊的定式：既已代码化（的确如此），却假装率性、自发、真实，不同所指的角力，似乎话语纯为明白晓畅，只是工具→仍然是这场宏大的自然化运动，拒绝为代码、游戏承担责任。

（三）回避

躲开冲突因素，走"侧门"（整个这门课便有点这个意思）。只需注意：

（1）在西方的观念形态里，避让冲突被彻底废黜，化为乌有。〔〔培根《道德论》Ⅱ，244〕〕弗朗西斯·培根的理性实用主义把这一点表达得很好："有两种平和与整体性应被视为谬误：一种以隐含的无知为基础，因为一切颜色都是协调的，或者说在黑夜里无分彼此；另一种的基础是在关键的和根本的问题上，直接、正式和积极地赞同两种矛盾的意见。"→这种谴责—取消从反面勾画出一些超越冲突的领域，实际上它们只能在东方看到（佛教和道家）：接受"无知"、知识的黑夜，问心无愧地接受矛盾的选择。

（2）戈雷格里·贝特森，美国心理学家和种族学家②（《建立一

---

① 见《意象》一文（OC-Ⅲ，870）。

② 戈雷格里·贝特森（Gregory Bateson, 1904—1980）是英国人类学家（巴尔特误以为是美国人）。这里提到的英文原著名为《走向精神的个体生态学》（*Steps to an Ecology of Mind*）。贝特森的另一本知名著作是《精神与自然》（*Mind ＆ Nature*）。他的研究跨越控制论、动物沟通学、种族学和生物进化等好几个学科，但均突出了系统和环境两个概念。——译者注

168 门精神生态学》，124 页，Seuil，1977①），对冲突因素的存在原理
感兴趣，把冲突因素称为分裂—遗传（schisma：分裂，分离，歧
见）。特殊现象：巴厘岛没有发现"分裂—遗传序列"。在某些条件
下（有待详述），这个现象似乎违背有关社会冲突的理论（马克思
的决定论）→巴厘岛（总是如此吗？）；冲突因素被消除：用于"调
和"纷争和地位差异的办法；为消除儿童的争强好胜或竞争倾向的
序列 ＋ 音乐、艺术和戏剧里均无高潮 ＝ 没有极限结构 ＋ 解决纷
争的技巧 ＝"退避"：pwik②；例如，以往的战争：固然如此，不过
也利用了许多相互避让的因素（例如不少 no man's lands〈无人
区〉③）。注意：退避（pwik）≠"调解"，即"高贵"、排场的方法，
编入了西方的斗争学说的代码。④

（四）冲突的意指作用

冲突这个东西起什么作用呢？显然，人们可以说，用于战胜、
支配、占有、改变，等等，此即所谓 libido dominanti 的直接形式
（挥之不去的人类学的余韵，参见 vis dormitiva）。⑤ 至于我，倒是

---

① 见于"巴厘岛：一个稳定的国家的价值体系"一章，120～139 页。

② 巴厘语"避开冲突"之义。

③ "空地，用作相邻王国之间的疆界，以前通常是一些沙漠无人区，只
有流浪者和流亡者才会涉足。"（同前，126 页）

④ "造成社会影响的正式技术，例如演说艺术，在巴厘岛文化里基本上
没有。"（同前）

⑤ libido dominanti 意为"强能意志"，是圣奥古斯丁所说的三大动力之
一，另外两个是 libido sciendi（知识）和 libido sentiendi（感官的激情）。见
《恋人絮语》（OC-Ⅲ，570）。vis dormitiva 的意思是"催眠的力量"，也是一个
拉丁文熟语。

很乐意给冲突另一种解释（如果我想支配它，我总得给它某种意义呀）。如何做到呢？为了能够隐约地看到它，我要采用鲍姆关于恶的理论。[[鲍姆，158]]

鲍姆的中心问题：免除上帝对于恶的存在的任何责任→路济费尔①的堕落；绝对没有道理，纯属偶然事故；天使的绝对自由的举动，上帝也无法阻止。→上帝并不知道魔鬼路济费尔会造反：根本无法预见的自由的举动，因为路济费尔如同其他天使一样，生为自由之身→他的堕落并无必要：米迦勒和乌列②依旧忠诚不渝→鲍姆宁愿放弃上帝无所不能的观念，但是不承认上帝应当对恶负责→天使的世界（路济费尔堕落之前）：一个无对立、无冲突，无意指的世界→路济费尔的反叛造成了对立、冲突、意义→上帝于是能够自我意指（彰显自己）。

某些当下的冲突也许便应当这样理解：小规模，边缘性，显然被认可、发动的冲突，并非为了"打赢"、"取胜"，而是为了"彰显"（＝ 准确的字眼）：1977 年 7 月 31 日：反核示威（抗议"超级

169

---

①　路济费尔（Lucifer），本义"光的使者"。基督教（《圣经·以赛亚书》等）说他曾在天堂里担任天使长，因为不满上帝而率领天界三分之一的天使叛变，失败被逐，堕入地狱。后世则说他在地狱成为魔王——撒旦，跟随他的堕落天使则成为恶魔，还说伊甸园里的蛇就是他的变相。这是一个常见于西方文学的形象。但丁的《神曲》和弥尔顿的《失乐园》都提到过。英译本注明，以下这段有关鲍姆的看法来自前引科伊雷的《雅各布·鲍姆的哲学》一书。——译者注

②　米迦勒（Michael）是基督教圣徒之一，见于《圣经·但以理书》和《圣经·约翰福音》。天使乌列（Uriel）见于《圣经》外典（apocryphal），没有得到所有教派的承认。——译者注

凤凰"），克莱斯-马尔维尔镇①：死一人，伤百人→新闻界哗然，等等：暴力能够使人知情，揭露，凸显生态保护事业，势不可当→暴力：从表达的角度来看，可获回报（交换活动的循环）→冲突显示"我是存在的"→＝这正是鲍姆的上帝：上帝想自我显示、表白（首先是向他自己），这一点他通过分化、冲突、恶行做到了＝上帝是一种"游行示威"。

补充

中性的作家：宣读《与卡夫卡的谈话》②（亚努赫，18 页）：

1921 年 5 月里的一天，我写了一首十四行诗，路德维希·温德把它发表在《波西米亚》的周日副刊上了。

这时卡夫卡对我说："您把诗人描写成一种天资卓越的生物，双脚踏在地上，脑袋却藏在云端里。显而易见，这在小资产阶级惯用的表现手法里，是一幅十分常见的图景。可这是一种假象，它来自隐藏的欲望，而且跟现实丝毫不沾边。诗人其实永远比社会上的常人还要矮得多，脆弱得多。因此，他对于尘世存在的重压才会有比别人更强烈、更有力的感受。对于他个人来说，咏唱只是一种变相的喊叫。艺术对于艺术家是一种

---

①　克莱斯-马尔维尔镇（Creys-Malville）位于法国里昂市东 50 公里处。法国政府 1976 年决定在此建立法国第一座核电站，取名"超级凤凰"，遭到民间广泛反对。巴尔特指的就是这件事。1997 年，法国政府决定拆除这个核电站。——译者注

②　巴尔特插入一段补充，这段话摘自古斯塔夫·亚努赫写的《与卡夫卡的谈话》（Maurice Nadeau, 1978）。

煎熬，艺术家通过它获得释放，再进入另一次煎熬。他并非什么巨人，不过是关在存在之笼里的一只鸟，只是色彩多少有所不同而已。"

"您自己也是吗？"我问道。

"我是一只完全不可能存在的鸟，"弗朗茨·卡夫卡回答道。"我是一只寒鸦——一只卡维卡寒鸦！这种鸟台茵霍夫区的煤铺老板有一只，您见过吗？"

"见过。就是在他的商铺门口跑来跑去的那只。"

170

"对呀，我的亲戚比我运气好多了。没错，那只鸟的翅膀被剪掉了。我呢，其实根本剪都不用剪，因为我的翅膀早就退化了。这就是为什么对我来说，远走高飞没有意义。没办法，我只能在众人之间蹦来蹦去。他们根本看不起我。因为说到底，我是一只危险的鸟，一只蟊贼，一只寒鸦。可是，这只是表面现象。实际上我对闪光的东西毫无感觉。我之所以没有乌黑发亮的羽毛，就是这个原因。我是灰色的，像烟灰那样。一只梦想藏身于石头之间的寒鸦。不过，这只是开玩笑罢了，只为不让您发觉我今天过得不好。"

波动①

（一）意象和词源

（1）1）近义词的网络：〔〔词语〕〕只有比较近义词才能明了意义、区别、细微差异→盼望能有一本关于细微差异的大部头的"教

---

①　这是《纪年》一文中的一小节的题目（OC-Ⅲ，981）。

学法"，[[词的网络]] 课堂用的：细微差异是反制傲慢、褊狭的语言工具：讲授细微差异（不过我觉得小孩子会群起反对），做细微差异的习题，这是一种必要的公民义务；此类训练之一：把十分相似而略有分别的词语的小型网格建立起来：→"关于细微差异的话语"：不否定差别，却说出"细微"的代价。恰如其分：正好处于存在和"细微"之间。

2) 希腊—拉丁语言：有三个词，不妨认为"互为借鉴"：

A) 语法中性：to oudétéron（非此非彼）。[[Oudétéros]]

B) 政治中性：不隶属任何党派：mésos（中间）①。[[Mésos]]

请注意，希腊语把不带价值判断的"形式的"中性与伦理的中性（就某种取向而言）区分得很清楚：尽管它在"中性"和"当中"之间颇有争议地"压缩"出来一个"中值"（倾向于把中性"数量化"，"剥夺资格"，贬为取消各方力量的一种平衡力；参见熟语"休假"）。

C) 第三个词更有趣：hétéroklitos。[[hétéroklitos]]（a）分别向两侧倾斜②；（b）语法：变格形式来源于不同的意义，"不规则的"（例如法语：aller, vais, irons③）→hétéroclite〈混杂〉→可以认为，我们这里所说的中性（中值，非此非彼）跟 mésos 不是一回事，但跟 hétéroklitos、不规则、无从预见、无序交替却是一回事→

---

① 希腊语 Oudétéros，意为"非此非彼；无所谓；中性的"；mésos 意为"居中"。

② 希腊语 hétérorropos 有"向一侧倾斜"之义。Hétéroklitos 没有这个意思。

③ 法语动词 aller（去）的两个变位形式：vais（我去），irons（我们去）。——译者注

如果中性 ＝ 用于挫败聚合关系的力量（第一堂课）→两条公设：a）免除，取消→"零度"。b）被搅乱和搅乱别人的旋转栅门的绞盘，不规则性→简言之：中性 ＝ 取消和/或干扰。

（2）意象：在伦理方面（行为的体系），混杂带来两个意象，均为贬义：犹豫和波动→有待研究，但我可以给出两个"文学方面的"例子。[[纪德，98]]

1）纪德。其传记（《小娘子实录》）把他说成擅长犹豫不决的专家："要咖啡还是要速溶咖啡（去掉咖啡因的吗）？您倒是说呀，我好再多煮点！"他用绝望的眼神看着我，说："您连一点犹豫的可能性都不给我留下。"犹豫是否去旅行（尤其在晚年）：去摩洛哥的最后一次旅行的计划（没有实现）　[[34 页]]→前后矛盾的电报（1946）："以致他跟以前一样陷入犹豫，而且由于诱惑过多而理不出头绪……"身边人的看法（也就是关于他的神话）最能说明纪德如何犹豫不决："他出门之前，总有一段难熬的时刻，我得向他提出那个非问不可的问题：'您跟我一起吃午饭和晚饭吗?'这在他看来无异于损害他的自由……他为做一个决定所付出的艰辛真是令人难以置信。并不是做出选择使他为难，而是因为这个选择可能剥夺他对更惬意、更出乎预料的事情的享受。"（1946）→这在某种意义上是享乐主义者的焦虑：一种"猎艳"、探险的逻辑（探险：意想之外的惬意："可作为谈助的"）：需研究：对新奇的期待。 *172*

稍加一点评论（也许是两点）：

A）"小娘子"把纪德的优柔寡断说成心理特征、性格问题（鉴于她的文化素养，这很正常）；可是这个特点却有一个"神话的"或"圣贤行传"的目的：那就是（以友人加见证者的身份）要使隐私的、私下的纪德、日常的、"真实的"、"传记里的"纪德与公开的纪德、公众形象、传奇式的文学家纪德、纪德伦理学的创立者两相吻合：因此→精心制造和确定一个标志性形象：纳萨内尔①式的飘忽不定，通过微小的变动展现"最难以取代的存在"→因此，犹豫不决在这里客观地发挥作用，不是什么"烦扰"、反常、难对付的边缘现象，而是最终把这个形象挽回、稳定和巩固下来。

B）犹豫（优柔寡断）可以是一套辞令（"我拿不定主意"之类的话），因而是一块"屏幕"，或一个"声音"，某种讲话者不知道或者不承认知道的东西借它说出来，它是什么并不重要 ＝ 一段音乐，一部交响曲：让人在宽广绵延地展开当中听到所有可能的主题，其中有一个却是已经选定的（讲话者悄悄地倾向于做出的决定），经过一段纠缠不清的时间，主题骤然启动，奏响真情所欲之音：佯装犹豫不决的主体（还会有不佯装犹豫的主体吗?）对自己负有很大的责任：[[亚努赫，14]]他必须不断地侧耳细听，猜测什么才是关键的主题→犹豫是很难处理的：它并不（仅仅）是一种感性诉求（指一种病态），也是一门经营学，一种实践哲学。因为作家既从来没有任何确定无疑的东西（卡夫卡：我没有任何确定无疑的东西），也因之立即拥有了一种确定无疑的东西②。

2）关于"犹豫"就是这些。可是，也许应当与波动区别。[[索莱尔斯]]虽然我不太想处理这种情况，因为它涉及一位密友，一个我喜欢、尊重和钦佩的人，而且涉及一个"炙手可热"的问

---

① 指安德烈·纪德的《地上的食物》（1897）一书，书中的年轻人纳萨内尔被建议放弃一切道德立场，去尝试生活中的种种矛盾。（"最难以取代的存在"是纪德这本书的最后一句话。——译者注）

② "卡夫卡笑了起来。我也跟着笑，尽管我并没有弄懂。'只有痛苦是确定无疑的，'他严肃地说道。"

题，一个"鲜活的形象"，我想指出，也许应当从波动乃是一种严肃的思想的前景（而不仅仅是"不可理解"、"令人失望"、"败坏名声"）的观点出发，去解读、"弄懂"索莱尔斯→戏剧性的出尔反尔，反复无常，令人无所适从地搅浑水→三条看法：

173

A）对于知识分子作为一项事业的高贵而正确的检察官角色，显然存在着一个重新审视的问题：所谓"狂欢节般的"可以是一个人生平写作的一个方面；可是不要忘记，我们正处于对知识分子的"使命"作出"健康的"解构的积极阶段，这种解构活动所采取的形式既可以是抽身退出，也可以是把水搅浑、一系列不着调的断言。

B）知识分子话语的整体性（忠实性）所遭遇的震撼可以理解为一连串事件 {happenings}，目的是打破知识分子高度自我中心的道德观，因为他们以为高尚事业的代表自视，其代价当然是一种极度的孤独感（第一部小说《奇怪的孤独》①）。注意：happening 并没有被这种智力实践所"认可"，我倒是希望日后能够看到对后者的描写→知识分子的行为生态学。

C）实际上，我认为这种无羁绊的波动的、无所畏惧的音乐里有一个固定的主题：写作，献身于写作→索莱尔斯之"新"在于这种献身写作（每天早晨写出数页《天堂》）并非出自为艺术而艺术的常见立场，或是艺术 ＋ 承诺永远投某个阵营的票或为之背书的"公民作家"，而是属于主体的某种痴狂，反复不停地、似乎不知疲倦的妥协：开放的态度和渐趋稳定、自持的意象之间的一场斗争→

---

① 索莱尔斯的这部小说由 Seuil 出版社于 1958 年出版。《天堂》于 1981 年问世，但进入编辑则更早。

因为停止不动正是意象的天数→参照神秘派哈拉智①清除意象，[[上帝]]或许也可以参照晦涩难懂的拉康，即拉丁文通俗《圣经》的摧毁者。

3）抗拒：以知识阶层最有力，强烈反对接受和承认变化、波动：最好的例子是纪德/索莱尔斯的对立：纪德的犹豫不决有迹可循，因为这个形象是稳定的。纪德为变动制造稳定的意象 ≠ 索莱尔斯阻止意象产生。② 总之，一切都在意象的层面上，而非在内容层面上展开：意象才是群体永远能够挽救的东西（无论什么样的意象），因为群体有赖于意象的滋养；索莱尔斯的"丑闻"：他把意象当成靶子，似乎意欲赶在任何意象形成、稳定之前阻止它：连探索不同方向者的意象也不放过，后者挖掘各种矛盾之处，直至找出明确的道路（关于路线的神话：高贵）。甚至这样一个意象也似乎难以成立，因为各种行为的干扰十分刺耳，或者如人们经常对我说的那样（典型的集体用词）："站不住脚"。

（二）震荡时间

让我们从定见的领域（社会的想象界）回到存在的领域（努力，意向性，内在于主体）：陷入犹豫、波动当中的主体（我已经说过）：→这个主体：人们可能会有一种感觉，波动似乎是一种策略，是主体为自己准备的一种手段：为了达到什么呢？不是为了达

----

① 哈拉智（Al-Hallaj，858—902），阿拉伯神秘主义神学家，其理论阐述"主体的智力和意愿之间的意向的（爱情的）完整结合——即任何能让他说出'我'的东西——靠圣恩启动"（《伊斯兰教百科全书》，莱登和巴黎，Brill，1960）。

② "我们可别忘了索莱尔斯。——人们谈论的仅此一人啊！"见《作家索莱尔斯》（OC-Ⅲ，929）。

到某种升华（参见有关索莱尔斯的下文），而是按照一种不那么超验的伦理学，为了做到"恰如其分"，做到从前所说的那种"真确性"：[[《关于情绪的理论》]] [[开头]] 萨特谈到娜达莉·萨洛特时说："真确性，与他人、自己、死亡结成的真实关系。"①＝ 我留取这个词和整句话，只因最后一句话"与死亡结成的真实关系"，它们在我的语言习惯里都不常用→也许这一点能够规定生命的恰如其分（参见"绝望的生命力"），能够让人理解主体的一种"绝望的"策略性波动、更迭。

　　我们不妨像巴什拉那样认为：（在主体的存在方面，作为一种存在的生命的层面）波动、犹豫、交替都完成一段震荡时间（存在的能量 ＝ 震荡的能量）。[[巴什拉，131]] 震荡与恰如其分之间的关系，恰当的功效，这在台球运动员身上可以见到最佳说明②，他的动作看起来犹豫不决，然而最灵巧不过③→达成某些灵巧动作所 *175*

---

　　① 见《一个陌生人的画像》（语出萨特给著名女作家萨洛特的小说《一个陌生人的画像》所写的序言。——译者注），收入《情景Ⅳ》，13 页，巴黎，Gallimard，1964。

　　② 这个例子取自意大利哲学家李戈纳诺（Eugenio Rignano）的《论理过程的心理学》一书。关于台球运动员，巴什拉的看法是，"李戈纳诺只考察了肌肉能量的数量方面的情形；然而，他很好地说明巧用力量需要多与少两个相反的参照点。他还很好地说明，通过一种反射，过度紧张的肌肉对中心的关注导致放松，这种放松跟身体的因果关系所准备的动作正好相反。体质因果关系本来不应等待；它本会打出一次过猛的击球。可是，反射现象却造成一个无行动的间歇，随后得出了一个相反的结论。动作是通过一个矛盾过程发生的"。

　　③ "一部有关固体的运动理论将显示，最稳定的形象是从不协调的节奏获得其稳定性的。震荡的能量是存在的能量。原始的时间是震荡的时间。"（巴什拉，131 页）

需的二重性：多和少的辩证关系→台球运动员：（1）出于完成击打
的欲望而打出推进球，但肌肉过于紧张→害怕失机→（2）反制动
作：肌肉放松下来→反而担心因推力不够而落空→胳臂的不同的摇
摆幅度 = 迅速地连续产生相反的情绪→巧用力量：→多和少当中
需要两项参照。

震荡时间的恰当性：脱离了存在，可以再次回到集体，甚至
（尤其是）回到物种。

古希腊人（参照所谓上古人民）：由于有一系列极限的和相反
的连续状态（pathè〈心情〉），一年当中的生活极富节奏：许多集体
节庆，但是节日之间有一个留守、约束、节制的时段：[[téleutè,
askèsis]] téleutè, askèsis① = 节日（意思是"完成"，结局，完
结，结束 ≠ 训练）→节奏：在所有古老的社会里都很明显，尤其
在饮食方面（封建时代："勒紧裤带"，"盛宴"，肉类）（我们不妨
想象一套"生活"的"语法"：这个符号可以喻指一切交替活动）。
诗学的符号：聚合关系延伸为组合成分→请注意这个问题有其现实
性：尽管现代社会趋向于节奏的消失和各种"状态"的统合化一
（因为礼拜天的烦恼紧跟着每周的烦恼），法国人（好像以他们最
甚）似乎很怀念交替的做法（眷恋某个残存物）→关于时间的社会
学调查（法国人与时间）：人们更愿意把工作间隙合并起来（而不
是分散在一周当中），以便周末获得另一种生活（出门）：téleutè
askèsis 的残存物。

在物种方面，常见的有趣现象：冬眠，冬季休眠，春季彻底觉

① 希腊语，一个意思是"完成，实现，结尾"，另一个是"练习，实践，
体育运动员的生活方式"。

醒，令人瞩目（H. M. 谢尔顿医生：《守斋：千年技法》①，Laffont， *176*
1978，21页）：

> 关于哺乳类交配期的守斋，最知名的例子是阿拉斯加的雄
> 性长绒海狮。它整个夏天不吃不睡，在很长一段时间里只纵情
> 争斗和交配；此外，它还得捍卫自己的女眷免受肆无忌惮的外
> 敌的侵害。可是，这些剧烈的活动使它落得形销骨立。全身的
> 脂肪都消耗光了——而它整个夏天都靠这些脂肪活着。棱骨毕
> 现，身体侧面破裂，伤口外露。它已经筋疲力尽。它遗弃了女
> 眷，返回远离海岸的高大海草；它在那里的和煦阳光下舒展身
> 体。如果不受打扰，它一觉能睡上三个星期。

我们从这里可以转入另一个完全不同的熟语：爱情作为一种反
义修辞法，词语的搭配，"星辰的暗淡光芒"② ＝ 食物与（爱情和饮
用水的）耗竭：食物相互取代，却在消耗：从而产生了火焰的隐
喻，在吸收的同时耗竭。

---

① 马丁·麦考尼安（Martin Melkonian）改编的著作。巴尔特下面要念
出书中关于海豹的一段话，以及几行有关毛毛虫和蜉蝣的文字。
② 法国 17 世纪剧作家高乃伊的《熙德》第 4 幕第 3 场的台词："这道落
自星辰的暗淡光芒。"——译者注

补充之六

一周新事

（1）接到两条准确说明，可取代含糊的提法：
Cours〔课程〕＝ 一个集体记忆的过程：可以作为本
课的正确路线，因为此类对话把恭维和攻击都排除
在外，完成的是一种活动。

1）哈拉智①（9 世纪人）。

2）Hain-teny：马尔加什语（其实是一个梅利纳

---

① 阿拉伯神秘主义人士，巴尔特上一堂课提到了他的名字。

部落的一种文字"游戏")。 [[米海兹·阿卡尔]] 按照伯朗（译者①）所说，它是"语言的科学"，"词语的科学"，或者"智慧之言"。Hay：科学，（词语的）能量，但也是：热度，（词语的）烧灼：爱情，正义→与 teny 相近：责备，斥责→让言语行为活起来的东西→（我时常思忖一门有关言语行为如何伤人的课程）。

（2）收到一封信，匿名短笺，看起来跟这门课有关，因为是寄给法兰西学院的，而且跟这门课有点含糊的联系：用毕克牌绿色圆珠笔书写，4 月 30 日（有关"回答"的课程的次日）寄自蒙巴纳斯火车站：只有这样一句话：

> ……哪好 [原文如此②]，果真如此的话，那么您最好退休，好让我们也"安静一点"！

我公开这封"情书"的理由如下：

我们用科学方法刚刚开始揭示的东西：在任何言语当中，比"信息"本身更重要的是：寄往地，寄发的游戏，致辞，致辞策略，归根结底是一项有关求与应的想象的工作（情感的），运用意象的策略→在这个意义上，正如人人都能证实的那样，匿名信的攻击行为主要不在于信息，而在于它是匿名的 = 我无法回话③；我无论怎样绞尽脑汁，也不知道答复谁（除非向警察机关求助，其实他们也无能为力）：毫无办法：完全无能为力，被难住了，起诉权丧失：这是 machè，口舌之争的一种低劣手法。我们于是可以看到，回答

178

① 指法国翻译家米海兹·阿卡尔（Mirèse Akar）。

② 巴尔特念信时指出了原文的拼写错误。（原文把 Eh bien〈那好〉误拼成 Et bien〈哪好〉。——译者注）

③ 在另一张备课卡片上，巴尔特写道："匿名攻击：无论如何，写作是一种所有权，一个拥有的行为。"（罗兰·巴尔特档案库/当代梓行纪念学会）

未必针对某个内容，也就是反驳①，而在于能否或是否打算接着说下去：这在家长/子女的关系中是显而易见的。"回答"此时总是用做不及物动词，答话也被理解为不敬。→事实上，匿名者的行为方式很像一位古板的父亲或者暴君，把我锢锁在小孩所处的境地中（匿名信的意思是）：那你就别答话了。

我无法作答，却能够评论（小孩子们常常心里这样做）：评论＝把对于这个举动、事端的意识拔高到顶点；用不同于发出信息的语言的另一种语言（话语）谈论它，即转译、解读；调整代码的（音乐）谱号，以便改变音乐（不协调的声音）→因为总得在一种欲望（李柏特②）或者一场伤痛中坚持到底：中性不一定意味着一笔勾销（忍气吞声，无怨言），而更多的是迁移，变换地点③。（也不排除蜷身避缩，只要对自己使用避缩的语言）。

基于此，或许能够理解这一点，更带普遍性：实际上，评论、批评、写作是对于不想让我回答之人的一种答复：文字作品在一切回答之外舒展翅膀，好像一通宏大和持续的断言：这是我的初步看法（无论它是悲观的还是现实的）；然而，通过评论（积极的阅读），我对之做出了回答，打破了它强加给我的力量关系（任何作品、话语都多少施加这种关系）。

那好，既然这位无名先生（或者女士）责成我退休，我就在这里讲讲"引退"这个熟语吧。④

---

①　巴尔特在课堂上说："反驳这封信。"

②　让-米歇尔·李柏特，心理分析学家，巴尔特的学生。下一堂课巴尔特将宣读他写的一封信。

③　巴尔特在一张备课卡片上写道："我想要一次（暂时的）缺席，但不是拒绝：这便是中性。"（罗兰·巴尔特档案库/当代梓行纪念学会）

④　于是巴尔特说明，他要改变一下熟语的宣讲顺序。

引退

（1）（从世界、社交界）引身而退的举动，应该更确切地叫做
退隐；（2）退隐之所。

（一）举动

除了一个我待会儿要谈到的例子以外，我暂时不谈一个内容丰
富的宗教课题，即引退。退隐的举动：组织宗教生活的一个主要部
分（参见《如何共同生活》的课程①）。文学上有关这种引退的例子
不可谓不多：夏多布里昂，《朗塞传》，阿廖沙·卡拉马佐夫所期盼
的，但被劝止的引退，等等。

依旧随近日读兴所至（所以谈不上详尽，还差得远），三个引
退的举动。按我的理解，举动是脱离、分离的动作，未必带有戏剧
性（那是传统的定义，举动 ≠ 动作），却带有一种幻象的、欲望的
或者享乐的闪光的 quantum〔量〕：或许因为这个举动显然让主体感
到满足、惬意，或许因为别人的引退让我们梦幻般地心向往之，即
幻想自身置于这样一幅图景当中。

1. 卢梭 〔〔《漫步之五》，46 页〕〕

〔〔岛〕〕茅蒂埃村投石事件②以后，匿迹圣皮埃尔岛。这个小岛

---

① 这门课主要关注群体的生活方式，尤其是宗教的。

② 1765 年 9 月 6 日夜，卢梭在茅蒂埃村的住所曾遭当地反对者丢石块，
他随即决定离开这个瑞士乡下的避难处。——译者注

在碧安妮湖①上（纳沙泰尔湖以北）：鲜为人知，连在瑞士知道的人也不多（卢梭说）："对于一个乐于画地为牢的人来说，这个地点极为令人惬意，非比寻常。"（对于引退来说，"画地为牢"是个很棒的字眼）此地：独居的巨大乐趣："在这段自我禁锢的独居期间，如果无人相助或者清楚地看到，我就无法出门。"② →卢梭：忽然迁至此地，孑然一身，身无长物……把女管家、书籍和简单的行装都弄来了，但是乐得不打开行李，就让书籍堆集在那里……也没有写字台。

强调一下这次退居碧安妮湖的几个标记，此番是真正的引退，因为还有另外一个卢梭，还有"幻觉中的引退"（参见下文）：

180

（1）孤岛幻觉（十分知名：童年的幻觉，参照舟中幻觉）在此处实现（不过，难道还有比实现幻觉更令人惬意的吗?）：脱离坚硬的陆地，这意味着：自成一统；自成一统的乐趣：完满性（天堂的定义）（卢梭《漫步之五》，96页）：

> 岛上只有一所房子，可是很大，令人感到惬意和舒适，属伯尔尼市医院所有，如同这个岛一样。房子里住着一位收税员、他的家人和仆役。他在这里经管着一个有大批家禽的饲养场、一个鸟栏和几池鱼塘。岛虽小，地块和面貌却极富变化，有各种各样的景点和作物品种。此地可见田地、葡萄园、树林、果园和浓阴遮蔽的丰沃草场，草场边缘各类灌木茂盛，水畔一片清新气象；环绕全岛有一块高高的平地，栽种着两行树木，平地中央建起了一间漂亮的房子，湖岸一带的居民在这里

---

① 此湖位于瑞士伯尔尼州碧安妮市（Bienne）城北。——译者注

② 引自卢梭《一个孤独的漫步者的遐想·漫步之五》。——译者注

聚会，而且每逢收摘葡萄的季节，每个星期天还来此处跳舞。

　　自茅蒂埃村投石事件以后，我便躲到了这个岛上。留居此地真让我感到心旷神怡，我在这里过着一种与我的气质如此契合无隙的日子，以至于我下决心在此地度过余生。我没有别的担心，只怕不让我实现这个计划，因为它违背了把我弄到英国去的计划，而我早已感觉到那个计划可能导致的最初结果。有了这种困扰人的预感，我真恨不得把这个避难所当做终身的监狱，把我关在这儿一辈子好了，消除离去的任何可能和希望，禁止我同大陆发生任何联系，让我对世界上发生的一切毫无所知，忘掉存在，让别人也忘掉我的存在吧。

　　(2) 用永恒的梦境消除时间：永远栖身于此地和这种状态里→大胆的比喻："我真恨不得把这个避难所当做终身的监狱，[[永远的监狱]] 把我关在这儿一辈子好了，消除离去的任何可能和希望，禁止我同大陆发生任何联系，让我对世界上发生的一切毫无所知，忘掉存在，让别人也忘掉我的存在吧。"（事实上，卢梭说的永远 ＝ 两个月）永恒的监狱？＝ 免除（社会）责任。

　　(3) 陪伴，[[陪伴]] 引退 ＝ 这不算孤独：还有收税员（伯尔尼市立医院），及其家眷、仆人 ＋ 星期天来访的湖畔邻居。→外来人员不仅有限，尤其是已经代码化（星期天），故完全得到控制：社交 ＋ 收税员不构成额外负担：有趣而微妙的注解……"收税员，他的家人和仆役，他们其实都是极好的人，仅此而已。"此话何意？可以接受、无碍退隐生活，因为"无足轻重"：这些人不是"知识分子"、作家、政治人物：他们的"观念域"、"意识形态"不会干扰卢梭→引退或多或少意味着变化：轻微的、有时是平淡无奇的变化（此处我们其实已经十分接近中性了）→

181

（4）闲逸。最后，此番退居碧安妮湖的典型特征（相对于其他
引退而言）：目的：无所事事："宝贵的无所事事是我要完整品味的
第一位的、主要的享受，逗留期间我所从事的一切，其实都是一个
悠闲度日者的活动，其乐无穷，必然会有。"①因此，让我们强调一
下：没有书籍，没有写字台：暂停写作：代之以安稳恬静的活动，
因为卸去了责任：采集植物：着手撰写《圣皮埃尔岛植物志》｛Flo-
ra petrinsularis｝：描写岛上的一切植物；对植物的性活动尤感兴
趣。→概括地说：相对于知识分子的"学有专攻"，闲逸：用平和
的知识（也许心系已久：物化，总结）取代理念之争的乐趣＋提出
"生态学"：农事，健身运动，食欲，等等，特别是：边缘性的，类
似于安格尔的小提琴②（参见我与绘画）③。

2. 斯韦登堡

（斯韦登堡，瑞典人，与伏尔泰大约同时。科学家、化学家、
博物学家、工程师、荣誉被身；58 岁时：神秘观，骤变→27 年中
连获一系列启示→新的荣誉：整个欧洲都对他发生兴趣，投书给
他，他却从不作答。）

---

① 在卢梭的原著里，这段话出现在前引那句话之后。其中"无所事事"
一词，卢梭用的是意大利语 far niente。——译者注

② 法国 19 世纪画家安格尔在绘画休息时，常以拉小提琴自娱。故法语
有此一说。——译者注

③ 巴尔特在课堂上补充说："令人安静。"他引用瓦莱里和昆第连的话，
提到戴斯特先生的拉丁文座右铭：Transiit classificando，即"他一辈子都在
分门别类"。巴尔特提到了他自己的素描习作，说这种活动"由于没有义务充
当自恋者而十分悠闲"。见《昆第连的愉悦》（OC-Ⅱ，910 页）一文。

早期观点的背景：斯韦登堡旅行相当频繁；羁留不同的国家，　*182*
目的是刊行他的著作（每个国家一部！）→伦敦，1746 年。有租下
一个房间从事思考的习惯，住进与原居住地环境迥异的客栈：我还
要回到这个题目上来，因为此类第二居所使我感兴趣。[[斯韦登
堡，63]] 一天晚上，房间内，饥肠辘辘，吃得很多；餐后双眼迷
蒙，地板上有蛇爬过；参见彼得书，《使徒行传》：一幅帐幔从天而
降，帐内全是动物，"彼得啊，宰了吃吧！"① 连说三遍 ≠ 斯韦登
堡：看见一个人坐在房间角落里，全身沐浴阳光；蛇失去踪影。那
人说道："别吃那么多。"随后是一片黑暗，只剩下他独自一人。次
日夜间，身披祥光的人再次出现，说道："我便是上帝……我选中
你，为的是给人类解说《圣经》的真谛。我现在口授，你务必记
下。"→神圣的使命和指点迷津。（我想思考一下这两个相悖的命
令：宰了吃吧／别吃；可是那就必须追溯彼得所见景象的神秘含义。
斯韦登堡所见只是粗俗地涉及消化或"消化不良"，而且离题万里）
让我们回到他租住的客栈房间，离开原居地方便静思，因为这个地
点，或者说，这种借住两地的举动让我很着迷，由是产生几个想法：

(1) 栖宿两地→此处：为了便于"静思"，可是最常见的说法
是：为了方便做爱："入城寻欢"｛baise-en-ville｝② →"入城静思"
｛méditer-en-ville｝。这个置换不可小觑→享乐、隐秘，也许还是匿

---

① 《圣经·使徒行传》："那家的人正在预备饭的时候，彼得魂游象外，
看见天开了，有一物降下，好像一块大布，系着四角，缒在地上；里面有地上
各样四足的走兽和昆虫，并天上的飞鸟。又有声音向他说：'彼得，起来，宰了
吃。'……这样一连三次，那物随即收回天上去了。"

② 复合词 baise-en-ville 在现代法语里指装过夜用品的旅行手提袋。巴尔
特这里化用了"进城寻欢"的字面意义。——译者注

名的行为。静思：真正属于我自己之物，要求一个摆脱一切资财的空间，把我的行动、我与这个行动（不论做爱还是静思）的关系分离出来、实质化。

（2）必须对某种有关隐蔽活动的幻觉有所了解，我们在这里看出，它也许跟人格分裂式幻觉是一回事： [[良心]] for intérieur {良心裁判} 的幻觉 [不妨戏用一下这种歧义性：for {法庭} /fort {堡垒}：我心如堡垒（布吕诺·贝特尔海姆①的书名，专门谈心理障碍）；至于 for 的词源则十分复杂：forum {论坛} →市场，在市场里进行的运作→惯约→司法权，法律，价格（au fur de { 按照……的比率} ＝au fur et à mesure {随着……而逐渐……}）；西班牙语：fuero {法规} →法庭，教会的临时司法权（＝教会对外部事物的裁决权→≠对意识做出裁决，即良心裁判）。

第二个房间：犹如良心裁判，坚不可摧的堡垒：同一主体，两种人格的（历史的）神话：外向的、社会的、从事社交的人，被社交性的种种制约（虚伪，等等）所异化者 ≠ 内向的、真实的和自由的人→言而有信者/沉默不语者（或享乐的人 ＝ 超乎或无须语言的人）[[公/私]]。参照有关公与私的神话，有待清理；有一种说法：思想意识的资本家：然而被异化的正是"公"的市场运用（照片、采访、闲谈等）：针对把"公"转化为商品，"私"是一种十分自然的防卫→隐蔽性（或匿名）与自由合乎逻辑地合为一体。

此外，人格分裂的幻觉也许更重要。这一点得自于我自己的一

① 布吕诺·贝特尔海姆的《空城》出版于 1967 年，其法文版 1969 年由 Seuil 发行。[布吕诺·贝特尔海姆（Bruno Bettelheim，1903—1990），原籍奥地利的美国心理学家，以其在儿童自闭症和其他幼儿情绪障碍方面的工作而知名。——译者注]

个双重推想：1）我对于拥有多处住所（城里/乡下）的抵触，向往拥有一个经常性住所，以便休息和多做工作，坚持在任何地方都安排同样的空间结构，同样的"距离意识"（对此我已经解释过多次①）。[[一处/两处地点]] 2）有时我也愿意拥有第二住所，几乎完全隐秘，既亲切又生疏：在一个完全不同的街区（圣马丁运河，我从南戴尔区返家的路上，破败的旅店）→两场幻觉：a）画家的，有一间独立画室；b）突发远足的奇想（真正的幻象），把自己关在某地三个星期（海边的旅馆房间，冬季小沙滩），我将进行一场高强度的工作，写一本书，一部小说，等等。这并非完全是一相情愿，因为有警探文学和探险文学的见证：[[两个入口]]关于住所的幻觉有两个进口，其中一个当然是隐秘的：亚森·罗苹②→玄秘的办法最终成功地打破双重制约：一个蛰居之窝，起保护作用，但不是陷阱。

3. 普鲁斯特

普鲁斯特有没有隐居所？我始终认为有，强烈地认为有，而且拥有支持这个意象的凭据（伽戴克斯与苏莱，20 世纪卷③）：

这段神话的可爱之处：（1）1910 年塞纳河泛滥期间：普鲁斯特

---

① 巴尔特在上一年的课程《如何共同生活》讲到过。1977 年 4 月 20 日的课程专谈讲"距离意识"这个熟语。——译者注

② 法国侦探小说作家莫理斯·勒布朗（Maurice Leblanc, 1864—1941）的作品中的绅士怪盗。勒布朗之于亚森·罗苹的关系，正如英国作家柯南·道尔之于福尔摩斯。——译者注

③ 指伽戴克斯与苏莱（Castex & Surer）合著的文学教科书，曾经在法国中学里被广泛采用。

184 居住在一个岛上：半个巴黎淹没，地铁遭水浸，电车停驶，从圣拉
扎尔火车站到奥斯曼大道顿成泽国，大水漫入普鲁斯特居住的公
寓①。（2）公寓房间地面铺上软木，夜晚写作，朋友寥寥，等等。
[[潘特，198]]

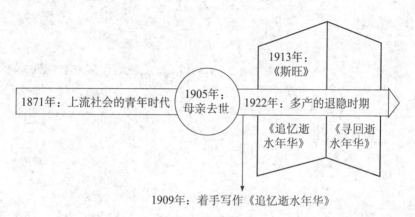

1909年：着手写作《追忆逝水年华》

　　这个神话的含义（这正是我感兴趣之处）：（1）投入"制作"，
就像在修道院里那样；（2）制作必得付出代价→确定能够完成，而
且是重要的工作；（3）感受一种超乎万物之上的乐趣，既是幻想
的，也是"实际的"；（4）这段神话可信，因其有内在连贯性：搜
集材料（观察，经验）＝社交生活，然后闭门幽居，结构成文：工
匠和农业的神话→采集→（建构的）内在性→（结果的）超越性。
这个神话能够实现吗？无论如何，假如可以的话，也必须在这个条

---

　　① 在潘特的《普鲁斯特》第2卷（巴黎，Mercure de France，1966）中，
我们可以看到这样的描写："可是普鲁斯特本人，虽然被洪水包围在孤岛之上，
却对一出不妨称作《站在蚕丝上的普鲁斯特》的情节剧感到兴奋。当洪水从门
前退落以后，他反倒发起愁来，尽管他说：'我不敢当着遭遇如此大难的众人
谈论我自己。'"

件下：不要在工作中随便什么时刻"闭门幽居"（即使条件比普鲁斯特的还要简陋）：别太早。神话的第四点，正确的做法：务需大力压缩材料（《追忆逝水年华》之前的多篇"火箭"便是很好的证明①）：闭门幽居——"性格分裂"——在我看来只在写作过程中才成立，写作阶段。这就是说，大概是个漫无定所的课题：取决于题材和作品类型？作品的玄奥的炼金术。

　　我已经说过：神话。实际上，我仅仅从刚举出的伽戴克斯与苏莱的概念图式里才发现了普鲁斯特的这个引退的意象。这个意象在潘特的书里要模糊得多：当然，在他母亲去世以后，他曾经有过退居疗养院（位于彼杨谷②的索利埃医生的诊所）的经历，为时六个星期；其实也是为了医治哮喘病→随后固然还有过引退，但是远没有上述神话所说的那么戏剧化，而且也是由于健康情况恶化。看不出有过真正的中断。可是按照神话所说，中断导致了引退；此处：白昼和黑夜之别。［普鲁斯特的生平：一直很吸引我（关于潘特的短文③）：我认为，这是生活与作品之关系的一种新提法→也许应该专设一门课程。这个题目我保留。］

185

---

① 《火箭》（Fusées）是波德莱尔去世后发表的思想笔记。巴尔特以此比照《追忆逝水年华》的酝酿过程。——译者注

② 彼杨谷（Billancourt）位于巴黎西南郊的一个区，多工厂和劳动人民。——译者注

③ 在《长久以来，我早早上床》（OC-Ⅲ，831）一文里，巴尔特写道："潘特是普鲁斯特的传记作者，他看出《追忆逝水年华》就是他所说的'象征性传记'，也可以说是'普鲁斯特生平的一部象征的历史'。"尤其可以参阅《平行的生命》（OC-Ⅱ，60）。

(二) 组织

引退是从内容获得"所指意义"的(变成有所意指:变成一个称谓)——内容其实是引退的组织形式:时间表,习惯,癖好 = 退隐下来的身体安排工作的方式。→普鲁斯特的癖好:如果有一天有所涉及,我们可以谈谈这个题目。[[斯韦登堡,358]]

(1) 一个不怎么知名的例子:斯韦登堡在斯德哥尔摩家中的生活方式。

房屋 + 花园 = 正方形。住房本身:促狭,不讲究;别人都不会觉得适宜。希伯来语和希腊语《圣经》+ 摘录簿。夜以继日地工作。"当他觉得准备好的时候"才去睡觉(无规律)。他的老女仆(园丁的老婆)唯一的服务:整理他的床铺,把前厅里的一个大罐子灌满水。从秋季到春季,书房里总是燃着火(为了给他煮咖啡)。卧室里从不生火,可是有上等的英国式盖被。(用炽热的煤和干柴)将火拨旺后便开始写作。在书房的壁炉里煮咖啡:加很多糖,不用牛奶和奶油,饮用不分白天黑夜。食物:只喝粗面粉熬成的粥和牛奶(参见斯宾诺莎)。

(2) 这样的安排与普鲁斯特有很多共同点,[[斯韦登堡和普鲁斯特]]因而有可能得出一门关于退隐的空间的分类学("空间":结构方面 ≠ "地点":那是另一个问题):1) 空间的绝对占有:"别人都不适宜",为他个人所用,不凑合。2) 打乱"天然"的昼夜节奏。普鲁斯特:以一昼夜为节律单位[1];对于斯韦登堡来说,绝非

---

① 昼夜的节律〔nycthémère〕是一个阳性名词。《利特雷词典》释义:"时段,包括一昼一夜或一整天,即24小时。"(巴尔特在课堂上说是"含24个小时的单位,但其间黑夜和白天对调"。)

如此：需要时才睡；普鲁斯特：噪声问题。3）舒适程度：引退写作并非苦修：暖和。[[潘特，200～201]] 4）有人侍候的重要性（把写作与收益联系起来了）：斯韦登堡，极简朴，但无须事必躬亲，不需外出采购；普鲁斯特：极奢侈，夜里有尼古拉·高丹服侍，清晨 4 点钟前后塞林娜接班，为他准备咖啡。5）斯韦登堡的食物千篇一律：粗面粥和牛奶而已。普鲁斯特 9 点钟用晚餐：从圣拉扎尔火车站买来的三个羊角面包，滚热的牛奶咖啡，用一把保温咖啡壶煮好，"一碗热气腾腾的牛奶咖啡"，几个加了奶油调味汁的鸡蛋，油炸薯条盛在一只银盆里（最让我惊讶的就是这个），还有一些加热的水果。有趣的是：奢侈与千篇一律结合①：参照西班牙国王赏赐给法黎内利②一大笔酬金，让她每晚为他演唱同一首抒情歌曲，14 年未变：似乎千篇一律（重复）足以造成引退。[[财产]]

（3）安排引退引出一个财产问题。财产分两种：1）坏的：攫取意志，守财意志，变为己有，多贪多占：＝l'ad-rogantia〈非分的要求③〉≠2）好的，或者至少是可以接受的：微不足道的财产，即退隐生活的那一种，超脱，孑然一身，隐姓埋名：不显山露水，无任何色彩；也就是凯奇所说的"日常用度"（不涉及他人）；也许是

---

① "整整一个月没变，还有那苹果，我们都腻烦了。"仆人们抱怨道（潘特引用的话）

② 指西班牙国王菲利普五世。见《走出电影院》一文（OC-Ⅲ，256）。[法黎内利（Farinelli，1705—1782），真名为卡尔罗·布洛奇（Carlo Broschi），曾按当时的行规遭到阉割，后成为 18 世纪最著名的意大利"女"高音独唱家之一。——译者注]

③ 巴尔特用连接号隔开拉丁词"傲慢"的两个构词成分：ad-rogantia，以强调该词用于本义。故此处采用了不同的译法。——译者注

个怪想法：中性或与这种微薄的财产，或者说与这种财产之微薄（参照碎帛，零钱）有联系：一份私人空间的所有权，意义互不关联：几件所谓"个人"用品的所有权：其实不如说是个体化的质料而已（花盆，挂钟的黑色大理石，一幅浪漫雕版画的老旧画框），带些许纪念意义的质料→某种意义上的距离意识①：物品犹如身躯的动作。这种对微薄财产的感情很可能要么是神经官能症（属于心头牵挂的小物件：我的指甲刀，我的笔，等等），要么是社会的、历史的或阶级的：完全可以归结为一种小资产阶级的态度：它是资产阶级所有权的微缩版（就像独立住房是田产的微缩版一样）；这一点的确与古代贵族的态度不同：对待秘密的无所谓态度（凡尔赛宫）：[[迈斯特，221]] 俄国贵族：关于《战争与和平》里的老亲王保尔康斯基·斯特罗格诺夫伯爵②，约瑟夫·德·迈斯特是这样评说的："他的宽敞豪宅里根本没有卧室，连一张固定的床也没有。他睡觉跟古代俄国人一样随心所欲，不是睡在长沙发上，就是睡在露营用的窄床上。"亦可参照现代社区内剥夺距离意识的规则→偏激性，但也有最终的反抗：公共厕所。

（三）处所（sitio）③

所有这些：内部空间的组织。可是还有另外一个问题，至少是另一主题：选择一个适合逗留，独居，"感觉还不错"的地方。

（1）逗留某地：随遇而安。此类例子在文学作品里大概为数不

---

① 指物体与空间的关系，在《如何共同生活》中多有阐发，是那门课程所处理的熟语之一（1977 年 4 月 20 日的课程）。

② 沙皇尼古拉二世的御前总管。这段话引自迈斯特的《圣彼得堡的夜晚》。

③ 西班牙语，意思是"地点"。见本讲稿原文第 45 页。

少，羁旅者停驻某地，感觉不错，逗留 ＋ 有许多神话涉及逗留地，隐居处，上帝指定、分派的（城市的）屯居点。[[《布朗丹之航》]]例如：《布朗丹之航》①：凯尔特人的修行生活：帕特里克（5 世纪），高隆邦（6 世纪；爱尔兰）②：彻底逃离世界，把自己奉献给上帝 ＋ 通过海上跋涉实践德行，前往某荒僻小岛，修筑一所崭新的修道院：例子：布朗丹③（＋580）：率领 14 位信徒，避世，在爱尔兰和苏格兰之间的海上奔波七年 ＝ 羁旅者→《布朗丹之航》里的传说（11 世纪）。

（2）偶然性（或上帝）：＝ 标记。如果没有标记呢？假如主体非得有一处空间，一块疆域，一个毫无差别的视阈，却不能够有标记，又当如何呢？[[开阔地，24]] 很简单，那就是焦虑，这一点至少从老鼠身上的实验得到了证实：小白鼠 {mus musculus} 的情绪反应：（大小便）＝ 在一个环形池子里的焦躁反应，池中没有地形参照标志 ＝ 一个 open-field④ ＝ 最强烈的焦虑→焦虑感降低→方

188

---

① 原书名为 *Navigatio Brendani*，11 世纪一位不知名的爱尔兰僧侣所作。很快流传于全欧。拉丁文版 1836 年于巴黎问世。[据英译本章后注，此书名为 *Navigatio Sancti Brendani*（《圣布朗丹之航》）。——译者注]

② 圣帕特里克（St. Patrick，386—461），爱尔兰主教。英国国旗上的白底红色交叉十字级即代表他。另，名叫高隆邦的爱尔兰圣徒有多位，此处当指圣高隆邦（St. Colomban，543—615），他曾经到西欧和南欧乡村传教和修建修道院。——译者注

③ 当指圣布朗丹（Saint Brendan de Clonfert，484—577），人称"航海家"的爱尔兰基督教僧侣。——译者注

④ 英语"开阔地带"之意。巴尔特是根据心理社会学家关于人和动物如何熟悉地形的说法。"这种没有地形参照物的环形池子造成一块开阔地的局面，十分适合于暴露夜出昼伏的动物的情绪，因为它们的自然生息状态更为动荡。"

形的池子→有四条通道的迷宫（迷宫 ＝"没有任何暗藏机关的设置，按照必须找到和选择通往不变出口的捷径而设计"——《动物行为研究引论》，183~188 页，Nathan，1977）→环形为 T 字形→迷宫则为 Y 字形。请注意这一点：至少对于动物来说，焦虑感并非来自于在两条走廊当中必择其一（Y 字形迷宫，布吕丹之驴①，双重制约），而是因为所有的通道都是可能的，甚至面前没有一条现成的"通道"：open-field 的无人空间→也就是说，必须看到：无论怎样，如同，看来 open-field 跟逗留地点一样最令人焦虑：托尔斯泰，1869 年：写完《战争与和平》。8 月 31 日，他带着一个仆人前往奔萨的地方政府，打算在那里购置一块正在出售的地产。途中在阿赞玛斯过夜。"他被领进一个四壁皆白的房间。当他看见房间呈正方形的一刻，他感到一种无从解释的惊惧。"凌晨两点：可怕的焦虑感，害怕死亡→这也是一个 open-field（因白色而增强）。（霍夫曼与皮埃尔：《托尔斯泰生平》，170 页，Gallimard，1934）

（3）处所→因此：寻找切合的（此处正好用这个词）地点 ＝绝对适恰的地点，自觉很舒服：可能由微小的变动造成。

动物：猫给自己找睡觉的地点：小心翼翼、以厘米之差为计 ＝行为生态学的概念 preferandum〈偏好〉：[[动物行为，8]]在一个群落生态环境——空间位置的固定形式——当中：动物偏好某个地

---

① 布吕丹之驴是以 14 世纪法国宗教怀疑主义哲学家布吕丹（Jean Buridan，1300—1358）名字命名的一个悖论：面对两堆等量等质的干草，一头完全理性的驴将会饿死，因为它无法理性地决定究竟该吃那一堆。——译者注

点（例如温度），并且避开其他同类①→人类：家居生活的概念"窝儿"＝"舒适点"（温度：20 度，但包括了墙壁的温度）。

　　巫术：利用跟麻醉品有关的巫术形式进行研究：卡尔洛斯·卡斯塔内达《魔鬼草和小烟云》，Soleil noir，1972，32 页起。唐璜，一个前不久皈依的白人青年。他的庇护人（印第安老头）告诉他，头一件要做的事是找到一个不会感到厌倦的处所（sitio）。他在前廊里兜了好几圈才找到这样一个地点②：体会每一个位置，直到找到适当地点③。沃尔特·本雅明（289 页）：马赛的印度大麻（初次尝试）：他出门去了一个叫巴索的餐馆。仔细地寻找地点，变换好几次，出于各种慎重的考虑（我们的日常经验：在餐馆里找个座位）。

　　这涉及总是被说成十分神秘的方向感→有必要清点一下巫术神话，泛心理学的，动物行为学的。逸闻逸事是不胜枚举的：取向：似乎在寻找一个真正的地点 ＝ "好"地点→＝一种极普通的形式，内容多变的动作：既可能涉及地理学，也可能涉及社会学（政治）。例子：巴厘岛人（贝特森，129 页），一个极为刻板的社会的例子＝强烈地依赖于空间取向。无论做什么，首先得把四大基本方向确定下来；如果一个巴厘岛人搭车走上蜿蜒小路，就会失去空间参照

─────────

　　①　在题为"若干无脊椎陆地动物的偏好"一章里，可以读到如下说法："在一个群落生态环境中，同类动物中的一些个体表现出对于居住地的相对固定不变的偏好，这在很大程度上出于环境的物理因素，例如温度、照明程度、湿度……这种观察的后果是更重视能够说明空间定位的'偏好'的因素，不管单独还是结合起来看待。"（巴尔特上文提到《动物行为研究引论》中的小白鼠的例子，英译本注明这段话出自此书，即图卢兹第三大学心理生理学实验室的一份研究报告。——译者注）

　　②　"他让我注意，我坐在地上这么久会疲劳的，我得在地板上找一块地方（sitio），我在那里不会觉得累。"

　　③　"地点的好坏……是一个人是否幸福的关键，尤其是在求知的时候。"

物＝彻底迷失方向，什么事也做不成：跳舞的人跳不下去。然而（这一点才有趣），垂直方向、社会等级体系亦如此，方向乱了，人也就乱套了：一个巴厘岛人在种姓制度里需要摆正相对于别人的位置，假如失掉了这个位置（不知他人在这根轴线上位于何处），就不会讲话了，不知道如何同别人讲话（参见关于言语活动的位置和方向的策略①）。

（4）保持间距。我们已经看到：一个可居住空间（所谓 eidos②，引退的目的）＝ 一处有参照物的地点（≠ 小白鼠所在的圆池子）→ 中性 将是一场在参照物之间保持良好距离的微妙艺术（包括情感领域里的参照人物。参见去年的课程，有关鱼群之间至关重要的距离③）：

190　　中性 ＝ 保持间距（产生空间），但不是拉大距离，拒而避之④。日语里一个极重要的概念，所谓 ma {间}⑤：时空距离：时间性和空间性的规则：既不是蚁拥蜂攒，也不是"溜之大吉"。

让我们把日本的这个办法延长一下（≠ 康德主义）：它既没有把时间也没有把空间观念化，而仅仅把间隔，即两个时刻、地点、物体之间的关系观念化了→我们试想一下（这与引退有关）在主体

---

①　"两个素不相识的人相遇，在开始随意交谈之前，每个人都必须让对方明白自己在种姓制度中的地位。"（贝特森）

②　希腊语，其意义之一是"实质"。见《亮室》（OC-Ⅲ，1 118，1 148）。

③　见《如何共同生活》中的"群落"。

④　巴尔特在页边记下了埃里克·马蒂（Éric Marty）的建议：将中性区别于保持间距，即分散的物体之间的距离，而中性则更直接地指主体与客体的距离。（作家马蒂是巴尔特的学生，主持过《纪德日记》和 5 卷本《巴尔特全集》的编辑工作。——译者注）

⑤　"'间'指两个瞬时、两个地点、两种状态之间的全部关系，全部分隔。"（《间隔》，OC-Ⅲ，340）

之间保持距离 [[布朗绍：《交谈》，109]] →布朗绍有意把保持间距跟中性联系起来："现在，问题的关键和要求建立关系的东西，是所有造成我与他者有别的东西。所谓他者，即我与之无限分离者，是使之无限地外在于我的分离、差异、间隔，而且它要求我们之间的关系建立在这种断裂之上，这是一种存在的断裂。必须重申，出于这种变异性，他对于我既不是另外一个我，也不是另外一种存在，更不是存在的某种普遍样态或者时刻，亦非一种超存在，一尊神或者非神，而是距离无限遥远的陌路人……一种叫做中性的变异性……""既然出现了按照中性去理解的他者，那么在关系的领域里便有一种畸变，任何直接的沟通，任何统一的关系都被它阻断……"

这里产生了曲线间距的概念（我仅转述而已）。中性属于曲线吗？关于间接性的执著理论，布朗绍援引勒维纳斯说："空间曲线表达着人与人之间的关系。"还有那句美好的民谚，我觉得知道的人不多："上帝秉笔直书曲线。"①

（四）新生（但丁的《新生》②）

作为一种幻象，引退显然与生命中的极端而彻底的转变有关：极活跃的幻象，尤其是进入晚年以后（问题不在于不衰老，而是如何活到老）。关于这样的 Vita Nuova ｛新生｝，三条看法：

191

---

① 这句葡萄牙语 "Deus escreve direito por linhas tortas" 被保罗·克罗代尔用做《缎子鞋》一剧的题铭。

② 但丁在 1292—1293 年间写成《新生》。参见《就职演讲》（OC-Ⅲ，814）一文："米什莱在 52 岁上开始他的新生：新的作品，新的爱情。我虽然比他老（你们知道，这样比附是出于爱慕），但是同样开始了一次新生……"巴尔特还写道："我在很长一段时间里，很早就上床睡觉。"（OC-Ⅲ，833）这些都与但丁和米什莱有所交集。再有，《新生》是巴尔特身后遗留的一系列笔记（OC-Ⅲ，1299），其中便有不久以前关于文学的"1978 年 4 月 15 日的决定"（OC-Ⅲ，1300）。

1. 幻象的构成特点：偏激性

＝一种毫不妥协的欲望和决定→新生（引退）无所不包：地点、社交关系、服装，等等。[[卢梭，道家]] 例子：卢梭（此处谈幻象，与真正引退到碧安妮湖小岛完全不同，我在本课开头已经分析过）《漫步之三》（卢梭：《退想录》，第60页）：

> 从青年时期起，我就把四十岁之数定为一个限度，作为我争取成功的努力以及各方面的抱负的期限。我决心一到这个年龄，不管处于什么状况，就不再为摆脱这种状况去挣扎，余生得过且过，再也不为前途操心。时限一到，我就毫无困难地执行了这个计划，即使当时我的命运似乎还可以让我获得更稳定的生活条件，我也放弃了，不仅毫无遗憾，而且真心实意地引以为乐。我摆脱了一切诱惑和不切实际的幻想，完全投入了疏懒松懈的生活，并且让自己的精神休息——这从来就是我最大的爱好，最持久的气质。我脱离了社交界的浮华，抛弃了一切装饰，不带佩剑，不揣怀表，不再穿白色长袜，不再用金色饰带，也不戴头饰了，只戴一副普通的假发，穿粗呢衣服。更重要的是，我把使得这一切显得重要的贪心和垂涎从心底里连根拔除了。我还放弃了根本不适合担任的职务。我从那时开始誊写乐谱、按页取酬这项我一直十分喜爱的工作。①

这似乎是一个典型的概念程式：社交生活的愉悦（感官的和自

---

① 巴尔特在课堂上加入一条有关誊写的看法：誊写工作可参见《布瓦尔和佩居谢》。（在福楼拜的一部未完成的同名小说里，两个主人公布瓦尔和贝居歇都从事誊写员的工作。——译者注）

恋式的）→烦躁→折磨→向往中性。→事实上，拒绝尘世乃是想象
界的最后一道诱惑：摆脱诱惑 = 顶级诱惑。可是，为何不屈从于
这种新的诱惑呢？当事人心中并没有获得平静……

　　由此生出一种智慧：[[道，葛罗涅，110]]道家的"智慧"，
依旧无系统①，甚至是与幻象恰恰相反的行为：得道之人尽量不去
运用什么权威，不履行什么功能；假如非得如此不可，也会保持距
离："温情的善意"（参见熟语"干巴巴的善意"）。反映在今日的经
验世界中，那就是一连串暂时的引退，连周期性的组织也没有。但
是，正是这种无组织，这种可预料节奏的缺失，能够或者将为周围
世界提供一个不可理解的、"丑闻般的"主体的形象→"下潜"的主
题（所以，答复这位匿名者：我是会退休的，包括从法兰西学院，
不过我将依照自己的节奏退休，而不是遵照谁的命令！）。

192

2. 老龄

　　在我看来，在这个时代的所有有关衰老的符号当中，最令人气
恼的就是谈论老人的方式：既喧闹（说个不停）又狭隘（制度化的
言论②，"法定的退休"，"养老院"）→恰如中性有两种，一个是积
极的，一个是反作用的（非此非彼），前者"高尚"，后者是恶作
剧；同理，也有两种晚年，两种引退：

　　（1）"平淡的"、被抹掉的、干干净净的晚年，自我压抑的那一
种，掩名埋姓，不显山露水，不敢报出自己的名字③："第三龄"：

---

　　①　"说到底，中性是不成系统的东西。因此，有体系的引退不是中性。"
（OC-Ⅲ，1063）

　　②　巴尔特在课堂上说："可是从来不从生存方面谈。"

　　③　巴尔特在课堂上说："这一点可从另起名字得到证明。"

社会也不敢报出故去者的名字，以及死亡的临近性——或不可避免性→制度化的"老龄人"之说（"引退"的行政叫法→"退休者"）。有享受舒适的权利，组织小型娱乐活动。比起远古社会当然是进步：[[诡辩派，113]]凯奥斯岛①上好像有一条法律，规定 60 岁以上的老人必须饮毒芹汁②：不过，这些都不足以使晚年获得生机，使之本身具有意义，因为今日没有与晚年相对应的象征性标准，缺乏对任何特殊价值的认可：智慧，远见，经验，眼光。

（2）晚年的强烈的生存状态：认识、谈论、咏叹自己的命运、悲剧性、"绝望的生命力"→米什莱就他自己所走过的道路说："晚年啊，这场无尽无休的折磨。"→我很想引用这段文章，很可怖，但是对于劫祸的描写十分有力，农神诗体，出自米开朗琪罗笔下（他最后的几首十四行诗之一）→文艺复兴晚期：[[霍克，16]]世界不再是一种和谐的宇宙秩序：是一个 terribilitá③（用于米开朗琪罗的作品④的字眼，见豪克，82）：[[感性诉求]] [[晚年]] [[米开朗琪罗]]

在最后的一首十四行诗里，米开朗琪罗说道：

---

① 爱琴海中的岛屿，属希腊，今称基亚（Kea）。——译者注

② 自然哲学家和智者凯奥斯的普罗蒂科在雅典被判处饮毒芹自尽，罪名为腐蚀年轻人，"就像苏格拉底一样"，翻译者和评论家让-保罗·杜蒙补充说。

③ "政治秩序和世界道德规范已被打乱。"在《虚幻艺术的迷宫》一书里这样注明，《媒介》丛书，巴黎，Denoël Gonthier，1967。[意大利语 terribilito 本有"令人敬畏的肃穆"之义，西文艺术译论用语。例如米开朗琪罗的许多雕塑作品便令人心生这种感受。古斯塔夫·勒内·霍克（Gustav René Hocke，1908—1985），德国记者和艺术史作家。——译者注]

④ 米开朗琪罗写于 1548—1549 年间的三行韵诗之一。更直白的译文见《米开朗琪罗诗歌》，巴黎，Imprimerie nationale，1993。

好像封裹起来的骨髓，隔绝、可悲、孑然一身，我是瓶中的酒酿［乙醇，普通酒精］。这坟墓般的住所滞碍着思绪的奔涌，蜘蛛及其同类织就了灰暗的重重网络。人们用膳和服药后，即在我的门外恣行方便，我习惯了阴沟里的尿潲、夜游的疯人、懒猫和腐尸的恶臭；倾倒此类东西的夜壶和便桶也万无一失地光顾此地。不错，我的灵魂要比身体安逸得多，因为如果它嗅到这一切一定什么也不会留下，无论面包还是奶酪。咳嗽和寒冷使我战栗，劳作把我耗尽、撕裂和揉碎。我以往就餐的客栈已经无影无踪，忧郁与我为伴，休息让我难熬。爱情之火已经熄灭，灵魂也已消磨殆尽。我像被关进罐子里的胡蜂一样喋喋不休，我是一副填满骨头和筋肋的皮囊，肚子里填满了石块。我双眼朦胧、病态，说话牙齿摇撼不停。我的面孔丑陋得吓人，一只耳朵里有蜘蛛安窝，另一只有甲虫蹭来蹭去，搅得我难以成眠。爱情、艺术之神、鲜花、岩洞，全都淹没在泥沼里。如果你意欲跨越海洋，最终却陷足泥沼，那又何必制作这许多"布娃娃"？我尽知如此受人称羡的艺术的秘密，可它们却把我带到这步田地。衰老、悲惨、受制于人，即使不立刻死去，也会变成走肉行尸。

这篇文章不是出于一个"退休人员"之手，而是抽身而退者，一个被遗弃者，他把生命力注入了写作。

3. 赤贫

中性：我常常有一个梦，下决心终有一天把家什清空：预想中的举动，手边只保留最低限度的物什：什么都不留双份（钢笔一杆，铅笔一支）；担心身后物什壅塞。这件事本该 60 岁做（神奇的

194 　整数）。但是我尚未着手。我仍旧有购物的冲动→那将是一种建树，不是建构空虚（这个字眼不可滥用），而是建构一种微末性，一道通向"变哑"的那一刻的缓坡，就像一个元音那样①。

　　不妨试称之为：茶室之梦（Sukiya）简陋的农舍→表意字：幻象之屋，空房子，不对称的房子：总是留下某个未完成的东西，让想象力补足→优雅的简陋②。

　　很自然，这一点或其他类似举动都与僧侣的赤贫有关：道元和尚③（禅宗大师）说："除了袈裟和钵多罗，任何小物件都切勿保留。"→此类戒规往往被从反面理解——或者说，人们忘记了它的反面，因为这句话的意思是：我不可须臾离开袈裟和食钵，这是我的两样凑手物件，我每日靠它们奠定正身，即虽然微不足道，却也许是味道醇美的赤贫。→不要忘记把"可行的/遭禁的"读两遍：把可行的当成被禁止的反面，或者反过来："以眼还眼，以牙还牙"：这个熟语是否可怕，残酷，厚颜无耻？可是它同样意味着：仅以一眼还一眼，以一牙还一牙而已。不过我们离那种境界还差得远呢！

――――――――――

　　①　当指法语词尾哑者 e。——译者注

　　②　这段话巴尔特在课堂上没有念出。依据的是冈仓天心的这段话："（Sukiya）只想成为一间简朴的农舍，别无他想——一间茅草屋……Sukiya 最初的表意字的意思是'幻想的房子'……Sukiya 这个词也可以表示'空房子'，'不对称的房子'…… 这正是一所'不对称的房子'，因为它指对于不完美的崇拜，而且那里总是故意留有一点未完成的东西，让想象力随其所欲地去补足。"〔按照冈仓天心在《茶艺》（又译《茶之书》、《说茶》）一书里的解释，这里所说的 sukiya 的表意、字即汉字"数寄屋"或者"数奇屋"，有"喜爱向往之屋"的意思。——译者注〕

　　③　道元和尚（Dogen Kigen，1200—1253），日本禅宗曹洞宗创始人，曾于 1225—1228 年间入宋学禅。——译者注

1978 年 5 月 20 日^①

傲慢

　　巴塔耶^②曾经在某个时候谈到"科学的傲慢态度"^③。在西方话语的另一个全然不同的地点，〔〔智者派〕〕智者普罗泰格拉的一篇论文以《论痛斥》（*ka-*

---

①　这堂课巴尔特没有提出补充，他的引言是这样的："每个人内心都有自己的补充。"

②　乔治·巴塔耶（Georges Bataille，1897—1962），法国作家和人类学家。——译者注

③　见巴尔特针对巴塔耶的《大脚趾》一文的评论《文本的出口》（OC-Ⅱ，1614）。

taballontés logoi)① 作为题目。→在"傲慢"的名目下，我汇集起一切构成恐吓、压服、支配、断言、倨傲的话语（言语）"举动"：它们仰仗权威，仰仗为独断的真理或者罔顾他人欲望的索求提供保障。

凡有信仰、确信、攫取意志、支配意志的地方，即使它们存在于某种固执的要求当中，言语的傲慢就会侵入：从政治话语到广告话语，从科学话语到"场景"② 话语，清点傲慢话语的工作是没有穷尽的。我们将不做这样的清点，这种类别研究；最好还是琢磨一下，在那么困难的条件下，一套话语才不会那么傲慢（参见本节末尾，关于写作）。

我只挑选几个互不联系的片段，它们尤其与傲慢的若干侧面有关。

（一）厌食症

先谈谈傲慢从何处开始：当我们逼迫一个没有饥饿感的人进食的时候（鲜活的表象，回忆我病中的母亲③受苦，煎熬，即使不饿也得迫使自己进食的噩梦）。

196　　人类经历了数千年（至今依然）的饥饿；已经"进入神话"的、被言说的、"话语化"的，是饥饿，而不是其反面→［一般说

---

① "他认为所有的意象和定见都是真实的，真理却是相对的。"（让-保罗·杜蒙的注释，他还补充说："他的论文名为《驳斥》，或可译得更漂亮一点：《论痛斥》。"）

② 巴尔特在课堂上进一步解释说："家庭场景。"

③ 巴尔特在课堂上没有说"我母亲"，而是说"一个跟我极为亲近的人"。

来，人们谈论得更多的是积极的激情（"食欲"），而非"消极的"激情，即食欲减退]→[[纪德，136]]纪德本人就不无惊讶地发现（1949 年）《利特雷词典》里有个表示缺乏食欲的词："在生活面前，我变得缺乏真正的胃口；我在《利特雷词典》里发现了一个我以前不知道的字眼：厌食症，它说的就是这件事；没错，我就是如此。"

厌食症和心理分析学：就我在一次补充里所说，李柏特①来信问什么是无所欲求→此即厌食症的情形：厌食者对什么都没有欲望。李柏特在信中说：

> 厌食症患者没有欲望的对象，换言之，当拒绝他者所予的时候，他找到了足以维持换喻的条件，他会有他的理由。这个理由就是这种欲望不同于对象，以及他者什么都不缺少。因为欲望的他者，此处即母亲，只能尽其所有，用一种令人窒息的爱满足孩子的要求，似乎这要求是一种必须完全满足的需要。由于混淆了需要和要求，母亲为把孩子塞饱，强行填饲（我以后还要提到这个词），堵塞和禁锢了要求，没有给欲望留下任何地位和余地。换言之，厌食症患者的母亲没有留下任何可供欲求的东西。欲望应该留有所欲之物，而且是爱情的极点：欲望使人满足。在这片欲望的沙漠中，厌食症患者于是靠欲求乌有才保全性命。如愿以偿的孩子会这样说："除了你无法给我的这个乌有之外，我对任何东西都没有欲望。"如果进一步谈论这些词项，我们就可以说，这两个提法是彼此对应的：1）母亲：我不想留下任何可挑剔之

---

① 让-米歇尔·李柏特是心理分析学家，巴尔特的朋友。

处；2）厌食症患者：你的这种完满性没有给我留下任何可欲之物。

我并不想玩置换游戏，但须知"社会"、定见是处在母亲的位置上的。有人认为它们封杀欲望，可是我反倒觉得它们授意和强加欲望，迫使你满足欲望。

整个一部镇压的历史早有记载：使人挨饿的刑法。但在我看来，还有更残忍的：强迫进食（甚至备有专用刑具）；为了获取肥厚的鸭肝而强行填饲：gaver（填饲）〈前拉丁时期〉，高卢语：gaba，gosier〔喉咙〕，goître〔甲亢〕＋foie〔肝脏〕〈ficatum〔鹅肝〕〉，用无花果使之更油腻。傲慢：一切正面的强迫做法（≠禁规，我们总是提到它们）：强迫进食、说话、思想、回答，等等。要求是其初级形式：可能我对世界并不感到饥饿，可是世界强迫我爱它，吃下它，与它进行交换①。

（二）西方的狂热

西方：从一种宏观的观念形态看：好像一个精通如何傲慢的专家：看重意志，尊崇摧毁、改变、保存等努力；到处实行独断的干预。

布朗绍在克罗代尔②身上看到："这是个似乎过分现代化的人。全部现代思想，从笛卡儿、黑格尔到尼采，都是对意志的颂扬，一

---

① 最后这两段话在课堂上没有说。

② 保罗·克罗代尔（Paul Claudel, 1868—1955），法国诗人和剧作家。曾担任法国政府驻上海和福州的领事。——译者注

种制造、结束和支配世界的努力。"① (我觉得对尼采必须进一步细说：意志，强能意志？可是它其实更是：情绪，感性诉求，而非智能的、理性的意志。)

傲慢。整个西方的这种对于"意志"（对于傲慢，作为言语活动的意志）的呼唤，在这一点上尤其明显：我们的全部历史，全部历史叙述＝一部战争和政治的历史；我们只按照一种争斗的、支配的和傲慢的历时性去设想历史，在马克思以前便是如此：从希腊人到 19 世纪，从来没有（历史科学意义上的）一部神话史，意象世界的历史（高尔班②），隐秘活动史（例如，关于寻觅活动的故事，借助神灯的主题）。也许只有米什莱才……③但是遭到几代历史学家的鄙视，先是实证主义者，后来是马克思主义者。（年鉴派的贡献，因为自从吕西安·费夫尔④和马克·布洛克⑤开始，他们就对结构

---

① 见莫里斯·布朗绍的《克罗代尔与无限》一文，收入《即将问世的书》，92 页，巴黎，Gallimard，1959。

② 亨利·高尔班 (Alain Corbin，1903—1978)，法国哲学家和神学家，以研究想象世界和伊斯兰神秘学说闻名。巴尔特这里用的 imaginal〔想象〕一词是高尔班用语，指一个介于感觉和理性之间的、象征的世界。英译本引用了高氏本人的定义："想象的知觉的一种特殊机制，可使我们进入一个既非想象的，亦非不真实的，而是意象的世界，mundus imaginalis。"例如，西方广为流传的中世纪的"神灯"的故事。见高尔班《伊朗的伊斯兰教：宗教和哲学面面观》，第 2 卷，188 页，巴黎，Gallimard，1971。——译者注

③ 巴尔特在课堂上说："米什莱致力于一部有关状态、感受的感性的历史。"

④ 吕西安·费夫尔 (Lucien Febvre，1878—1956)，法国历史学家，年鉴学派的创始者之一。——译者注

⑤ 马克·布洛克 (Marc Bloch，1886—1944)，法国历史学者和抵抗运动人士。——译者注

和感受力发生了兴趣。)

　　我未知其故，仅"印象"而已，觉得"世俗"世界，"大家"的说话方式陷入了一种轻微的傲慢和语言的自负当中：没有羞耻心：我觉得羞耻心发生了倒退：无线电广播，临时召集的讨论会，交谈：似乎人们越来越不怯场了→在跟语言的关系上，怯场已经成为历史了吗？巴黎索邦大学的学生：我第一次当众讲话。那时候没有研修班，没有专题报告：除了口试，一个学生很可能四年当中一句话都不说。那可真不赖！让·施鲁姆伯格①讲到高乃伊②：我那时得把专题发言（speech）背下来→出了毛病→施鲁姆伯格为我而脸红→J. 叶特的那本表达慰问的书③。

　　[[费希特《课程 II》，82]] 费希特的出色阐述："高深的知识"：不是"哲学的"、"科学的"知识，而是出自"真理的自然精神"。"这种知识自命（取这个词的积极意义）真实，唯一的真实，而且是产生于明确表达之下的真实，包括其所有方面，而且声明凡是与之相违者均属谬误，无例外、无缓冲。它憧憬能够毫不含糊地施加

　　① 让·施鲁姆伯格（Jean Schlumberger, 1877—1968），法国作家，《法兰西新杂志》（NRF）的创办者之一。

　　② 皮埃尔·高乃伊（Pierre Corneille, 1606—1684），法国古典时期著名的剧作家。——译者注

　　③ 这个插曲说的是让·施鲁姆伯格的《高乃伊的快乐》一书（巴黎，Gallimard, 1936）。施鲁姆伯格在其《笔记》的未刊行部分里提到关于这本书的一个讨论会，在索邦大学召开，时间是 1937 年 1 月 27 日。邀请他的是索邦大学剧社，巴尔特也是该剧社成员。（此事承蒙帕斯卡·麦尔西埃面告）至于J. 叶特，此君也许就是与莫里斯·布朗绍有联系的那位图书馆员，即克里斯多夫·毕当的《莫里斯·布朗绍：隐身的伙伴》（Seyssel Champ Vallon, 1998）一书里提到的那位。

于任何意志，严禁犯错的自由；它彻底摒弃与相悖的东西做出任何妥协。……（对于某些人来说）给这种形式带来损害的，是它强迫表态，强迫人们在是与否之间立即作出抉择（对中性的猛烈攻击!）：他们想保留自己的声音，以防局面万一发生逆转。此外，用怀疑主义的鼎鼎大名来掩饰低能亦不失为适当的做法……" [[道，葛罗涅，127]]

东方的道家：有不少跟西方的这种智性"大男子主义"相反的思考。随便拈出两例：

老子：在母腹沉思了 80 年，出生时已是 80 岁老翁。① 老：上了年纪＋子：小孩→时而附带提及成年≠西方的狂热是期盼尽快成人，而且长久如此。

西方：意志，努力＝夸大难度，"大男子主义"地吹嘘如何困难≠老子：（道家圣贤）："解决棘手难题当从容易之处着手，处理大问题当从微细处出发。"②

（三）明证，解读

傲慢的纯粹形式（"基本的"、"原初的"形式）：利用明显的事实：宣称本意赢取之物是不言自明的→ [[迈斯特，115]] 约瑟

199

---

① 这句话原文说"出生时已是 4 岁老翁"。4 岁当为 80 岁之误。英译本已经改正。这个说法巴尔特并未说明出处，但在中国确实流传久远。例如唐张守节撰《史记正义》曾有"李母怀胎八十一载，逍遥李树下，乃割左腋而生"之语。法国汉学家安田朴（René Etiemble）为刘家槐译法文《道德经》（Gallimard，1977）撰写的序言里也提到过这个传说。——译者注

② 这句话课上未用。（此语当取自《道德经》第 63 章："图难于其易，为大于其细；天下难事，必作于易，天下大事，必作于细。"——译者注）

夫·德·迈斯特："无须研究和论证，便可知英格兰教为谬误。这从直觉判断便可立知；其谬误就像太阳是明亮的一样简单。"① ＝说得很漂亮，想法却是错误的。这里所说的想法错误，是指所思之物——或者所思未及之物——违背 18 世纪阐明的批判性思维的技巧，以及后来 19 世纪的科学思维的精神→有待研究（不过那将令人头晕目眩）：说得漂亮与想法乖谬之间的关系，说得好与明证之间的关系（→事实上：写作的全部问题便在于此）。

通过分析，（迈斯特所认为的）明证看来应可相对化、缓和下来、人性化、"除去傲慢"：解读：接受解读会减少傲慢→［［德勒兹，尼采，4］］这是对于解读的一种自由的看法≠尼采的看法："任何屈从，任何支配都是一次新的解读"→我们知道，尼采把意义和力量联系起来：意义（解读的结果和呼唤）永远是一记重击。→用极端的说法：除了暂时搁置解读、意义②，解决傲慢别无他途。

（四）概念

让我们从一种"哲学"出发（带引号的，因为问题恰恰是它成了一种"哲学"恰恰是个问题），它跟中性表面上有点相似：［［黑格尔，760 等］］希腊的怀疑主义；尤其是黑格尔分析过的（以及后来的科耶夫③）。［［科耶夫，8］］怀疑主义：完成一切知识的主观性；只承认否定性；后果："否定就是消除确定的东西，真实的东西，以及一切内容"→在这个意义上，怀疑主义所向无敌，但却是一种主观上的所向无敌："一个死心塌地要怀疑的人很难以说服，

---

① 这段话引自《论教皇》（结论部分）。

② 巴尔特在课堂上说："也就是中性。"

③ 在他的《异教哲学史辩》一书中 759～809 页。

无法把他拉回到实证哲学上来——正像无法让一个四肢瘫痪的人站立起来一样。怀疑主义就是这样一种瘫痪症——无法适应真理，只对自己确信不疑，不相信共相，而且滞留在否定和个人意识里。固守个异性恰恰出自于特立独行的意志；无人能使这样一个人回心转意。当然，你无法把任何人赶出虚无……"①

200

这就是说，怀疑主义（可以进一步推论，在某种意义上：中性）被驱逐出哲学了，只因为它没有保留哲学的"标记"：概念。

科耶夫：哲学自荐（假设）为一种"谈论概念的意向"：这是泰勒斯第一次提出来的。哲学也自命为（综合）关于概念的意义的（正确的和完整的）话语阐述：这是首次由黑格尔对泰勒斯的问题作出的回答（在有关知识的体系内）。②

这种自命（至少从中性的角度来说）＝哲学的傲慢→因而只有置身于哲学之外，才能够（才会）占据中性的空间，从中漂移：但这是件很平常的事：很多人拒绝哲学，而且日益增多，出于反智主义，即一种隐含的布热德主义③。但是，那不是中性对于哲学的"观点"：中性自我放逐于哲学及其合法的胜利之外：它不搞对抗，却避而远之：黑格尔不无敬意地揭露的"特异性"并非个人与全体之争，它只是除去、避免傲慢的共相，从概念中消除傲慢。

注意，质疑概念可用一种辩证的方式，从哲学出发或者在哲学

---

①　引自黑格尔《哲学史讲演录》第二卷《柏拉图和柏拉图主义者》一章的"怀疑主义"一节。——译者注

②　引亚历山大·科耶夫在《异教哲学史辩》中的说法。——译者注

③　布热德（Pierre Poujade，1920—2003），法国罗特省的一位文具店老板，20 世纪 50 年代率先发动抗税运动，要求保障小商业和手工业者的利益。从此更引申出"目光短浅的狭隘诉求"之义。——译者注

内部（更不用说尼采了，他不在哲学之内）：一部受益于马克思主义的哲学（亨利·勒费夫尔的，《论国家》，第 4 卷，15 页）："只有参照概念才能使思维具备坚实度，才能理解和沟通。若想说明其不足，揭示其里里外外，就必须从概念出发……"概念的肆虐？是的，跟国家的暴政一样。不对，因为运用概念意味着运用自我批评，那已经不是暴君所为了。

不过，把概念拆解（兼用此词的两义①）得最好之人显然还是尼采（《哲学读本》，181 页）："一切概念都产生于把不同的事物的同一化。"② →因此，概念：将分殊、变异加以省约的力量，变异即有形物，aisthèsis③ →因此，如果想拒绝省约，就必须对概念说"不"，不使用概念。可是，我们这些知识分子将如何讲话呢？借助隐喻④。用隐喻代替概念：写作。

（五）记忆/遗忘

记忆和遗忘一样倨傲无礼。让我们把这种矛盾摆平，或至少把它说明白，也就是说，让我们看看什么样的记忆，或是否有这样一

①　巴尔特在课堂上补充说："例如拆解一个机械装置，又例如使一位骑士落马。"（指法语动词 démonter 兼具"拆解"和"使之落马"两义。——译者注）

②　"一切词语都因其必然同时服务于不可胜数的，多少相同的，也就是在严格意义上说，从不相同的经验……这一事实而立即变为概念。"（《论超道德意义上的真理与谎言》，巴黎，Aubier-Flammarion，1969；我们引用的是 GF 版，1991）

③　希腊语，意为"通过感官知觉的禀赋，感觉"。

④　"概念……不是别的，正是一个隐喻的残留物。"（尼采：《关于真理与超道德意义上的谎言的导论》，124 页）

种记忆，能够从话语中去掉傲慢。

傲慢的记忆：任何自以为能够评判尸体的记忆→字面意义：克蒂亚斯的敕令①：[[智者派，194]] 宣布费利尼克斯（411 年遇害）的尸体为叛徒之躯，遗骨掘出，丢到阿提卡以外。 [[宗教裁判，24]] 同样，宗教裁判官→针对尸体的身后审判，被掘出、在箅子上拖拽、焚烧→批判和贬低死者的傲慢的嗜癖（青年人当中的调查：纪德："那个附庸风雅的老女人。"）

傲慢的遗忘：我要引用米什莱的这段话，依旧如此美妙和怪异："谁会记得？谁又会承认，人类对无辜的大自然曾经做过的那些势所必然的事情？酸浆汁草〈L'Asclepia Acida〉、无叶多枝藤〈Sarcostemma〉（多肉植物）是亚洲五千年当中的 hostie〈圣饼〉，看得见摸得着的上帝，让五亿人享受品食上帝之福祚，这种植物中世纪叫做 ［药用白前］，[[《女巫》，113]] 我们的植物志对其历史却只字未提。谁知道再过两千年，人类会不会忘记什么是小麦呢？"②（十分美妙，然而并非胡言乱语：蜡烛遭人类遗忘，除了在餐馆里；论斤出售的普通面包也一样）→历史（新近的理念）＝傲慢的话语，就被它保留的和遗忘的而言→米什莱的雄心：归还一切记忆：狂妄的雄心，因为只有极乐世界才会有→透明和美满的时代，近乎神秘的看法：中性，非经由遗忘，而是经由"恐怖的"记忆。

也许什么地方提出过这种不傲慢的记忆：依旧是文学。我说过（2 月 18 日的开场白）：在（确有生命的）所有历史人物当中，我见

202

---

① 在"一项残酷的举措"一节里，有"根据克蒂亚斯的提议，人民颁布政令"的字样。

② 这段话引自米什莱的《撒旦与女巫：中世纪迷信研究》。——译者注

到、记得他的死亡，真正死去≠不同于我欣然"消费"的虚构人物（想到、在记忆中把握），因为既然他并没有真正活过一场，也就不会真的死去：这不是说这样的人物（汉斯·加斯道普、阿廖沙、《伪币制造者》里的贝尔纳，等等）① 长生不老：与死亡无涉＝在聚合关系之外。例如：戴奥克利特虽然死了（＝俱往矣），可是我却永远不能告诉自己，他的《牧歌》中的某个人物也死了→虚构具有某种光辉四射的东西（光辉四射≠傲慢）→ [[本雅明，117]] 这种对于小说人物的特殊记忆，沃尔特·本雅明有出色的说明："梅什金公爵②的一生是永垂不朽的……这条生命永远不会熄灭……不死的生命［我则说：聚合关系之外的生命］是难忘的，是我们借以辨认它的符号。这条生命没有纪念碑，没有回忆录，也许连见证也没有，但是必然摆脱遗忘……"→我想补充说：被爱过的生命→爱的回忆，唯有它才超越傲慢。

（六）一致性—容忍

一致性会是傲慢的吗？对。力量的一致性＝完整无缺，高度集中（雅各宾党的傲气）。

Adrogantia〈高傲〉：推定→adfirmandi adrogantia〈傲慢的论

---

① 汉斯·加斯道普是《魔山》里的主人公，阿廖沙是卡拉马佐夫兄弟之一。巴尔特在《就职演讲》里提到过汉斯·加斯道普（OC-Ⅲ，874）。（《魔山》是德国作家托马斯·曼出版于 1924 年的小说。《卡拉马佐夫兄弟》是俄国作家陀思妥耶夫斯基的最后一部长篇小说。本讲稿原文 179 页提到过阿廖沙、卡拉马佐夫。贝尔纳是法国作家纪德 1926 年的小说《伪币制造者》中的人物之一。——译者注）

② 梅什金公爵是陀思妥耶夫斯基小说《白痴》的主人公。——译者注

断〉（西塞罗）：断言假定〈adrogo〔妄加索取〕〉：招揽，据有，僭取→ad① 的力量：趋附自身：拉近而使之与自身合一→整合派的各种强行一致、扩展的手段［用以往的宗教说法：＝骄傲，被圣托马斯视为最严重的罪孽（甚于淫乱）：必入地狱无疑］。

［［宽容性］］在举出三个有关一致性和傲慢之关系的例子——三个都取自宗教裁判活动——之前，让我们先简略地看看"不宽容/宽容"② 的问题：这在基督教文明的内部是个十分典型的问题：这一对术语的不平衡性：不宽容：贬义的；然而宽容呢，令人难堪，限制过多：［［饶利，13］］米拉波（1789 年 8 月 22 日）："我来这里不是为了宣扬宽容。在我看来，不受限制的宗教自由是一项神圣的权利，神圣得连表达它的'宽容'这个字眼本身看来都有些霸道，因为拥有宽容之权的权威的存在仅仅由于既可宽容，也可不宽容这个事实本身而有损于思想自由。"（彻头彻尾的"左"派的宣示）→请注意这种窘境的符号。不宽容：不让人逮个正着，能够看清它的只有历史；宽容：不那么明显，因为是消极的，妥协的。

（1）宗教裁判，不宽容的一统天下：但是从文档来看，极少提及酷刑，因为用这种办法榨取的供词只有通过不受限制的批准才会记录在案③（从而据信通过某种自发的方式取得）。

（2）最近，［［饶利，41］］联合国教科文组织有一本关于宽容

203

---

① 拉丁语介词 ad 有"趋向，接近，迎合，约略"等义。——译者注

② 《意象》（OC-Ⅲ，873）。

③ 英译本注明，这个说法出自戴斯塔（Guy Téstos & Jean Testas, *L'Inquisition*, PUF, 1974）。——译者注

的书（莫尔西①）：一本文选，文明世界有关宽容如何必要和美好的全部话语→可是没有效果，安抚性的。一部关于不宽容的文选则会有用得多；可是，教科文组织显然做不到；再说，不宽容怎么撰写呢？又如何能够做成"文本"？德·迈斯特吗？可是＝一位没有什么影响的纯作家，而且与时代脱节，只谈过去的不宽容，没有谈未来的不宽容（难以把握：我们这个时代的不宽容）。

"不宽容/宽容"这对字眼跟伏尔泰的奋斗有关：因此是一个在基督教框架内打造的概念（拥护宽容的斗士们如皮埃尔·培尔②把无神论者排除在外便可证明这一点）→因此，这个问题又增加了一个矛盾：温和的、仁慈的宗教→形成了独断主义、恐怖主义、不宽容、残忍、置人于死地的傲慢。[[宗教裁判，39]]要了解基督教的不宽容性（以及也许一切独断论的不宽容性，[[饶利，59，55，20]]参照洗脑，公民的、观念形态的再教育营），有必要重提一位宗教裁判官（贝尔纳·基伊③）的伟大的名言：Vexatio dat intellectum｛苦恼生智慧｝：让一个人吃苦便是启发他的精神，激励他往正确的方向思考。圣奥古斯丁也说过："你们是怎样对待自由意志的？——信仰是不能强迫的。磨难才能使受苦人思考，驱除奸诈：这样，对于真实信仰的服膺才能成为虔诚的和自发的！"（不宽容的

---

① 扎鲁勒·莫尔西（Zaghloul Morsy），摩洛哥诗人，著有《宽容。关于文选的论述》，Arabes 书局，1975。参阅《来自缄默的太阳》（OC-Ⅱ，542）。

② 皮埃尔·培尔（Pierre Bayle，1647—1706），法国哲学家和批评家，提倡宗教信仰的宽容精神，著有《历史与批评词典》。——译者注

③ 贝尔纳·基伊（Bernard Gui，1261—1331），中世纪晚期多明我教会的宗教裁判官，他在担任这个职务的 15 年内下令杀死被视为异端的 42 人。——译者注

创始者之一）：反对主张宽容的多拿派教徒（非洲基督徒，贫苦农民，罗马化程度不如高地居民）。圣奥古斯丁对他们大为光火（≠奥普达图斯①），因为头一件必须做到的事：使他者免入地狱，从而首先要说服，然后是约束：天主教政体非得对异端施加干预不可：罚款，鞭笞，强制劳动，没收，宣布遗嘱无效，但不是死亡，因为会抛入地狱。

　　基督教的不宽容性的基础是对《圣经》里的一则寓言的解释（何处？或许某位听众可以赐予）：天国里发生的事，好像一位国王请人参加儿子的婚礼，要么就是（我不太清楚）某个人欲请朋友们大吃大喝；全都用蹩脚的借口谢绝了→ [[饶利，105，41]] "往大路去，沿着篱笆走，强迫众人进来。"②皮埃尔·培尔的抗议：1686年，阿姆斯特丹（匿名）："关于耶稣基督'强迫他们进来吧'：之语的哲学评论：举出数条理由说明强迫皈依是最可恶的，而且驳斥强迫改宗者的一切花言巧语，以及圣奥古斯丁对于迫害行为的赞扬。"③

---

　　①　奥普达图斯（Optat de Milève，320—385），北非罗马基督教主教，著有多部批判多纳徒教派的著作被视为圣奥古斯丁批判多纳徒分离主义的先驱。——译者注

　　②　正如课后有人向巴尔特指出的，这一段出自《圣经·路加福音》14章中"关于客人溜掉的故事"。（可参阅英文钦定本："And the lord said unto the servant，Go out into the highways and hedges，and compel them to come in，that my house may be filled."以及汉译和合本："主对仆人说：'你出去到路上和篱笆那里，勉强人进来，坐满我的屋子'。"——译者注）

　　③　英译本注明，这段话见于皮埃尔·培尔身后出版但并未匿名的《评论》（阿姆斯特丹，1686）一书。巴尔特转引自前引罗伯尔·饶利《有关宽容性的文选》一书。——译者注

　　面对不宽容：宽容的限度：宽容必须成为一个话语体系、一个观念域（语言领域）的一部分才能存在；只有体系才能提出和界定宽容性。

　　1）基督教的观念域：不宽容一经与某种权势联系起来，就成为一种宿命：天主教的不宽容是众所周知的（宗教裁判：针对纯净派信徒①），然而切记一位新教教徒一旦手握权力，就会出现不宽容：路德（用石刑和火刑）处死一切魔鬼缠身者（他相信有魔鬼，强烈地憎恨魔鬼）；加尔文，于日内瓦：与无宗教信仰、思想自由的斗争：1541—1546 年间，58 人被处以极刑；米歇尔·塞尔维（西班牙人）被活活烧死（1553 年），罪名是否认三一圣体之说；加尔文的《基督教会论》第一版："杀戮异教徒是犯罪。""用火与铁使其殒命即是否定人类的一切原则。"可是，不久，在日内瓦，删去了这句话。

　　2）在伟大的宽容者当中，非出自基督教的观念域者，人数有限：皮埃尔·培尔等人并没有将宽容惠及无神论者。一位罕见的彻底的宽容者：雅各布·鲍姆取消一切独断论→宗教的个人主义→普遍的宽容性：这是一位神秘家。神秘主义：也许是针对独断论的唯一的真正解药。

　　3）异教世界，多神教：故从体系本身出发，宗教宽容性：雅典：当然有过几次起诉哲学家亵渎宗教的诉讼，据我们所知只有 9 次，一次出了人命（苏格拉底）：可是大概并非起诉者有意为之，他们只想放逐他；因放言肆行而判罪。罗马：多种宗教混杂共存；犹太人：唯

---

　　① 纯净派（Cathares）是 12—13 世纪活跃于今法国南部的一个异教派别，曾经在 13 世纪初遭到天主教南方十字军的屠杀和此后近百年的宗教迫害。——译者注

有他们除了自家宗教以外，其他一概不能接受；不过还是有一套宽容的规矩：得以维持自身的不妥协性，自身的生活方式，但不去狂热地规劝别人改宗皈门→曾经有几位皇帝镇压过犹太人的布道。

无论如何，宽容/不宽容：逻辑的陷阱：宽容是否应该惠及不宽容者？无头案，只有一个宏观的办法：一个使这种聚合关系失效的社会。

现在我们可以通过三个简短的例子，再来看看有关一致性的独断论和不宽容的关系：

例一：→道格玛达（15 世纪）把圣职部的辖权扩大到据称是"隐含的异端"的罪行和过失 [[宗教裁判，74]]（重婚，教堂窃贼，亵渎圣像者，娶妻的神甫，等等）→参照"客观背叛"，"根据意向揣测的指控"。不加区别地把一切都算做犯罪。

例二：奥普达图斯，努米蒂省的主教（366 年）：反对多纳徒教派：国家应当参与反对分裂教会：[[饶利，57]] 如果说措施太残酷，那是分裂者的过错，危害一致性之罪（"屠杀并非总是使上帝不快"）→整体：用自我填满世界，穷追猛打异己、对立面。

例三：有关一致性的论断（傲慢的一致性）不排除反水行为，只要彻底即可（彻底才会傲慢）。仍旧是宗教裁判所：[[宗教裁判，15，23，67]]（a）1235 年：教皇①任命罗伯尔·勒布克②为整个王国（除了法国南部）的总裁判官（因其本人曾为纯净派教徒）：罗伯尔曾为其所属教派的"完人"和博学人士：能够从细微之处找出异端邪教之徒：镇压毫不留情：烧死和活埋；（b）尼高拉·雷米，

206

---

① 教皇格里高利九世（1145—1241）。

② 罗伯尔·勒布克（Robert le Bougre，13 世纪上半叶在世），法国南方异教徒出身的天主教宗教裁判官。曾经受到伏尔泰的激烈清算。——译者注

也称雷米奇乌斯，南锡地区的宗教裁判官：心狠手辣，放手追杀，烧死巫师巫婆 800 余人①；可是后来忏悔，说自己从小就充当了魔鬼的帮凶。

（七）写作

写作会是傲慢的吗？我的（不全面的）立即答复：写作正是一定能够消除话语的傲慢性的话语→我还没有（尚未具备）可以将这个立场理论化的观念手段（那是以"什么是写作？"这个问题为前提的）。我只说说问题的范围。

（1）让我们回到（或者说从此出发）言语活动的论断性上来（言语行为有一种性质：断言）：ad-sero，附着于，寄附于，拉拢（参见 adrogo〈妄加索取〉）。

在无矫正手段的原始状态下，语言是断言性的（参见断言）→这种断言的特点无法抹杀：用来缓解、消除它的语言手段都是荒唐可笑的→［［费希特，322 等］］费希特说得很好，只是颠倒过来了……"人们经常千方百计地劝我放谦虚一点；他们规劝我永远要说，这个是我的一孔之见；那个是本人看待问题的角度……这种所谓的谦逊态度依我看乃是最大的厚颜无耻；异想天开地认为必然有人要我说出对于某事的个人看法，开口只为告知自己不懂科学，只有一些意见和猜测而已，这才是一种面目可憎的傲慢＜此为一种悖论式的颠倒：费希特认为主观性才是傲慢的＞。"［［断言］］→因此，弄虚作假是可笑的：言语活动里存在着傲慢，而且那些"宽松的"手段（用于

---

① "他断言，洛林人至少有三分之一都跟魔鬼有染。"戴斯塔在《宗教裁判》一书里的话。

操控、节制、舒缓等的成分）也不足以使言语行为摆脱傲慢。

　　（2）反制傲慢的唯一的辩证的行动，而且恰恰在这里，从话语到写作的过渡，写作的诞生，就是把言语活动的傲慢性视为一种特殊的诱惑：不是个人的诱惑（说出"依鄙人之浅见"的那个主体），也不是参照性的诱惑（真理—科学），而是写作的诱惑，其本身便是暴力性的，并非一股别的什么力所造成→写作＝实践言说的暴力（无论发生什么，言说都是暴行），而非思想的暴行：语句的暴行，只因它清楚自己是语句→我之所以能够似乎矛盾地说，[[挑衅]]有寻衅的写作方式（迈斯特），也有呐喊的写作方式（布洛瓦），却没有傲慢的写作方式，正是出于这个理由：傲慢裹藏在"自然而然"，"正当权利"，"道理在我们这边"当中≠（迈斯特的）一条疯狂假设所上演的一出断言式的、过火的戏剧：它便属于真正的写作。[[西奥朗，47]] 作家：是个 draufgänger〔冒失鬼〕，一匹脱缰的马，一个胆大包天的人①，但不是一个傲慢的人→这场运动将会产生一种执著的实践②，不是偏执的信念、理念：是相信自己所写而非所思的重要性→ [[沙辉，6]] 因此，不是忠实于思想，而是坚持某种实践＝作家所说的"干活"（用如不及物动词）：作家都用的字眼＝米什莱在海耶斯的临终遗言：Laboremus③（工作无丝毫

207

----

　　① 西奥朗的英文很简短："……总之是个有决断的、好斗的人物，是个抽象领域里的投石党人，他的侵略性尽管有时被掩盖，却是真实的和富于效力的。在表面中性的、伪装成问题的关注的背后，有一种颤动的意志，一种活跃的本能。"

　　② 巴尔特在课堂上补充说："从写作者的狂热中。"

　　③ 拉丁语"让我们工作吧"之义。儒勒·沙辉引自让·盖昂诺所写的《米什莱》一书。

神秘性≠清醒地从事持久的言语活动)。

全景①

全景②：希腊语："一览无余"的意思，经过英语的中介。可是，若打算至少照我们的这种做法去发掘这个词，我们就得把它放进聚合关系里（历来如此）：[[全景/敞视]] 全景/敞视 {panoptique}（一种房屋建筑设计式样，屋内可一览无遗）→敞视：内窥装置：意味着有一个有待发现的内部，一道必须透过的包裹层（墙壁）：最要紧的隐喻＝透过外壳才能达到内核≠全景：指一个无内部的世界：是说这个世界完全由表面、体积、平面组成，但没有深度：只是一块展幅，一次圣主显现（épiphaneia③＝表面）（≠魔鬼、飞机都是居高临下地俯视：掀开房顶，潜入卧室，看见人们在里头做什么：勒萨日笔下的阿斯莫德④：从最要紧的隐喻来看，这正是全景的对立物）。我们从这一区别出发，清理出全景的位置的几个侧面，因为它是中性的（＝这个位置能够打破聚合关系，而且

---

① 在课堂上，巴尔特在开始讲解这个熟语之前，告知听众，他将交替着谈论有关冲突的熟语和有关暂停冲突的熟语。

② 英语的 panorama {全景} 一词是用希腊语 pan {一切} 和 horama {所见，场景} 组成的。

③ 希腊词，意思是"显露，出现，与 alèteia 即'现实'相反的行为"。其他意义包括"边侧，表皮，表面；突然发光之物，名声"。

④ 阿兰-勒内·勒萨日（Alain-René Lesage, 1668—1747）是《跛足魔鬼》（1707，第 2 版，1726）的作者。因在瓶中的跛足魔鬼阿斯莫德被一个学生解救。为了答谢救命之恩，他把魔法传给解救者，使他能够掀开屋顶，潜入私家房内。

具有一种安抚的力量)①。

(一) 取消时间：梦境

梦境有个众人皆知的东西，它可以紧缩时间。德·昆西的说法：来自外部的短促冲击→包含一个完整的场景。睡梦者的例子：睡床布帘的吊杆掉下来，把他碰醒了。这根冰凉的吊杆仅碰了一下脖颈，却让他做了一场完整的梦：从三级会议到恐怖时期，整个法国大革命的发展历程：革命法庭的牺牲品，断头台，头颅就位，铡刀落下。参阅《摩诃婆罗多》中相似的梦境片断：一道闪电的瞬间，阿居纳的脑海中闪现出一个完整的玄学体系。②→如同一幅时间的全景→全景：时间紧缩，直至消逝：为时一分钟的全景＝一小段时间的强有力的冥想→空间和时间之间的换位或者对调。

(二) 消除痛苦：翠鸟般的静谧

209

德·昆西吸食鸦片后的视觉（埃韦顿岭，位于利物浦和大海之间）：

> 夏日一晚，凭窗而坐，从敞开的窗户眺望出去，可以看到山下一英里以外的大海，也可以看到坐落在前方另一侧的一座宏伟的城市，与大海差不多一样远。从太阳落下到升起，一夜数个小时，我像冻结了似的一动未动，毫无意识，似乎跟眼前

---

① "全景……是一个富于智性和令人喜悦的对象：它引起'席卷'目力所及的幻觉，同时也解放了身体。"《罗兰·巴尔特自述》(OC-Ⅲ，174)。

② 阿居纳是印度长篇叙事史诗《摩诃婆罗多》里的主要人物之一。这部作品开始于公元前 1000 年前后，直至公元 6 世纪定形。阿居纳在五个兄弟中排行第三，是昆蒂的幺子，得之于诸神之王因陀罗。（提埃利·马尔歇斯附注）

展现的绚丽景色没有任何关系……利物浦市代表着陆地，带着它的悲伤和远处的那些坟墓，但依然就在眼前，没有被遗忘。永无止息而柔和地涌动的大海笼罩在一片鸽子般的平静当中，或许正好可以象征心智活动及其摇摆不定的样子。看起来我确实平生头一次远离了生活的喧嚣，看来骚动、狂热、斗争都暂停下来，心脏得以摆脱隐藏的重负，获得了暂时的休憩。——这是休假，是人世间劳作的松懈。此时，在人生旅途上绽放的希望之花与茔地中的安息复归和谐；智能活动跟天穹的运动同样保持神采奕奕，任何焦虑都可以化为翠鸟般的静谧，这种静谧绝不是出于惰性，而似乎是强势的和对等的对抗的结果；无限的活动，无限的休息。

全景（1）不用说，此处是在鸦片的作用下，不过依然起到如同麻醉剂般的典型作用，迷惑、麻醉痛苦，消除矛盾，产生一种至高无上的智能，[[麻醉剂]]某种超自然的意识状态（或许有两种有关智能的神话：1）分析式的智能，它看不到整体，却将细节、难点一点点"抠下来"：鼹鼠的智能≠2）全景式的智能，它能够解决、消泯细部与整体的矛盾：它一下子便在瞬间内看清所有细节（参见上文）→敏锐（清醒）≠居高临下，慷慨大度。（2）德·昆西（1785—1859）。《一个英国瘾君子的忏悔》，1821年。充满浪漫的感性→全景：浪漫的乃至现实的主题：这个方面有待研究；例如：[[浪漫主义]]米什莱的历史图表的重要性：智性的全景：历史的积聚在历史学家的痴迷目光下渐趋凝固（全景＝意识的麻醉剂，作为麻醉剂的意识）≠此处：北方（德意志、英国）的浪漫主义：主题，或者更准确地说（因为主题是：一个令人不满意的、庸俗的、不积极的字眼），浪漫主义视野的算符、启动因素：夜晚，海洋（＝雨果作品）。但是，这篇作品里我觉得最重要的（＝让我感到愉悦：也许是我引用和评论它的唯一和隐秘的情由）＝翠鸟般的平静（在文中出现两次①）＝翠鸟，传奇的鸟，只栖身于平静的海面（吉祥之兆）；翠鸟期＝据说冬至前七日和后七日，翠鸟筑巢，海面风平浪静→美丽的意象（动人，难忘）：诞生于海上、海中（神话的主题），水的诞生的纠结（费朗兹的《塔拉萨》②），尤其是不那么神秘，反而富于联觉：涌动的平静，全景——节奏——喧声→也许可以谈论全景的某种翠鸟般的功能（景色＋节奏）。

---

① 在上引德·昆西的英语原作里，形容词"翠鸟般的"（alcyon/alcedinidae）实际上只出现了一次，可是巴尔特所依据的 V. 戴克洛的法译本把同一段话里的另一个形容语"鸽子般的"（dove-like）也译成"翠鸟般的"。故巴尔特说"出现两次"。——译者注

② 桑多尔·费朗兹：《塔拉萨：性生活起源的心理分析》（1926），巴黎，Payot，1974。在 1992 年版第 92 页里，可以读到这样的文字："我们十分吃惊地注意到，千变万化的心理形态（梦、精神病、神话、民俗等）如何惯用同一个象征来表现交媾和生育。"[塔拉萨（Thalassa）是古希腊神话里的海洋女神。桑多尔·费朗兹（Sándor Ferenczi，1873—1933）是匈牙利心理分析学者，以研究童年性侵犯问题知名。——译者注]

补充之七

《圣经》里的故事见于《路加福音》第 14 章。关于"全景"这个熟语，有三条补充：

（1）我对比了两种格调的视界：全景的（宽敞开阔，延伸出去：一切尽收眼底）和俯瞰的（下潜式的，阿斯莫德式的视点）。有人不无道理地告诉我，还可以有与之不同的和对立的第三种视界：透视法的视界。一份厚重的案卷，一块货真价实的蛋糕，或者说艺术史学者的奶油甜点。根据我们的观点，即不同视界的一种联觉，只有一点：透视法的视界；依按比例的、模拟规范（历史的和局部的规范）的视界：模拟活动的，而非情欲的限制（轻浮的身体）。

（2）我顺带谈到了两种智能：分析型的和全景型的。然而，这个星期偶然读到另一种分类办法：吉尔伯特·杜朗[1]：想象界的人类学领域：1）裂分结构（多相化）：有关排除、矛盾和同一性的诸原则→"区分"：直线切分[2]。[[布吕劳特，8 页]] 2）神秘结构（导致同质性）：类推性、相似性原理→"混同"[3]。3）综合结构：对抗关系发生辩证的变化，矛盾消失[4]：将 coincidentia oppositorum[5] 的矛盾的模式"连接"起来：这大约就是全景的视界了。

（3）为什么要谈"全景"这个熟语？巴尧纳市。全景画面：俯瞰餐会进行中的平台、沟壑、花园、濯足的妇女。非凡的飘然陶醉，升空的幸福感（十足的巴什拉味道）→寻找这幅画。找不到，不知画在何处（无能）→某日，慕尼黑博物馆内[6]，蓦然间看到：

---

① 杜朗：《想象界的人类学结构》，巴黎，Bordas，1969。[吉尔伯特·杜朗（Gilbert Durand，1921— ），格勒诺布尔大学哲学教授，以研究神话和想象界的关系知名。页边的"布吕劳特"字样指杜朗的三大结构之说转引自巴尔特的学生布吕劳特（Gaëtan Brulotte）有关法国情色文学的博士论文。——译者注]

② 吉尔伯特·杜朗区分了病态几何主义、脱离现实、Spaltung（分离）和运用对比的思维方法。

③ 在这个结构中，杜朗区分了分裂和保存，黏着性和依附性，感官现实性和缩减过程或微缩化。

④ 他把和谐结构区别于其对立物，把辩证的或反衬的特征区别于未来的形象描写，并以米什莱及其"永恒的闪电"作为例证。

⑤ 意思是"相反事物的巧合"。

⑥ 现存慕尼黑美术馆。

奥道菲尔①的《苏珊与老者》（16 世纪），丢勒②的门徒→心生写一部小说的想法：《寻画记》。

212 全景（续）

（三）至高无上的回忆

我现在把"回忆/死亡"的主题（线索）合并起来。

（1）还是德·昆西（翠鸟启动了这个熟语）：德·昆西有个亲戚年幼时溺水，濒死时刻获救："所有已经遗忘的平生遭遇都在她的脑海中突然闪现，如同一面镜子似的展现在眼前，不是连续的画面，而是一幅画面；她觉得突然获得了一种把握整体的能力，巨细靡遗……"[[垂死者的回忆]] 还有："这个毕其一生的庄严末日"→众所周知的传说：视景，垂死时的完整记忆=临终的庄严全景。

（2）大概是一个基督教的主题。鲍姆的极纯正的版本（尽管不是在字面意义上）：最后的记忆：[[鲍姆，235]] 意识活动重新审视和评判一生的时刻=鲍姆的炼狱：灵魂脱壳之时，在以太当中看到自己一生的映象，被自身全部行为的意象所包围。如果这个景象没有促使一个人忏悔，那么他就适合下地狱了→此即炼狱的用处：给人一段停步的时间；因为他的尘世生命中受时间摆布。→那么，很可惜，我很怕下地狱；[[炼狱]] 因为在最后的回忆的这段庄严

---

① 阿尔布莱希特·奥道菲尔（Albrecht Altdorfer，1480—1538），德国画家。——译者注

② 丢勒（Albrecht Dürer，1471—1528），德国著名画家、雕刻艺术家和数学家。——译者注

的时刻，看来我会设法使毕生的善行温热地包围自己：别人会用来编织我的生命的所有善行：让自己环绕着对于那些我因之获得挚爱，却浑然不觉的事物的回忆。此时此刻，似乎我只了解自己的全部的善，却对自己的全部的恶毫无所知。（→或许——为什么不呢？——这种记忆的世俗和可笑的替代物：喜庆，荣誉→有鉴于此，对那些不拒绝它们的人宽宏大量。）

（3）这种完整的回忆是终结性的（相传如此）：揭示人类主体的整体性或某种整体性的临终回忆→［［波德莱尔，145］］波德莱尔的主题：波德莱尔提到德·昆西时说："一条生命无论怎样前后不一致，都不会破坏人的整体性。假如能够使所有的记忆一下子全部觉醒，就会形成一场要么悦耳动听，要么充满痛苦的音乐会，然而有逻辑，没有不谐和的声音。人们在遇到突如其来的事故时，如被水猛然呛到，生命危殆，大脑里往往会闪现出一个展示平生的舞台……逢到这种肃穆的时刻，［［整体］］也许是垂亡时刻，在通常是鸦片所导致的亢奋状态下，整个宏大而复杂的记忆像羊皮纸那样一下子抖开……"→［［羊皮纸］］羊皮纸的意象：很有意思，因为它是复杂性的意象，严格地说不涉及深度：多重性在这里只涉及表面。因此，羊皮纸的意象比（隐秘的）"卧室"的意象更优越——也许很遗憾，它未能成为用于谈论无意识的最初意象。［［波德莱尔，147］］波德莱尔的这段美文说得非常好（令人心碎）："然而，童年的深刻悲剧——孩子的胳膊被迫远离慈母的脖颈，嘴唇再也无法获得姐妹们的轻吻——永远深藏在羊皮纸写成的其他传说背后。"→"隐藏"、"深刻"不应造成误解：阅读羊皮纸稿本如同展开一幅全景，须将各层幅面一览到底，无替代物，无面具，而且可以说，无症状。

213

（4）本人附注："幼年（在马哈克）的一些零碎记忆不时浮现，极其细微，但十分鲜明，几乎叫不出名字。"① →似乎越是进入暮年，对往事而非近事的记忆就越是延伸它的统治→参照垂死者的一生进入全景→Memento mori＝我想起→回想死亡吧＝回想你曾经生活过（不是你结束了生活；而是你实实在在地生活过）。

（四）无处不在

看来可以指出全景和飞升之间可能存在的联系：至高无上，欣悦，温柔的力量→［［飞升］］飞升：一份古已有之的案卷。炼丹术：点金石，握入掌心便能够隐身。"如果把它缝进一块细布，用布裹紧身体，让石头保持温热，便可腾空而起，想升多高就升多高。下降时只需解开裹身布。"② ［［聿丹，88］］（名副其实的单人飞行器，身躯当机身）→（科洛索夫斯基：《芭菲迈德》③），尤其是弗洛伊德《达·芬奇的童年回忆》：［［弗洛伊德，129］］"飞升的欲望不过意味着极想从事性行为而已④，早熟儿童的愿望。"（达·芬奇，

① 巴尔特在课堂上提到《罗兰·巴尔特自述》时说："我在这本书里假装写我本人。"此书中有一小节叫做"童年的回忆"，其中提到了马哈克（OC-Ⅲ，188）。［马哈克（Marrac）是巴约讷市郊的一个居民区。巴尔特在此与母亲一起度过了童年时代。——译者注］

② 这句话摘自14世纪无名氏的著作《三一圣体之书》（聿丹在《炼金术》里征引了这句话，出处同前，93页）。

③ Mercure de Framce 1965年初版的一部小说。［14世纪初，圣殿骑士团遭法国国王菲利普五世镇压时，酷刑之下招认他们的崇拜偶像叫芭菲迈德（Baphomet）。中世纪一直被指为异端。不少学者认为这个形象与伊斯兰教有关。——译者注］

④ 在弗洛伊德的原著里，此处还有"在梦中"三字。巴尔特未提。

飞行器）重要的课题；我不想多谈这个闲话，只想说以下一点（更具"结构性"）：

迈斯特：[[12]]"世界上只有暴力；可是我们却被以为一切都还不赖的现代哲学宠坏了，其实，恶已经腐蚀了万物，而且在某种十分真确的意义上，一切都是恶，因为没有任何东西能够做到各得其所。"→失调："觉得万物未能各得其所" ≠ [[无处不在]] 全景：相反的感受：万物各得其所：连一幅乱哄哄的全景（混沌）也不属于失调（既然是某一主体从外部看到的景象）→或毋宁是全景：万物无不"各得其所"(sitio〈处所〉, preferandum〈适居地〉)：这与引起小白鼠焦虑的池子①恰好相反。→处所：变成 lieu—joker〈万能地点〉，它在全景的任何一点上都能找到"适当地点"②。

契机③

Ho Kairos＝适当的、正确的举措。适恰的、贴切的时机，机会→"是时候了，时机已到。"适时性，机遇，良机；时令；身体要害，主要器官。Ho Kairos：契机（形容词：Kairios）。

这个概念有助于表明中性的无系统的特点：→中性与机会、随机性、动向、适时性的关系。

---

① "在所有这些装置当中，环形池子最容易引起焦虑，而 Y 字形的池子基本上不会引起重要的情绪反应。"(《动物行为研究引论》，36 页) 参阅上文 188 页。

② 巴尔特在课堂上说：全景就是"地点的铺展，我们愿意占据其中每个地点，每个细部"。

③ 希腊语 kairos，这个字眼有"量度，时间，适时，契机，约期，最终时刻"等意义。——译者注

（一）智者的契机和怀疑派的契机

智者派和怀疑派：基本上互不相容。我们已经知道欧吕罗库为避开"讨厌"的智者而徒手横渡阿尔菲河的故事。不过双方对于契机均有某种想法，有必要详细分说。

1. 智者

[[智者派，57，182，249，251]] 智者派用语。契机：机遇＝智者的灵活性之本：本能，妙技，对于把握哪些词语和哪些态度才适合当下，拥有心理感觉→把科学的人变为艺术的人的变动论观念。因而，普罗泰格拉确立了适时性的效力：dunamis kairou〔时机的力量〕。他声称自己拥有某种完整无缺的知识，能够随时（to kairo）就任何话题开讲①→一种把握良机的艺术，即所谓 kairou chronou téchnè②。据说有人这样描写领受过心理分析的人的"品德"："言语适时而发。"

2. 怀疑派

怀疑派的契机完全不同。[[科耶夫，27]]→一个怀疑论者可以在任何时候放弃怀疑论，同时并不与他"怀疑地"谈论时所说的

---

① 让-保罗·杜蒙说这是指戈里亚斯："戈里亚斯是即席演讲技术的鼻祖。他竟然有胆量在雅典剧院声称：'请开头吧！'他是第一个坚持这种危险做法的人，借以证明他无所不晓，而且有能力随时就任何话题开讲。"

② téchnè 是艺术或者科学的意思。《技艺论》（*Téchnai*）是戈里亚斯的修辞术教程。[戈里亚斯（Gorgias，前487—前376）跟普罗泰格拉一样，属于第一代智者。——译者注]

东西相互矛盾；"可是，假如他说某事必然如此这般说出，即无论何时何地，那么即使只限于他本人的生平言论，他也会自相矛盾……只有在变为独断论以后，怀疑主义才能成为一种永久的和普遍的话语态度……真正的怀疑主义之所以要区别地点和时机，而无法无论何时何地地施行，正是这个缘故。"① →有意思的是，参阅被皮浪主义吸引的帕斯卡尔（《思想录》卷 1，第 159 节）："必须懂得在必要时怀疑，在必要时断言，而且在必要时顺从。"（"必要时"便指这种契机）

3. 两种契机

在这两种情形下，问题都是要改变话语的时间性：正常的、修辞学的时间性：沉重的、封裹的时间性，"阐述"的密实性、逻辑的坚实度：理路和后果的融合：参照叙事，叙述，故事≠飘忽的、断裂的、移动的、变换的、散碎的时间性。但是：

（1）智者派的话语时间性有赖于跌跌撞撞、转弯抹角、捕捉：追寻"良机"。所以饱含张力，藏匿期→掌控话语："良机"＝权力的武器：人们今天会说：政治嗅觉。

（2）怀疑派的话语（或行为的）时间性：有一段无所作为的时间：缄默的时间②，空当→这是为了打乱体系的时间，用放入一些逃逸的时刻来阻止体系启动。如果说，怀疑主义的虚拟体系不停地谈论随机性（动向），那么因为它是一个旨在打破控制的、反权力的装置。

216

---

① 此语出自亚历山大·科耶夫著《异教哲学史辨》，第三章，27～28 页，巴黎，Gallimard，1973。——译者注

② 见前文第 51 页。

（二）效力和真理

　　无论是智者派还是怀疑派，契机——被倡导、赞扬、承认——蕴涵一种不以真理为终极诉求的哲学→黑格尔很好地把握了随机性的真谛，也就是说，我们赞同他很好的描写；但是，当我们赞扬的正是黑格尔贬低的东西之时，不一致随即出现。

　　关于怀疑派与契机（随机性）的关系，[[黑格尔，775]] 黑格尔写道："对于一个怀疑论者来说，具有此在和所思的价值之物仅仅是一种现象，或者说一种表象，然而这种［被他当做一种价值的］表象是其行为的依据。怀疑论者行事的依据，是他们的所见、所闻和通行的权利和法律，以及谨言慎行（sôphrosunè①：随机性的无序特点使之变得很有用）的要求；但是，这些对于他并不具有真理的价值②，而只有确定性的价值，主观信念的价值。"[[807]] 怀疑论者：根据他大不以为然的法律行事；他的意识是一种完全经验性的存在；他的现实性＝彻底的随机性；他的自身一致性＝一种完全虚空的东西。[[768]] "实际上，这是一种彻底地自暴自弃的矛盾做法，是单纯，也是纯粹的混淆。"而且还有一点很明确："在怀疑主义者眼里，有形的存在固然有其效力，但只是一种现象而已，为的是在生活中相机而动，但绝不是为了把它视为真理。"③ → ［从而生出对于效用而不是对于真理的敏感性：[[结构主义]] 这种敏感性造成了结构主义：分析意义、话语（例如叙事）的效力规

---

　　①　Sôphrosunè 在希腊语里的意思是"小心谨慎"。

　　②　原文的准确用字是"意义"。

　　③　英译本注明，以上三段话均出自黑格尔《哲学史讲稿》第 2 卷《柏拉图和柏拉图主义者》一章。——译者注

则，而不是它们的真理＝有效性的元话语：逻辑学，语言学。]

这个区分对于理解怀疑主义（即某种意义的中性）十分重要——[[以生活为向导]]，不消说，是经验的怀疑主义，不是独断论的怀疑主义——理解它如何通过契机而始终属于生活的一部分，这与故意把怀疑主义和死亡等同起来的定见正好相反。皮浪："他把生活当做向导：akolouthos dèn kai to bio①，即既不寻求躲避，也不小心提防什么……" → [[怀疑派，25]] 因此，"生活"和丰富多彩的现象、契机成为非系统性的保障——参见道家（葛罗涅）："显现的存在物是有的。老子并不（像印度哲学那样）质疑世界。[[道家，葛罗涅，15]] 这里没有关于幻觉的教义，没有蒙昧，既没有虚幻 {Maya}②，也没有痴 {Avidya}③。现象是存在的，至少作为现象而存在……不过，显现的存在物虽为真实的存在，却来源于不存在！"

（三）契机的双重价值

作为一种支配力量，偶然性是歧义的。

（1）契机：从契机到契机，对于偶然性的某种癖好：可以表达"虚空"，就其伤感、闲散、怯懦、社交性而言，带有荒诞意味。

---

① 希腊语 akolouthos 的意思是"同路人"，"同好"。亦可参照《意象》一文中同族词 akolouthia："论战 machè 有一个反义词 akolouthia，即超越矛盾（我的解释：破解圈套）。不过，akolouthia 还有另外一层意思：友人组成的随扈。"（OC-Ⅲ，875）

② 梵文 maya 的本义是"魔法"，但是在印度哲学各门和中国大乘佛教中有不同的含义。巴尔特在本课上屡次提到这个概念。参见本书第 124 页的脚注。——译者注

③ 梵文 avidya，又译"无明"，佛教泛指愚昧无知，认为是"根本烦恼"之一。——译者注

[[《沼泽地》]] 这方面，有待研究或重新研究的文章：纪德的《沼泽地》（1895）＝某种意义上的有关偶然性的论文①；此外，我们还比照过艾利亚派哲学（艾利亚的芝诺）。我所说的"荒诞"是一个定见式的意象，未加价值判断，因为"社交性"，即听从契机的摆布，能够带上某种偏激性：可比照波德莱尔就印度大麻所说：[[波德莱尔，178]] 诱发吸食者"对自身性格的强烈感觉，以及对于场景和环境的极其鲜明的情绪"：社交性起到麻醉品的作用。→同样是偏激的，因为它能够具有一种价值："无话可说（可写）"＝《沼泽地》的含义。然而，没有任何东西告诉我们（我觉得这是中性的立场之一）写作是一种最高尚的善——且不说社交性有时也会采取写作的形式②：普鲁斯特用去整部作品（《追忆逝水年华》）才使得社交性被写作所超越和远远胜出：这是一种只有临到终了才会出现的启示：写作赶走了社交性（契机），然而却发生在一个长期的启蒙过程的末尾，一出新戏的结尾。

（2）另一方面（并非准确意义上的对立物）：契机，偶然性，中性的一个高级的意象，作为非系统，非法则，或者说，一种非法则、非系统的艺术→契机的中性状态就是避免偶然性自成体系，避免社交性成为体系和傲慢→ [[狄奥根尼·拉尔修，I，52]] 不妨说：中性聆听偶然性，但并非唯命是从③→所以，归根结底，还会有契机的颠倒：所谓"时机已到"变成"时机已过"→泰勒斯（七位智

_____

① 在写于1895年的这部作品的前言里，可以读到这样的文字："在向别人解释这部著作之前，我等待着别人向我解释它。若要首先予以解释，等于立即限制作品的含义。"

② 巴尔特在课堂上强调说："凡是作家都有诡谲和无耻的特点。"

③ 关于欲望的契机，见《亮室》（OC-Ⅲ，1148）。

者之一）："他母亲催他娶亲，他回答说：'天神在上，时机未到。'待他上了年纪，母亲又催他结婚，这次他却说'时机已过'。"→彻底地避开了体系：契机本身是不设体系的（正如智者那样）。更有甚者，被他弄模糊的对象：没有任何婚姻的或独身的体系，就个人而言仍然如此（这一点极难做到，尤其是很难使人理解）。

（四）悟①

契机＝一个元素，一种具备能量的时间。自身生产某种东西的时刻，一场变化：这是一股力量→非策略性的契机（不为哄骗他人，而是内化了的）。

1. 理性和经验的领域

忽然找到问题的解决办法（＝智力的特点）：insight（＝"直觉"）②。关于 insight 的经典例子——当然不是最经典的！——有关 9 个点的问题：用 4 根不离开纸面的直线相连③：[[动物行为，232]]

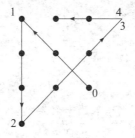

---

① 日语 satori，禅宗概念。巴尔特在 1978 年 4 月 29 日的课上已经提到，见本书第 152 页。——译者注

② 巴尔特从人种学家那里借用的英语字眼，取自关于动物行为的书中的词汇："突然发现问题的解决办法，智力的特点。"

③ 巴尔特走到黑板前画出了这张图。

Insight＝延伸出方形以外；Insight＝有权这样做。缺少 Insight＝错失契机；源于作茧自缚。有智慧＝道德勇气？[[《工具论》，58，第 10 段]]（理性的）Insight＝众人想不到的（对于紧跟"悟"以及或许中性之后接踵而来的东西很重要）＝不在一个预料的逻辑连续体当中，不是一个关涉因果关系的定见式的意象。培根提醒得好：伟大的发明创造并非来自对于已知物的进一步完善，而是来自某种突变，某种前所未闻的、不一致的东西。例子：丝绸（我引用培根的话，因为是一段美文）：

> 同样道理，如果在发明丝绸之前，有人说起某种可用于织成服饰的线，它不仅在纤细和韧性方面，而且在光亮和柔和方面，都远远优于棉线和羊毛，人们就会想到，那一定是东方的一种植物，或者某种最纤细的动物皮毛，要么就是某些鸟类的羽毛或者纤绒；肯定无人想到那其实是一条小虫子的产品，而且能够年复一年地大量生产。

2. 在理性的领域之外

契机的绚丽闪现，非比寻常的时刻，绝对强势的突变＝悟（禅宗用语）。

大概算是西方的一个有关悟的例子：普鲁斯特的小甜糕，或者毋宁是铺路石子，叮叮当当的声音和手巾：[[布朗绍，24]]"当我品尝小甜糕的时候，对于前途的所有忧思，头脑里一切疑虑全都烟消云散了……"① 禅宗的悟不属于语言，所以很难定义，勉强可以

---

① 见莫里斯·布朗绍的《普鲁斯特的经验》一文，收入《未来之书》，关于《追忆逝水年华》中的这一段文字，见袖珍版，262 页，1993。

描述；因此，字面意思无法翻译，因为一翻译就会遇上基督教的语汇：皈依啦，顿悟啦，然而悟本身却并非来自某个真理，某位神仙，而是几乎与虚无直接接通："彻悟〔illumination〕"不合适，因为这个词说明不了什么→矛盾：扫清疑虑，但并不是为了确信什么。[[铃木大拙，Ⅰ，329，332]] 悟：突如其来地完成一场精神变故→释迦牟尼在菩提树下的感知＝涅槃完成于尘世生活当中。

　　悟的解释：罕见（这有点令人沮丧）。不过，白隐慧鹤①（现代禅师，18 世纪的日本）之悟：精神突然凝聚于一点："我感到自己在无边无际的冰雪当中凝结了，内心生出一种彻底的安全感。"→这让我想起费里德里希的画作《冰雪中的"希望号"沉船》②，1821年，汉堡→这幅画的深重悲情让我心生灾难感，垂危感（primitive agony〔原始垂危感〕③）（彻底地、永远地遗弃，丧失母爱）；但是，也许，悟只是这一灾难的反面（或发生的地点）。无论如何，我们这里的悟：也许只是浪漫主义的粲然闪现④。

　　如果依照一种明显降级的方式，有可能设想一些审美的（有审

① 白隐慧鹤（Hakuin Ekaku, 1686—1769），日本近代禅宗大师。——译者注

② 费里德里希（Caspar David Friedrich, 1774—1840），德国画家。巴尔特在《恋人絮语》里提到过这幅画（OC-Ⅲ，584）。（这幅德国浪漫主义的名画据说真名为《冰海》，《冰雪中的"希望号"沉船》是后人误称。——译者注）

③ 巴尔特在课堂上提到维尼考特。他在《恋人絮语》里也多次提到过他。例如在《惧怕坍塌》一文里。关于这一点，可参阅 OC-Ⅲ，487。[维尼考特（Donald Woods Winnicott, 1896—1971），英国儿童心理学家。维尼考特所说的原始垂危感指幼儿在自我意识尚未形成时的一种焦虑感，属于自卫心理机制。——译者注]

④ 巴尔特在课堂上补充说："德国浪漫主义。"

美效果的）悟。[[黑格尔，773]] 怀疑派：skèpsis 之目的（"全神贯注地观察"①）：ataraxie {无忧}②（参见 apathie {无动于衷}，无为③）："ataraxie 跟随一切完限物的动摇之后，恰如影离不身"→塞克斯都·恩庇里柯④将这种无忧（悟）与画家阿贝勒的契机比较：后者在画马的时候，由于难以完美表现马的汗液，一怒之下，把浸满各种颜色的海绵砸向画布，反倒获得了真切的表现。⑤

3."就是这个"

悟这个词＝大呼："这就是啦！"铃木大拙（Ⅱ，617）："这一刻终将出现：你的精神活动骤然中止，如同一只上年纪的老鼠掉进袋中。于是有了投入未知世界纵身一跃，一边喊道：'嘿，就是这个啦！'"→悟与通常对事物的看法完全不同，通常的看法是把事件归结于某种因果关系，某种普遍性，从而调整和把握它。这种普遍性把不可比的东西变成可比的：民间智慧（谚语）和科学词语：您身上发生的事情没什么特殊的，事物总是如此，尤以丧葬期间最为明显（出于好意的明智）："您会看到，总是这样：您的丧礼将照老规矩进行"（参见弗洛伊德）→比较两种表达式，尽管相似，但是硬

221

———————————

① 黑格尔说："skèpsis 的目的在于，一切规定物，因其是有限的，对于自我意识不具备丝毫有效性。"希腊语 skèpsis 有"通过视觉得到的意识，审查，思虑，决定，办法"等义。

② 希腊斯多葛派哲学的术语，指不受外界干扰的心灵境界。——译者注

③ 在中文里是"无行动"的意思，是下一堂课要处理的熟语。

④ 黑格尔引用的怀疑派的理论。

⑤ 这段故事见本书前引杜蒙选编的文集《希腊怀疑论者》，第 14 页。——译者注

行作出对比:

"就是照这个样子!" /	"就是这个!"
合群	"Tat"① ＝如此
物种的法则	如是
宿命论	绝对的偶然性
因果关系	
言语行为的普遍性	契机
科学	悟
谚语	
等等	

(五)易变质

我们不妨稍稍移动一下契机这个概念的位置,保留其"适时"的含义,但是承认这种"适时"有容易变质的特点:流逝时机,其容易变质性的特点被接受、索求→中性:不仅承认易变质,而且赋予它一种积极的意义:这不是"勉强屈从",而是"认可"。例如,假定这门课程是一个契机(时机合适),那就意味着我们接受其脆弱性,"易变质性",偶然性,"仅此一次足矣"。说到底,这是一门"即兴炮制"的课程(就地准备和主持的):不是"纪念碑"→话筒,笔记,乃至将来可能刊行,都是次要的附带物,也就是说:没

---

① 梵文。(Tat 应指印度哲学的梵文名言 tat tvam asi "汝即那"当中的 tat,有"那,彼,至圣,不可言说的绝对"等意思,深具吠陀奥义。——译者注)

有理由禁除，不过它们都不属于课时①：参照议会大厅使钟表停摆②→=附带提及：既未获肯定，也不禁止→属于"为什么呢？/为什么不呢?"之类。

222 无为

（一）生存意志

说到这门课的缘起（至少是遥远的源头之一，因为缘起是理不清的：确定有关写作方面的题目：诚惶诚恐。在某种意义上，这门课是《写作的零度》的翻版）——因此，缘起之一是 [[生存意志]] 某些小说人物的生存欲使我印象深刻：首先是夏尔吕（生存意志，欲望之意志，刻意追求，疯狂，直至死亡），然后是几位情妇如韦尔杜兰夫人、饶斯朗夫人（《家常菜》）等。③

→当我想到其他人的时候，我也曾想到我周围的人。说到底，

---

① 巴尔特在课堂上说："这门课就是为了时间一到就完事大吉才开设的。"

② 巴尔特在课堂上解释说，如果一个议题没有在分配时间内获得解决，议会便会让钟表停摆。

③ 饶斯朗夫人："1861 年，年届 48 岁，雍容华贵，一出现就毫不吝惜地表白她的道德观念：教人怜悯不如教人贪欲。因为生性霸道，她责怪丈夫无能，兄弟蓄啬，女儿们笨得连丈夫都找不到。"（贝盖尔、古尔迪埃-塞维尼埃、拉维勒主编：《左拉词典》，554 页，巴黎，Robert Laffont，1993）1882 年出版的《家常菜》是《卢贡-马卡尔家族》系列的第 10 卷，是一部有关小资产阶级生活的小说。[夏尔吕（M. de Charlus）和韦尔杜兰夫人（Madame de Verdurin）都是普鲁斯特的小说《追忆逝水年华》中的人物。——译者注]

一切对于别人的"心理"、描写、了解、评价其实都是：他的生存意志如何呢？属于什么风格？品质如何？我怎样才能接受别人的生存意志？我能够跟夏尔吕、韦尔杜兰夫人、饶斯朗夫人一起生活吗？这一点：有差异，因为每个人都有自己的生存意志，因此，既然我们都有朋友，我们接受某些生存意志，反过来，别人也接受我们的生存意志。

（二）无为

于是，我们遇到了道家的根本观念：无为。[[马伯乐，38]]

无为①：显而易见，并不是生存意志的对立物，不是赴死的意志，而是消除、拨开生存意志，使之改变方向。所以，从结构上看，[[聚合关系]] 是一种中性：打破聚合关系的东西。

道家的无为，有时也说，比"意志"远为更重视"自发"。的确如此：免除意志。可是，"自发"不好，在我们看来，有野性、冲动、反智能主义的意味。→无为，实力不加引导、不定向，停留在原地。[[不引导]] 例如，气的修炼（敛气）优于气的运行（行气）。此外还有不用力，例如不运用智慧、知识或纯粹出于保护和慎重，尽量少用。 [[狄奥根尼·拉尔修，Ⅰ，191]] 参见皮浪："按照怀疑的推理去研究哲学，可是从不采取有欠慎重的行动。"

无为的深刻态度＝不作取舍。可是有两种"不作取舍"：一种是波动地、慌里慌张地、羞答答地、有节制地≠一种是自若地、不妨说是平静地"不作取舍"。后一种极难做到，因为与定见发生冲撞，损害 imago〔意象〕→从而必须承担责任→道家充分意识到这

223

---

① "无"在汉语里是否定的意思。

个难点，[[瓦茨，107]]（道家＋禅宗）一首诗说："至道无难，唯嫌拣择。"①这个"无取舍"并不是一种高尚的节制，苦修，心灵修行："不要违背感官世界。"（我们西方人）不可不知无为的悖论：对于我们的一切道德价值，特别是"进步的"道德价值的猛烈颠覆就在这样的话里："贤者不争"（切记这是一个异教的思想：无争并不能使人接近天国），或者其他的悖论形式，社会化的形式。卜梁倚②（葛罗涅，68）："……道无不有所送，也无不有所迎……在道看来，无不有所毁，也无不有所成。这就是所谓'撄宁'。撄宁的意思是在外物纷扰下仍保持宁静。纷扰中的宁静意味着完美。"③

（三）西方的熟语

我们整个西方世界：有关意志、权势的道德观念（把握、支配、实践和强加它的真理等）。西方：劝人改宗的狂热的土地→因此，很显然，无为的形象在西方世界十分罕见，尤其是不完整的（即使有过某位道家的贤者，我们也绝不会知道）：有的仅仅是一些

---

① 见（前引）艾伦·W·瓦茨的《禅宗佛教》一书。鉴智僧璨写过一首有名的诗（《信心铭》），其中第一次用明确和可以理解的语言提到禅宗。其他引文均出自这首诗。（这首诗的作者鉴智僧璨，公元6世纪人，俗姓孙，原籍河南开封，后经禅宗二祖慧可传授心法，成为禅宗三祖。本书引用的是铃木大拙的译文。——译者注）

② 原文为 Leang Li，所引葛氏书为 Pon Leang Yi（卜梁倚）。显为误植。英译本沿袭此误。——译者注

③ 葛罗涅《道家精义》第68页所转引的这一段文字出自《庄子·大宗师》，法译文出自皮埃尔·莱里斯（Pierre Leyris）之手。这一段原文是"其为物，无不将也，无不迎也；无不毁也，无不成也。其名为撄宁。撄宁也者，撄而后成者也"。——译者注

时刻、倾向、几个人的一些侧面。我随便从阅读所见中拈出三个无为（中性）的形象，并非根据人物本身，而是根据他所说，或者人们关于其人所说：他的"时刻"、个体化、契机。

1. 弗洛伊德眼中的达·芬奇

"我们无法对他身上的某种惰性或者无动于衷视而不见。那时人人都在寻找更大的活动空间，[[弗洛伊德：《达·芬奇》，19]]这意味着施展一种进攻性的生动的能量，达·芬奇却以平和的心态，远离一切党派倾轧和争吵而与众不同。他对谁都那么和蔼可亲……"请注意（这一点对于说明无为跟升华之间的区别很重要）：达·芬奇喜欢跟随被押送刑场的死囚，目的是为了研究焦虑之下他们的憔悴相貌，然后在笔记本上描绘下来；想想他那些为恺撒·鲍吉亚①设计的残酷的攻击兵器吧（他曾经担任鲍吉亚的兵器总工程师）＝弗洛伊德所说的达·芬奇的"女性的敏感"。我们不妨认为，从道家的观点出发，达·芬奇虽然身存无为之列，却并不拒绝感官世界！

224

2. 安德烈公爵

《战争与和平》里的形象。[[托尔斯泰，542]]安德烈春季外出旅行，看到一棵橡树：

这棵树的景观在他心中激起全新的万千思绪，虽属失意，却充

---

① 鲍吉亚（César Borgia，1475—1507），曾任瓦伦西亚枢机主教，其父教宗亚历山大六世按照他的愿望，解除了他的神职，以便专事武力驱逐教皇国内的封建势力。以手段凶险残暴闻名。1502 年雇佣达·芬奇为其军队的工程师。——译者注

满了忧伤的魅力。在这次旅行期间，他深刻反省了自己的生活方式，而且再次作出了这样一条结论，既是看破红尘的，也是平心静气的：那就是，不应该再追求什么事业，只要平安无事地好好度过此生就行了，不去自寻烦恼，没有任何欲望。

请注意，在充满基督教精神的托尔斯泰的世界里、西方的世界里十分正常的东西：无为与"失意"、忧伤挂起钩来：有点自虐的色彩。

3. 约翰·凯奇

[[凯奇，47]] 我们都知道凯奇和东方的关系，尤其是与禅宗（甚过道家）的关系、铃木大拙的影响。从而有了他与采访者丹尼尔·查里斯的这段对话：

> 您一向采取接纳的态度。
>
> ——我向来尽力不拒绝任何东西。
>
> ——您拒绝的是唯我独尊，也就是说欲求某种东西。
>
> ——我可以欲求什么，但仅仅在某些场合下才这么做，当我的决定对别人没有任何影响的时候…… [[参见资产?]] 假如我在餐馆里吃顿饭，我可以在鸡和牛排之间作出选择，这对任何人都不会有什么影响！

（我完全赞同：不过，须知凯奇的这种典型的不痛不痒的声明、"现身说法"只可能出于某种也许是美国式的经验主义，即使这么说有点简单化）→的确，经验主义＝不为意指作用、解读劳神费心＝无神经症，甚至无妄想狂的理想领域≠别人吃鸡还是牛排会引起我的解读、评论，在"我喜欢/我不喜欢"的迷思当中把握他（因为缺少保险栓）：我不得不容忍别人的口味，因为它使人想到他身上不可分享的东西——谁能够说，我们真的能够忍受别人的饮食习惯？这可能是因为我不理解别人的食物，不能接受。例如，一位年轻妇女在《花丛》咖啡馆用餐的样子便让我觉得不舒服，她故作风雅地（≠美食家的）用餐刀把一大口烤土豆泥拨拉到餐叉上，小嘴紧绷。→我于是不得不宽容大度一些，即一种廉价的、不很实在的无为。

(四) 神圣

道家总是使人惊讶：在一个出人意料的概念上突然与无为结合：神圣——然而以一种十分失敬的方式。有位道家人物，悲观论者，名叫杨朱，极为特立独行，[[葛罗涅，108]] 他（根据无为）颁布的行为守则："不要做任何坏事，因为担心遭到惩罚；不要做任何善事，因为担心一旦有了好名声，就被任命一个吃苦受累的官职……要像百无一用似的行事。"①……参照古希腊的精神：普多诺斯〔phthonos〕，嫉妒之神。功劳过于凸显，特别是吹嘘的时候→导致一种超自然的危险（道兹，39）。（而且这里极矛盾地出现了神圣的主题：[[道兹，39]]"神圣的橡树因为没有用处而免遭斧戕之劫；百无一用本身就是最大的用处啊。"②）[[道家，葛罗涅，103]]

葛罗涅（《道家精义》，103 页）："山峦由于育林而招致砍伐。烤肉由于油脂下滴而导致火焰更旺。桂树因为是人们搜求的作料而被削去树皮。漆树因其珍贵的汁髓而遭砍伐。几乎人人都觉得被认为有用

---

① 这段话引自葛罗涅本人对《列子·杨朱第七》部分内容的概述（《道家精义》，108 页）。——译者注

② 此语当本自《庄子·人间世》："且予求无所可用久矣，几死，乃今得之，为予大用。使予也而有用，且得有此大也邪？"——译者注

是一件好事。实际上，那等于被否决能够用在更大的用途上啊。"①

　　太棒了！神圣的根本地位：百无一用！唯一的危险是神圣并不是永恒不变的。可能有这样的社会，无所事事违反道德规范，无用的神圣橡树被砍伐。理想的道既神圣又看不见：词语当中有矛盾，一种隐而不露的无为，也就是说，自从说出的那一刻起便掺了假。

（五）弃绝

　　无为：邂逅弃绝，奠定无为的行为（如果可以这样说的话，因是一种戒除行为）。但是，（也许）不能认为"弃绝"是平庸的中性的一个平庸的意象。这是一种向好几个所指开放的零度。例如，以下三种弃绝：

1. 禁食

　　从去年开始，我已经几次谈到道家的"弃绝"。 ［［马伯乐，20］］你们一定还记得道家所说的身躯②：体内，三条虫子（或三具

---

　　①　此语当本自《庄子・人间世》："山木自寇也，膏火自煎也。桂可食，故伐之；漆可用，故割之。人皆知有用之用，而莫知无用之用也。"——译者注

　　②　亨利・马伯乐："身体分为三个部分：上（头和胳膊），中（胸部），下（腹和腿）。每个部分都有要害之处，即某种意义的指挥所，又是朱砂所在的三个场所，这么称呼是因为朱砂是长生不老药的主要成分。"见《意象》（OC-Ⅲ，874）。［参见巴尔特前一年的课程"如何共同生活"，1977 年 3 月 30 日关于"食物"的授课内容。另外，道家所谓人体"三虫"或"三尸"之说见于《抱朴子》、《道藏》等道家著述。上尸虫又名青虫，青姑，彭倨，藏于脑宫（上丹田）；中尸虫又名白石，彭质，藏于明堂（中丹田）；下尸虫又名彭矫，藏于腹胃（下丹田）。——译者注］

尸体)① →老青（头部），白姑（胸部），血姑（下半身），是衰老和死亡的诱因；要追求解脱，寓体就得先死。因此，信徒必须尽快摆脱它们：为此必须停食谷物（三条虫子借此活命）＝辟谷（五谷：稻、黍、稷、麦、菽）→有关弃绝食物的课题：宗教（有时是魔法）的守斋，几本书都说不完！只需提示在现代社会的世俗化进程中，有一种实践取代了守斋，不再以宗教的 alibi〔不在场〕的形式出现（净化，补赎），而是唯科学的、理性的、医学的、生理卫生的 alibi：减肥疗法（很久以前，我在一个研修班上强调过医疗和宗教的紧密关系②）→三条虫子＝脂肪：为消除脂肪而"赶走谷物"：这就要"辟谷"，也就是淀粉质，卡路里。甚至 ＋ 大凡长寿者都是瘦人的想法（我的想法）：胖子死得早。这一切勾画出一个玄思的领域：活得清瘦（戒除卡路里）＝活得中性（清清爽爽松松）。

2. 弃绝悲情

弃绝：能够在想象力的迸发当中作出：毅然地下决心弃绝（人间世）令主体（偏执性迸发）。[[卢梭，6]] 卢梭（《散步之一》）：他决定"弃绝"，决定实践无为，无所事事，从而"销声匿迹"："我的心在逆境的锤炼过程中净化…… 我既没有值得自夸之处，也没有需要自责之处。我从今以后在众人面前一文不值，而且我也只能如此，因为我与他们没有真实的关系，没有真正的交往。既然做任何善事终究都变为恶，既然不论做什么都会损伤别人或者自己，弃绝于是成了我的唯一的义务，只要我还有这项义务，我就要履行

---

① 亨利·马伯乐："它们在出生之前就在体内。"

② 见《再谈身体》（OC-Ⅲ，917）。

它。"→"弃绝"：对于陷阱、窘迫境地、双重制约①的最简单的回答→就像为了摆脱天敌，动物需要蜷缩起来，"变成保护色"那样（中性的举动）→想象界？对，因为卢梭想要摆脱饱受其苦的（自身的）意象（至少他自己这样认为），使作为意象之源的自我销声匿迹：他追求的是让想象界休息（这可以用做中性的恰当隐喻）。

3. 皮浪的弃绝

放弃选择理念、"立场"、"信仰"：弃绝哲学：远离独断主义。→1579 年，蒙田叫人用随身兵器打造了一枚硬币，背面铸刻他的年龄（42 岁）、一杆秤和一句皮浪的座右铭："我弃权。"→我经常强调皮浪主义和中性相互吸引的关系，但那不是相似性的关系。这里必须仔细地查考蒙田的生平和作品，以便找出他在哪些方面或者何处未放弃（因为此君介入他的时代，公开介入）：这意味着提炼萨特有关介入的学说，但并不是修正；20 年来，知识分子一直在摆弄这门学说，方式有点粗暴。

---

① 《恋人絮语》（OC-Ⅲ，594）里有布吕诺·贝托翰姆的定义："系指无论采取什么行动，主体也无法胜出的局面：若是背面我就赢了，若是正面你就输了。"（这条注解本应放在第 146 页此概念第一次出现之时。参见该页脚注中的译者注。——译者注）

1978 年 6 月 3 日 [①]

无为 （续）

（六）无动于衷

另一个概念，或者说一种投射出来的态度，与无为很接近：无动于衷。假如我们对社会的 imago {意象} 提出疑问，定见：无动于衷＝极恶劣的意象：反意象？标新立异？仍然属于道家和皮浪主义。

1. 道家：镜中之相

主旨与我们这里不同，镜子仅象征本我，那耳喀

---

① 巴尔特这个年度的最后一堂课。

索斯①的象征。庄子："完人运用心思如同镜子；[[葛罗涅，112]]对于外物既不引导，也不趋奉（依照礼数）；他回应外物，但不存留外物。这使他能够承受一切外物，但不会被压垮。……对于泰然自若而无所存留于心的人，事物自然会显露本来的面貌；他的举止淡如止水，纹丝不动如镜，应答如同发出回声……"② →请注意：（1）道家所说的镜子跟西方的镜子不同，不是被动的和机械的（会说话的镜子在西方只出现在童话里）：它回应（但不存留），有着"平静而清澈的水"一般的美妙和神秘的运动。（2）它有行动（回应），但不贪占（攫取意志），"应而不藏"之谓。

2. 皮浪

皮浪主义者的言辞摇摆于 ataraxie {无忧} 和 apathie {无动于衷} 之间③：彻底休息，完全静止，[[科耶夫，64，21]] 可能是在一种绝对虚空之中："皮浪主义者"（容我再次重申，不是某个体系的门徒，不是独断论者，只是一个照皮浪那样生活的人）什么都不做，或者什么都不说——但这很难做到，尤其在当前的世界里！——或者说（更微妙，也更富于挑逗性），"任凭自己被浪潮抛

---

① 那耳喀索斯（Narcisse），希腊神话中的美少年，因爱恋自己在水中的倒影而渐趋憔悴，死后变成水仙花。——译者注

② 前一段话出自《庄子·应帝王》，原文是："至人之用心若镜，不将不迎，应而不藏，故能胜物而不伤。"后一段话出自《庄子·天下》："在己无居，形物自著。其动若水，其静若镜，其应若响。"——译者注

③ "皮浪主义者似乎不加区别地谈论无忧和淡漠，可是在我们看来（从黑格尔以来），一方面是皮浪主义者所说的无忧或淡漠，另一方面是斯多葛派所说的无忧，两者之间实际上有着根本的区别。"（杜蒙，201 页）

向何处"。这个意象的确很微妙（也很有意思），因为这个隐喻不无矛盾地寓指在运动当中固定不动（依然是闹中取静）：这是不折不扣的随波逐流，一个极为现实的意象。

3. 对政治无动于衷

我提出这个问题：首先是因为它很棘手（徘徊不去的"去政治化"），其次特别因为它的古代（希腊）版本很有意思；[[7，49页]] 见摩西·I·芬利的《古代民主与现代民主》一书。① 在古希腊（≠皮浪主义）时代，无动于衷被所有思考"社会"的人所唾弃。

（1）梭伦：[[81]] "在内战中，凡是没有拿起武器支持某一派的人都会遭到 atimie（褫夺公民权），也不享有任何政治权利。"→地道的反中性的表达：非得取舍不可，无论什么党派；中性比敌人还要敌人；成了应予宰杀、排斥的牲畜；聚合关系的名副其实的暴政。

（2）伯里克利（修昔底德，2，40，2）："凡是参与管理城邦者都能管好自己的私家事务，凡是投身于职业义务的人也能充分了解公众事物。不问政治的人应视为无用的公民，而不是安静的公民。其实，[[《政治论》，Ⅳ，1319a，19，38，48]] 我们是绝无仅有的持这种看法的人〈当指希腊民主派〉。"② 难道必须参与政治竟是希

---

① 巴尔特在课堂上说，他的知识是"第二手，第三手，甚至是第四手的"。

② 芬利在《古代民主与现代民主》一书中的引语。[伯里克利（Périclès，约前495—前429），雅典时代的重要领导人。他在希波战争后重建雅典，很多现存的古希腊建筑都建于此时。修昔底德（Thucydide，前460—前400），希腊政治家和历史学家，他对伯罗奔尼撒战争的历史描述成为研究这个时期的经典。——译者注]

腊的传统？

（3）一如既往，亚里士多德为"无动于衷/热衷政治"追加了一个衡量尺度——最优越的民主制度：公民既不过分冷漠，也不过分投入的民主制度。"因此，这种制度存在于拥有广阔乡村、相对众多的耕种者和牧民的国家里，这些人因散居乡下而不常会面，而且不觉得有这一类集会的需要。"① →好一个"这一类集会的需要"！假如亚里士多德知道我们如此渴盼"这一类集会"（工会的、政治的、专题小组、咨询等集会），夫复何言？简而言之：反介入主义者，反集会主义者。

（4）我认为应该在这份题为《无动于衷》的案卷当中，增加一个有关慎重的主题。我已经提到道家如何描写谨小慎微的王侯②，[[葛罗涅，144]] 因此，慎重（宽松）的管理、参与、责任和集体规定了民主制度。

（5）最后，谈到民主的时候，千万别忘了斯宾诺莎的立场，其悖论的特点值得提出（因为"民主制度"这个字眼庸俗得令人恶心，必须加以提防③）。[[扎克，118]] 有一位评论家说："斯宾诺莎关于宗教和政治问题的两篇论文充满民主精神，可是，斯宾诺莎的深层想法却是民主理想最有利于贵族智慧的兴起，这种智慧基于真实的知识，而且只有少数人才能企及。"④ →说到底，无动于衷于

231

---

① 芬利的引语，谈的是亚里士多德的《政治论》，第 6 卷，1319，19～38。

② 见上文第 60 页。

③ 见《意象》一文（OC-Ⅲ，873）。

④ 希尔万·扎克：《斯宾诺莎的道德观》，114 页，巴黎，PUF，1966，第 3 版，1972。

是与"贵族"沆瀣一气，然而（尼采的主题）"顺从群体的"，"反作用的"（弱者、教士、心存怨恨者）才是"推进派"（≠积极的），参与主义者。

（6）最后谈谈"理论的"无动于衷，它被一段有点吓人的引语所引发。利奥塔①扬弃了批评的概念，代之以"对理论无动于衷"[[F. 理查德，322 页]]（＝与中性十分接近。另外，我跟利奥塔一样，对于"随波逐流"这个词很感兴趣）。利奥塔遭到托洛茨基主义者斯卡拉皮诺②的激烈攻击（《要马克思还是要完蛋，共产主义评论月刊》③，第 2 期，67 页）："……在我们看来，理论从来就不够恐怖，从来没有恐怖得能够摇撼自命不凡，深信不疑，冷漠麻木……我们赞成理论应该有恐怖，因为主体性从中占据的地位永远也不会过分。"④很有趣（尽管说得吓人），因为这是一条拱形线⑤：

232

（七）打坐

无为自有其姿势，既是象征性的，又是实际的（有效的）：打坐。我们知道这也是禅宗一词的来源：坐禅，禅宗和道家都采用这个姿势。

---

① 利奥塔（Jean-Frangcois Lyotard，1924—1998），法国后现代主义哲学家和文学批评家。——译者注

② 斯卡拉皮诺（Camille Scalabrino），法国左翼政论家，现任巴黎第七大学亚洲文化教授。——译者注

③ 法国 20 世纪 70—80 年代的政治极左派理论刊物。——译者注

④ 加缪尔·斯卡布里诺：《当文本的科学遇到拉康》，载《要马克思还是要完蛋，共产主义评论月刊》，1975（7）。

⑤ 巴尔特进一步口头解释说，首先会有主观性的狂热的恐怖，然后是假中性在理论上和科学上的主观性，随后是中性的寻求和解的主观性。

1. 道家

道家为使身体不朽所建议的实践之一：（1）辟谷；（2）靠呼吸维持生命（用丹田呼吸：屏气，让气息流经全身：利用食道）；（3）利用"坐忘"的沉思来养神（非宗教意义的：统摄体内的气），可是这样的沉思与一种姿势合为一体（并且从中毕尽其功）：坐下（同时摒弃意识）：实际上："沉思"＝"坐下"＝精神获得自由，无所思虑（≠西方的宗教和哲学传统中的静思[1]）→坐下＝（沉思）＝什么都不想。或者更准确地说，摒弃对名字的意识：忘名[2]，也就是说摒弃对于虚荣的意识（翻译成我自己的语言：对于意象的意识），最终以某种方式摒弃对于"道"的名称本身的意识（不以之为荣，不把它当做你拥有或者代表的一门教义）："认识道并不难，难在不谈论道。"[3]（永远是这个难题：认识中性易：既认识又说中性难——至少如此。）

---

[1]　巴尔特在课堂上还提到了罗耀拉的名字。

[2]　在《意象》一文里，巴尔特把名字和意象相提并论（OC-Ⅲ，874）。

[3]　见马伯乐的《六朝时期的中国宗教信仰中的道家》一文，收入《关于中国的宗教和历史的遗作》，出处见本书第 27 页。——译者注

2. 禅宗

打坐是与无利可图的观念相联系的：Mushotoku：无所得，无获取之欲［［真禅，57］］（Mu＝不 + shotoku＝图利）→Shikan-taza①＝打坐没有目标，不寻求利益。这个举动（姿势）虽然有"强烈的"消极性，却不可小觑：坐下是积极的＝一个与"瘫倒在地"反义的举动：贝克特（《倒下的人们》）："啊，我像一堆牛粪似的原地瘫倒，一动不动。"②因为打坐者在思想，在持守（viget animus〈精神警醒〉→corpus sentit〈身体感知〉）懒散的享受。→梦想终日，只一次，不受任何打搅地安坐：没有人要我办事，没有任何任务、责任。

我一直盼望把这句话写进文章和书的题跋里：［［瓦茨，153］］《禅林句集》中的诗句："静坐无事，春至草生。"③ →（1）个人的回忆：这句简单的话所引起的震动归结为：穿经一个"被遗忘的"摩洛哥村庄的时候（从拉巴特到卡萨布兰卡的大道旁），我曾经看到一个"静坐无事"的骑墙小孩→某种意义的悟：见证纯净的生活，没有语言的扰动→这里的小孩：某种 guru〈宗师〉，媒介物。

233

---

① "只管打坐"的日语汉字读音。这是禅宗分支曹洞宗的打坐方法，据说由日本道元禅师从中国引进日本。——译者注

② 1957 年由子夜出版社发表的剧目，第 12 页。

③ 这首诗在《恋人絮语》（OC-Ⅲ，678）和《新生》（OC-Ⅲ，1302）里都引用过，来自前引阿兰·瓦茨的《禅宗佛教》一书第 131 页。后者还说："《禅林句集》是东阳英朝（1429—1504）编辑的一部禅宗诗选，共收入二行诗五千余首。"［东阳英朝（Toyo Eicho），日本禅宗临济宗圣泽派僧人。——译者注］

（2）请注意法语译文的句法：搭配错误①：主语消失在指明姿势与天地的见证之间：没有本我：只有一个姿势与大自然（这也许是真正的生态学：但是跟参加选举的生态保护党派和集体行动相差很远）。（3）这意味着不睡觉，投入某种衰退、消亡的过程："意志"→"思考"→"梦想"→"做白日梦"→静坐无事。[[纪德，86]]参见暮年纪德（1948 年）："……他只有在同意不做任何事的时候才觉得惬意。他声称觉得变迟钝了，连思维也是如此……"（4）"静坐无事"＝实际上意味着彻底摆脱谬误的世界：对于一个西方人来说，也许绝无可能：什么都不做，没有失误，不欠债：总觉得时间必当用于某事、某人的顽固念头。基督教的姿势：屈膝下跪。法西斯主义的姿势：立正。亚洲的姿势：坐下→因此，正如我已经说过的，一个姿势完全是象征性的、取效的，从而超越和穷尽了象征手段，不求助任何经验主义（此话在此处说出十分恰当）。

"坐下"还可以进一步细说和现实化。此刻，我坐着，请看我如何体会这一点：如果我不喜欢"大堂授课"，如果说这使我感到焦虑，让我难受（尽管有人不时拿这个羞辱我，似乎我应该对此负责），这倒不是因为"自说自话"（我相信实际上我跟各位有交流，尤其是按时光顾者），而是因为背离了"坐下"："落座上席"：面对教室的讲坛，这种格局导致大堂授课（研究院：好得多②）。禅宗的

---

① 指"静坐无事，春至草生"两句诗的法译文。依法语语法，由于意思不同，省略了主语的前一句跟有主语的后一句不搭配（"Assis paisiblement, sans rien faire, / le printemps vient et l' herbe croÎt d' elle-même."）。正如禅诗所示，这在汉语里却是允许的。——译者注

② 在高等试验研究院，巴尔特不必面对听众授课，而是与听众一起围坐一张圆桌旁。

做法是坐下时什么都不面对，这甚至就是禅宗的真谛。坐下而无须面对任何东西：解决不了的难题：餐馆里，火车上，日常生活中，总会有人坐到你面前。

雌雄同体

234

最后一个熟语，但不是终极的。没有结论性的意义，但是有所意指。的确：正如一切有损于两性之别的东西，雌雄同体：定见的极端而且持续的敏感话题→完美的区分标准，在某种意义上验证中性的开始/结束→（最近的《唱片论坛》①：玻塞尔，男生最高音，高莱阿：这使他觉得别扭，但不松口："女人毕竟还得是女人，云云。"费尔南德斯②徒劳地向他解释雌雄同体乃是一种伟大的神秘的力量，证明文明之丰富、博大、一个"很自然"的事，没什么可说的：男生用女嗓唱歌让他受不了，等等。）

不过，我还是要处理雌雄同体这个主题，因为，"归根结底"——从语言的层面来看，在定见的形式下，即语法——中性是个性属的问题。实际上，为了结束这门课，现在是谈谈语法中性、中性的性属③的时候了，我们原本应当由此开始（可是我们选择了偶然，却没有选择逻辑）。

---

① "音乐法兰西"广播电台的音乐评论节目。高莱阿（Antoine Goléa，1906—1980），法国音乐评论家。 ［亨利·玻塞尔（Henry Purcell，1659—1695），英国音乐家，以融合法国和意大利的音乐元素创造英国巴洛克风格的音乐而知名。——译者注］

② 多米尼克·费尔南德斯（Dominique Fernandez, 1929— ），法国作家。

③ 见《会晤罗兰·巴尔特》（OC-Ⅲ, 1064）。

（一）词语的性别

（我要把一份厚厚的语言学卷宗大大压缩。）

1. 语法学家所说的中性

性属＝语法范畴；原则上不限于生物性别：＝"语言用来体现一个原始的本体论概念的一系列现象，即把大量名词区分类别，各自代表不同的存在物。"① [[亚当，29]] →各种语言有不同的表现方法。[[达姆海特和毕雄，Ⅰ，段 306]] 例如，有/无生命，雄（男人，神灵）/雌（女人，动物，事物）：易落魁语/加勒比语；阳性/阴性/中性（无性别）。玻勒语 {Paul}：人类的（男女）/非人类的（动物和事物）。→两条看法：

（1）有时候没有性别之分，巴布语、内格里托语和汉语无法把性别的概念放进它们的体系里：匈牙利语（芬兰—乌格尔语）：不分他和她（小说《她和他》② 就"无法翻译"）。

（2）"有生命"一类的概念蕴涵着宗教信仰。阿尔冈基亚语：有生命＝动物，树木，石头，太阳，月亮，星辰，雷电，雪，冰，小麦，烟草，雪橇，火镰。

带中性的语言：印欧语系→ [[亚当，55]] 梵文，古波斯语，希腊语，拉丁语，斯拉夫语，日耳曼语，古凯尔特语≠中性已经消失的语言：印度斯坦语，葡萄牙语，意大利语，法语，印欧新凯尔

---

① 吕西安·亚当（Lucien Adam）：《论各种语言中的性别》，见《斯坦尼斯拉斯科学院论文集》，第 4 编，第 XV 卷，29～64 页，南锡，Berger-levrault，1883。

② 乔治·桑发表于 1859 年的小说。——译者注

特语：有性别之分，因为中性有时指无生命，有时指中性。中性＝无性别→［［亚当，54］］印地语的语法学家：中性："专指既不繁衍，也不孕育的存在物的性别。"①

中性问题的复杂化：［［汪德里耶斯，106］］起先，形态系列（一个语法范畴必须用词素表达：中性必须有一个表示中性的词素才能存在②）与语义系列（中性＝无生命和/或无性别）之间的巧合。可是，在语言史上，这两个系列的平行性往往会出现畸变、混乱、无序：由于形态相似而被阴性或阳性吸收，中性的词素从而消失，有生命和有性别之间的语义波动：出现了无性别的有生命体：例如小动物（甚至包括：小孩，to nèpion，to paidion，baby，bébé ｛婴儿｝ ③）。

从语义方面看，中性主要指无生命的东西，即事物：bonum ｛事态｝，以及凡可与之比拟者：我们刚才提到的 to paidion；还有 mancipium ｛奴隶｝。关于词素的起源的假设（有趣之处，形态系列与语义系列吻合，语言因而拥有了理据）：拉丁语：中性＝主格＝呼格＝宾格：中性是以前的宾格＝原先不用于主格即主语的词语→中性＝非主语，被禁止具备主体性，被排斥（奴隶）。

印欧语系诸语言曾经发生过"中性的大溃败"（拉丁语早就开始了）：［［大百科辞典］］阳性和中性词素的相似性：中性被阳性所

236

---

① 吕西安·亚当：《论各种语言中的性别》，54 页。——译者注

② 约瑟夫·汪德里耶斯：《语言》，巴黎，Albin Michel，1950。［汪德里耶斯（Joseph Vendryès，1875—1960），法国语言学家，曾主持高等试验研究院斯拉夫语系。——译者注］

③ "婴儿？没有比他更中性的了。"见《亮室》（OC-Ⅲ，1181）。希腊语 to nèpion 是"婴幼儿"的意思。［to paidion 是"幼儿"或"年轻的奴隶"的意思。——译者注］

吸纳，可是中性的复数（folia{叶簇}）→阴性。所以，问题出在形态学上。可是，一如既往，形式带有内容的梦想、意象，形式（此处即语言）反映着潜在的观念形态，一门语言的想象→中性在法语里退化了→两个相互矛盾的后果，但完全辩证地彼此补充，从而形成了法语受性属制约的这副样子。

1）中性形式大量转换为阳性形式：助长无分性别，混淆性属标记；中性成为一种陪衬，用于标注有性属与无性属之别→阳性形式的一统天下→阴性成为标显的形式。参照罗马帝国将 civis{公民}的品质延伸到普天之下。

2）与此同时，"大一统"的阳性却保持了某种支配权。我们总是以阳性形式记写词语。在我们的头脑里，阳性和阴性是不对称的。① [[杜朗，27]] 我们用阳性形式思考，觉得阴性只是它的一种派生形式。课堂规则：阴性形式是在阳性形式后头添加哑音 e 取得的，等等。阴性 = 派生物。设想一部与之相反的语法吧，规定阳性是从阴性派生的：那会造成多么大的灾难啊！→"语感"为了使阳性获益而重组法语的性属，方式却有点虚伪。②

达姆海特和毕雄③：[[达姆海特和毕雄，Ⅰ，段 310]] 悖论式

---

① "我们都知道，我们是通过词语的阳性形式记忆它们的，这种形式在我们看来并非一个带性别或其他什么的词语，他就是这个词语本身。"玛格丽特·杜朗：《巴黎和巴黎大区的法语口语中的语法性属》，27 页，巴黎，d'Artrey，1936。

② 巴尔特在课堂上补充说："拿普遍性当诱饵。"

③ 达姆海特与毕雄（Jacques Damourette & Édouard Pichon），法国语言学家，合著 8 卷本《从词语到思想：法语语法论》，巴黎，d'Artrey，1968—1983。

地、"大胆地",然而错失对象（≠ 反理据的实证主义语法家），用
地道的克拉底鲁①的办法，试图为法语的解读重新安排性别。论点
是自然主义和类推式的：一切法语词语都隐含着所指物的性别：
"性属类同性"。这个说法听起来让人觉得可笑，因为显而易见，法
语的性属是无理据的：匪夷所思的是，他们不光要知道为什么
théière〔茶壶〕是"阴性"名词，还要追问为什么茶壶这东西是
"阴性的"！不过，讲完这个科学的讽刺，问题依然存在：关于词的
性属的潜意识联想：性属类同性有一些换喻现象。麻烦在于：达姆
海特和毕雄给阴性记号重新赋予价值，却拿一种视妇女为顺从、被
动的、循规蹈矩的观念形态当做依据②。例如，法语有些机器有阴
性名称，必须借助某种外力才能丰富其被动性：couveuse〔孵化
器〕，balayleuse〔清扫机〕，faucheuse〔割草机〕，还有一些自动装
置是阳性的：curseur〔游标尺〕，viseur〔瞄准具〕，remorqueur
〔驳船〕。达姆海特和毕雄承认他们对"théière"束手无策（总之，
"她"是用来泡茶的!）："但愿研究者将来重新考虑这个问题。"是
的，也许会吧：（值得庆幸的是）这将永远取决于所处时代的观念
形态，因为性别是一个"理念"！

2. 从语言到话语

因此，在法语（作为词素的体系）里：没有中性。这种缺失可

---

① 克拉底鲁（Cratylus，公元前 5 世纪后期在世）是赫拉克利特学派的
主要人物之一，哲学史上通常认为他把后者的辩证思想推向极端，陷入怀疑主
义甚至诡辩。《克拉底鲁》也是柏拉图《对话录》之中的一段对话录的标
题。——译者注

② "大海像女人一样多变"，并且引用了米什莱的话作为依据，381 页。

以视为一种缺憾，而我们正好应该从这一点出发。

（1）布朗绍看到并令人称羡地"发掘"了这种缺失（《无尽的交谈》，439）。　[[布朗绍]]关于赫拉克利特：l'un la chose-sage〈那智慧之物〉："法语无法直接传译这个中性名称，它给了我们某种要说出的东西，但我们的抽象与归纳方式无法给它提供任何符号。"还有："通过一种显然过度简单化的做法，我们可以在整个哲学史中看到一种努力，要么通过用无人称的法则和普适原则取代'中性'，从而驯化和收服它，要么是回避它，办法是肯定'自我—主体'的伦理优先权，肯定对于某个特异的'唯一'的神秘追求。于是，中性从我们的语言和真理当中总是被剔除。"

（2）话语代替语言：始终切记这一点：镌刻在文学 S[1] 的门楣上，来源于语言学，但取代语言学（以其《补充》自误）：马拉美，《一个主题的各种变化》，《七星书库》，364 页：[[马拉美]]"——只是，需知诗句是不存在的：在哲学意义上，诗句弥补语言的缺陷，是更高级的补充。"应当牢记马拉美（《关于书》，375 页）："诗句隐退时，且称之为散文，然而，如果话语的仓库里仍然有对音乐的悄悄的追求，它就仍然是诗。"→我再提醒一次（因为人们把它弄得沸沸扬扬），正是在这个意义上，我才谈论语言的法西斯主义：语言把它的缺憾变成了我们的法则。粗暴地迫使我们服从它的缺憾：十二块铜牌法[2]，Uti lingua nuncupassit〈命名、建立、言说、

_238_

----

① 文学 S 即文学符号学（sémiologie littéraire）。

② 公元前 450 年制定的古罗马第一部成文法典，据说刻在 12 块铜牌上。——译者注

宣告〕ita jus esto①：语言是法律，而且 dura lex〔法律无情〕。
[[维科，米什莱，36]] 然而，sed lex〔仍为法律〕，话语（文学）
使之"转向"、偏移；这就是补充，是替补行为→文学＝自由→面
对无法律的中性（语言），话语（从最宽泛的意义上说：表述：文
学的，伦理的，悲情的，神秘的）开辟了一个无限的领域，它是波
纹状的，有细微差别的玄思的空间，能够还原在语言中衰退，生活
在别处存活的中性。经由什么途径？我想用一个含糊的词：通过感
受，话语经由感受达至中性。

（3）这种流动，我要在一个小角落里找到它的源头，语言本身
的隐秘角落：昵称或者慈善举动的小词库：不是话语，而是词汇层
面的充满感情的称谓。

的确，昵称的基础是性属的某种波动：19 世纪的民间叠句：
[[多查，57]]

> 瞧！马提耶来了，
> 你还好吗，老大姐？
> 瞧！马提耶来了，
> 你还好吗，老大哥？②

昵称改变了性属：用对调性别来表达感受：Mon chéri〔亲爱

---

① "宗教行为构成了神圣时代的全部法律，故亦可称之为行动方式，对
此还应当增加言说方式。后者与人们对于前者的尊敬一脉相承，对于这些方式
的迷信曾是不可改变的，毫不容情的：Uti lingua nuncupassit ita jus esto." 这
个拉丁语句子的意思是"法律需恪守语言表述"，取自儒勒·米什莱编辑的
《维科全集》（《米什莱全集》，第 1 卷，296 页，巴黎，Flammarion，1971）。

② 阿尔伯特·多扎在《法语语言学研究》一书里引用过（巴黎，
d'Artrey，无日期）。

的〉, mon chou〈我的心肝宝贝〉→对女孩；ma vieille〈老大姐〉
→对男孩。不妨认为：1）昵称和中性：已经可见混用在有关小动物的词汇里（小鸽雏，熊宝宝，猫咪，小宝贝儿，等等）：[[达姆海特和毕雄，Ⅰ，段317]]不存在性属的类同性；达姆海特和毕雄：小动物的类同性①。2）既然中性使主体向事物靠拢：因此它就更能够被当成偶像，可欲求，可拥有。此处应该再次拿出弗洛伊德有关儿童生殖期的案卷：das Kleine②。

（4）所以说，中性包容两个性别；此外，在欧洲的形态学里，中性与集合性相通：在形态学的某些隐蔽角落里，中性是包容性的，统合性的→因其如此，我们也许正在见证变化。我们经常以布隆达尔所说的结构为依据：A／B／既非 A 亦非 B／既是 A 也是 B③。

可是我们必须——这大概是我们这次"遭遇"的最后几句话——颠覆结构性模式：中性，即我们所说的中性，延伸至话语（篇章，行为，"波动"）的中性，不是"既非……亦非……"，而是"一起发生"，"同时"，或是"交替登场"：→中性（结构性颠覆：我们的戏剧性变化）是一种情结，但却是一种解不开的、无法简化的情结：细微差异、对立物、波动的"爱情的纠葛"（尼采语）：难以被定见所接受，却为主体所喜见。→因此，中性不取消性属，而是把性属结合起来，使之不脱离主体，同时地，交替地，等等→我们从此进入了一个巨大的神话：雌雄同体。

---

① Pullisemblance〈小动物类同性〉系根据拉丁语 pullus "幼小动物"创造的词。

② 德语"幼小"之意。

③ 见本书第31页。

（二）雌雄同体

（1）一如既往，重要的事物（我们已经谈到过）都有一个闹剧式的版本①。雌雄同体也有一个闹剧式的版本：［［闹剧］］双性人→普遍的不信任。魔鬼：并非令人恐惧，而是更糟糕：令人担忧（提醒一下双性人的意象：躺在带蓬童车里，阳光下，费里尼《爱情神话》②）。说是魔鬼，是根据解剖学的，外科手术的观点：医学报告：见福柯推介的《人称 B. 阿莱克孜娜的海尔库利娜·巴尔班》③（Gallimard 书局），以及即将出版的有关双性人的《性史》第 2 卷。我说了：这是闹剧。很奇怪，由于双性人的明显的解剖学构造（双性，兼具两性生殖器官）与迟钝、失败的主题有联系。因此，男、女、失败、堕落都成了同一种反感的对象：见左拉所说的女人味：巴黎（41 页）：二元世界，摩尼教式的：一方面是资产阶级的腐朽（政府，警察，金钱，法律，新闻界）≠另一方面，未来社会的理

①　《罗兰·巴尔特自述》，OC-Ⅲ，162。（参见 4 月 1 日课上提到的马克思在《德意志意识形态》中的说法。——译者注）

②　费德里柯·费里尼（Federico Fellini，1920—1993）1972 年根据罗马帝国初期作家贝特罗尼乌斯（Gaius Petronius，27—66）的小说创作的电影。

③　《赫尔库利娜·巴尔班》于 1978 年由 Gallimard 出版。米歇尔·福柯在第 133 页写道："有些与之相似的怪人，而且尤其从 16 世纪以来，这些人给医学和法律提出了许多课题。这个问题我们将在《性史》中研究阴阳人的一卷里加以处理。"［法国人赫尔库利娜·巴尔班（Herculine Barbin，1838—1868）生来兼有两性生殖器官，后来自杀福柯发现和发表了他的日记，并撰写了前言。英译本译者注指出，《性史》1976 年出版的第一卷和 1984 年问世的第二卷都没有专门讨论阴阳人的问题。——译者注］

想的纯洁性（无政府主义者纪尧姆·弗罗蒙工程师①及其家庭：科
学＋人类＋率性，诚挚，等等）→1）从善的（革命的）方面看：
理想主义的调整（即应当加以修改、修正的时候）是以一种高贵的
方式完成的：理想主义者可能会搞错。例如，无政府主义者：他发
现了某种炸药的秘密，首先想到用来制造炸弹（尤其想炸掉圣心大
教堂②）；随后纠正了这种恐怖主义的想法：应当将其用于制造某种
新型引擎；≠2）恶的（资产阶级的）方面：恶被视为一种无法改
变、无法纠正的顽固的本质，如同魔鬼一般：这就是堕落的女人
气，左拉所说的雌雄同体：登峰造极的腐朽：杜维拉男爵的儿子雅
辛特跟一位自命不凡的堕落公主（其实是个男的）同居，可是他身
上剩下的全是女人气：

> 雅辛特 20 岁了，他有着从母亲继承的暗淡的金黄头发，东
> 方人的长脸，从父亲那儿继承的灰眼睛、厚嘴唇显示出毫无忌
> 惮的旺盛食欲。这个糟糕透顶的学生决定什么都不做，他对一
> 切职业都同样厌恶。而且，在父亲的溺爱下，他对诗歌和音乐
> 发生了兴趣，他生活在一个不同凡响的环境里，艺术家、女孩
> 子、疯子和强盗，他本人也是个无恶不作的好吹牛的家伙，装
> 出一副鄙视女人的样子，鼓吹最恶劣的哲学和社会思想，爱走
> 极端，今天是集体主义者，明天是利己主义者，后天又是无政
> 府主义者、悲观论者、象征派，甚至是鸡奸派〈魏尔伦在韩波
> 的诉讼法庭上曾说："庭长先生，应该说'鸡奸者'才对。"〉，

---

① 纪尧姆·弗罗蒙 (Guillaume Froment)，法国作家左拉的三部曲小说
《三城记》之三《巴黎》中的人物。——译者注

② 圣心大教堂位于巴黎市北部的蒙玛特尔高地。——译者注

可是他仍然是信誓旦旦的天主教徒。实际上，他仅有空虚的心灵而已，而且有点愚蠢。在经历了四代人之后，杜维拉家族的强劲和贪婪的血液……颓然衰败，似乎已经因为欲壑难填而枯竭了，沦为一种衰败的雌雄同体，连放肆地行恶和淫荡也无力做到了。①

（2）与双性人相比，雌雄同体与生殖力并不直接相关：＝雄雌结合，它意味着对立面的结合，理想的完满性，完美无缺。双性人和雌雄同体的区别在于：归根结底，是价值判断，是一种评估：过渡为隐喻。生殖力的分散，进入次要特征：在这方面变为"人性"，不再是动物了；例如鲍姆所说的 tinctura〈酊剂〉②。→据此，雌雄同体作为一种超人性：普通的神秘学说（由卡巴勒③、炼金术和鲍姆这样的神秘家次第流传——我且不谈《会饮篇》④ 中的雌雄同体），原生的雌雄同体和未来的雌雄同体。

1）原初的雌雄同体。（a）上帝：创世之前，上帝是雌雄同体的。⑤[[聿丹，61]] 然后分成了两个对立的存在物，二者媾和，造成世界：太阳＝阳性/大地＝阴性（月亮＝贞洁的母亲）；参照三倍伟大的海尔梅斯（埃及人的月亮之神）：双性人，日耳曼人的神杜

241

---

① 左拉1898年发表的小说，1998年由 Stock 重版。巴尔特念的这一段在该书第59页。

② 在鲍姆的理论里，tincturae 表示生命的"原则"，即 limbus（雄）和 matrix（雌）。

③ 犹太教对于《圣经·旧约》的传统解说。——译者注

④ 当指以同性恋为主题的柏拉图同名对话录。——译者注

⑤ 塞尔日·聿丹写做"是双性的"。他在脚注里说："最让神学家们痛心疾首的理论之一便是关于性别二元的理论，密宗作家大量阐发了这种理论。"

伊斯科①，罗马人的亚努斯神是男儿面，女儿身②。[[霍克，254/
但丁：《地狱》之三，34～61]]（b）天使：雌雄同体的③。（c）亚
当。雌雄同体之第一人：极为古老的概念：东方，西方，埃及，中
国；在伊朗世界里的源头?④ 亚当：第一个亚当，天人亚当＝雌雄
同体：《创世记》第一章第 25 至第 26 节："上帝把他们造成男人和
女人……给他们取名亚当。"按照鲍姆的说法，亚当＝雌雄同体；
也就是说，不是无性别的（纯粹的精神），[[鲍姆，225，230]] 而
是在天赐的体内结合起阳性与阴性两种 tincturae〈酊剂〉。鲍姆的说
法很大胆：亚当＝"阳性贞女"⑤（männliche jungfrau）："无需撕破
身体"便能生产→基督：第二个亚当；也是一位阳性贞女。

　　2）未来的，也可以说启蒙的雌雄同体，是由两个彼此紧密联
系的传统推到前台的：卡巴勒和炼金术。

　　（a）卡巴勒（＝"传统"）：[[纳塔夫，202]] 由埃及人摩西引

---

　　① 罗马时期的历史学家塔西陀认为，杜伊斯科（Tuisco）是所有日耳曼
部落共同的祖先。——译者注

　　② "在'原始'民族的巫术表象中，以及同样在'历史上'的民族那里，
双性人是一个宇宙秩序的原型。自然的生命聚合了雄雌两种元素……'原始
的'心智状态赋予了双性人一种神圣性。"（霍克）

　　③ "凶恶的天使合唱队在上帝面前既不反叛，也不忠诚。"（但丁：《作品
全集》《七星书库》，897 页，巴黎，Gallimard，1965）。按照传统所说，魔王路
济斐尔反叛上帝的时候，一部分天使保持了中立。

　　④ "像其他许多神话一样，这个神话也出现在柏拉图笔下：人类最初是
双性人，他们之所以在将其分成雌雄的神灵眼里变得有危险性，原因便在于
此。"（霍克）

　　⑤ "亚当不像纯粹的精神那样无性别，他的天赐的身体里汇聚了阴阳两
种酊剂，因此才被唤做阳性贞女。"（230 页）

入犹太教的宗教科学→Zohar，即《辉煌之典》①（12 或 13 世纪）：《五经》②的评述，受柏拉图学说的影响→上帝与世界之间：10 个核心概念或者数象③：利用这 10 种力量（＝圣言）和他赐予希伯来人的 22 个字母，上帝创造了宇宙；每个数字都包含着字母 Aleph，作为其他字母的依据，上帝的叹息→全部数象＝"天庭中人"，以亚当·甲德岷④的形式出现的上帝的身影。十个数象：互为补充，不可分离，阴性和阳性→完美与平衡的理念：两个存在物缠绕在一起：阳性原则（精神）和阴性原则（物质）彼此孳生。二元性被取消：亚当·甲德岷！⑤

　　（b）炼金术士。一回事：取消二元论，寻找终极的雌雄同体。→伟大的工作：实现男女合一，分不开。（参见道家，阴阳之合。）→ [[211]] 宇宙秩序分出性别的故事：雄性原则和雌性原则之间的、硫和汞之间的 conjunctio 即交媾，→完成单一的存在，新的亚

242

---

　　①　犹太教的秘传论著，大概在 1300 年前后由格林那达的摩西·德·莱昂所撰写。

　　②　《五经》（希腊文 Pentateuque），即《圣经·旧约》的前五卷，亦称《摩西五经》，或"妥拉"（Torah）。——译者注

　　③　"卡巴勒的思辨和教义最重要的部分均与神圣的灵气和数象有关。"（G. B. 施豪莱姆：《卡巴勒及其象征手法》，48 页）

　　④　乔治·纳塔夫写道："他是最原初的生物。"又补充说："卡巴勒的注经师认为，善意的上帝给人类准备了一种隐藏在字母里的可能性，即重新变为亚当·甲德岷。"[在犹太教的卡巴勒传统中，亚当·甲德岷的意思是"最初的人"（希伯来语）。——译者注]

　　⑤　"亚当是雌雄同体的，而且拥有魔法，这使他成为大自然的主宰。"（225 页）他是"最初的人"（施豪莱姆，122 页）。

当，用加冕的雌雄同体表示最高的数象：王冠①：戴在雄性（父、智、力、荣）和雌性（母、慧、恩、胜）[[220]] 数象的头上→做到这一点者将消除一切对立面："像活生生的黄金那样光芒四射。"（炼金术士认为金属都有生命）

（3）因此，雌雄同体者，中性之谓也；可是，中性其实是一个复杂度②：一个混合物，一付剂量，一门辩证法，不是男和女（生殖能力）的辩证法，而是阴和阳的辩证法。或者，更好的说法：阴性的男人，阳性的女人。正因为如此，从男人的角度看——因为说此话的是个男人：纪东③和另一位听众（蒂埃里·吉赛）报告说，巴什拉：中性＝"戴面的女性"。中性（如果出自男人之口）＝浸润，泡在女人天性中的男人（如同钢材在某些液体中淬火一般）。波德莱尔说得非常好：[[波德莱尔，137～138]]

> 德·昆西……铭感天恩……他的最初的情感的形成得益于天底下最温柔的姐妹，而不是爱动粗的凶恶的兄弟，那些动辄使用拳头的兄弟们。由女人抚养大的男子跟其他男人确实不一样……保姆的轻摇，母亲的抚慰，姐妹们的温存话语，尤其是像小妈妈似的姐姐，不妨这样说，她们更能够像揉面似的塑造一个男性。一个男人如果从一开始就长期浸润在女人的温存氛围当中，浸润在她们的手掌、乳房、膝头、头发和柔软飘动的衣衫当中……他一定会外貌优雅，口气独特，有一种雌雄同体

243

---

① 在希伯来语数象图中处于最高点的 Keter 有"王冠；神的意旨，造物主，无限的光"等义。——译者注

② 参阅 OC-Ⅲ中关于第三词项的概念，147、196、804 页。

③ 让·纪东（Jean Guitton, 1901—1999），法国天主教神学和哲学家，法兰西科学院院士。——译者注

的气质；就艺术的完美而言，没有这些，一个最粗犷的阳刚男子仍然是一种不完整的存在。总之，我想说，女性世界的早熟趣味，mundi mulierbris〈女性世界〉……造就高尚的人才。

中性："有女人味儿的男人。"可是，也许不是随便什么样的女人味（也许女人味有好多种）。我们还记得弗洛伊德说到达·芬奇的时候：[[弗洛伊德，70]]分析秃鹫的梦境：鸟尾伸进幼儿口中＝喂奶＋同性恋场面→雌秃鹫：参照埃及的女神姆特①，头顶秃鹫＝有阴茎的女神，这就是说：乳房＋勃起的阴茎（参见狄奥尼索斯②以后的大量神灵）→雌雄合一的母性。而且弗洛伊德明确说明（可证实我区别双性人与雌雄同体之不误）："在医学意义上，我们管这些神灵的形象叫做双性人，其实这是语言的滥用。这些形象没有一个真的兼有两性生殖器官……它们只是凭借孩子对母体的最初想象，在作为母性象征的乳房以外增加了一个雄性器官而已。"

也许最后应当提到（尚未很好发掘）：母亲和妇女不可随意混为一谈。这样一来，任何一个带有母性的主体都成了雌雄同体③。→我们还可以细说、延伸、梦想、激发母性父亲的形象，长乳房的父亲：温存的父亲：我们西方神话里缺乏这样的形象，一种意味深长的缺失。我记得在日本的火车上，一位父亲对他四岁的儿子的脉脉温情。《战争与和平》：老年保尔康斯基之死，跟女儿玛丽永诀：→场景极生动，我觉得很有震撼力。

———————

①　姆特（Mout）是埃及神话中的女神，象征母性。——译者注

②　狄奥尼索斯（Dionysus），也叫巴库斯（Baccus），希腊和罗马神话中的酒神。——译者注

③　巴尔特在课堂上提到了普鲁斯特。

（4）根据这一点（我马上就要说完了），[[弗洛伊德，111]]一方面重提弗洛伊德和达·芬奇，另一方面或许可以说，中性有它的形象，它的姿势，它的无法模仿的曲折变化：微笑，弗洛伊德分析过的达·芬奇的微笑：蒙娜丽莎、圣安妮、蕾达、圣若望、巴库斯①：既是男人的，也是女人的微笑，排他性和隔阂的标记在这样的笑容里一扫而光，这微笑往返于两性之间："陶醉的幸福微笑，很像母亲（卡特琳娜）在轻轻抚摸他的时候，嘴边浮现的那种微笑。"② 在我看来，即使如此指射个人生活有点过于明确，过于闲闻逸事，有一点看来却十分真确：生殖方面的聚合关系被打破（超越、移开）了，不是通过一个冷漠、麻木和晦涩的形象，而是通过一个陶醉的、谜一样的形象，散发着柔和的光辉、至高的善。对于聚合关系、冲突和傲慢的举动——那将是夺人命根的大笑——中性的举动的回答是：微笑。

中性退场。

---

① 圣安妮（st. Anne）是传说中的圣母玛丽亚的母亲；蕾达（Leda）是古希腊神话中的一个以天鹅为伴的女性形象；圣若望（st. Tean）当指耶稣基督的使徒之一约翰；巴库斯即希腊酒神狄奥尼索斯的罗马叫法。这些人物在文艺作品里的形象为西方人所熟悉。——译者注

② "达·芬奇很可能在这些形象里否认了他的爱情生活的不幸，并且利用艺术克服了后者，通过表现男孩受到母亲的吸引，在阴阳两性幸福结合的形象中，欲望获得了满足。"（弗洛伊德，147页）

附　录

强度①

（一）中性，结构，强度

（1）培根。分类：寻找永恒的、稳定不变的形式："对于一种既定的特性，首先应当让它跟所有显示相同特性的已知事实一起出现在智力面前"〔〔F. 培根：《新工具》，85，Ⅱ，第11段等〕〕（例如，研

---

① 这个熟语及其后的"休假"和"恐惧"两个熟语，巴尔特都没有在课堂上讲过。备课卡片里还有若干"最终放弃的熟语"：遗弃、窒息、双关、中心、光晕、散文、署名、蜷缩、凶暴等（罗兰·巴尔特档案库/当代梓行纪念学会）。

究热度的形式）→当然，结构的、聚合关系的"触发点"享有优先权：1）存在物及其表现的分布图（例如，日光，闪电）。2）相似物的消失和缺失的分布图（相似物：因为消极现象反映着积极现象）＝月光——聚合关系的启发意义：有/无，有标记/无标记：已经是叶姆斯列夫的置换原则了，其本身也有启发性。可是，培根补充说：3）程度的分布图（程度之间的比较）→就是在聚合关系（有/无）之外提出一个第三项，既不是零度，也不是复杂度：它是强弱的程度，或多或少，是强度。

（2）结构和梯度的关系［梯度＝一个刺激物（气味的梯度，光线的梯度）或一种行为（目标的梯度）在时空中递增的强度（密集性，速度），［［梯度］］《动物行为》，232 页］［［强度和结构］］→迄今为止，梯度并不是一个结构性（结构主义）的算符。结构主义＝是/否（＋既非是，亦非否＋既是又否），有标记/无标记。但是没有"多/少"的方法论的观念过程→［［道尔顿体系］］例如，面对道尔顿体系①，经典的（杰出的）结构分析会丧失权利：一个彻底的道尔顿式的主体，彻底的色盲，依然分辨得出蓝色物体和红色物体：两个物体均呈现灰色，但亮度有别：红色的：似乎很暗淡，近乎黑色；蓝色的：一种很亮的灰色。（很重要，因为动物分辨不出我们的全部颜色：蜜蜂分辨得出蓝色，但不辨红色；聚合关系彻底改变了。）（《动物行为》，48 页）

（3）相对于聚合关系的结构，梯度和中性所处的位置是相同的：二者均打破聚合关系。说实在的，强度比传统意义上的中性更

---

① 约翰·道尔顿（John Dalton，1766—1844），英国物理化学家，他的《化学哲学新体系》标志着科学原子理论体系的建立。——译者注

彻底，[[中性和强度]] 后者已经被叶姆斯列夫—布隆达尔的复杂体系所吸纳。不过，各位早已知道，我们的中性（77—78 页！）不是传统意义的，它包括一切打破对立性聚合关系的东西，因为那是狭隘的结构；因此，结构的中性和各种强度；强度的概念由于摆脱了聚合关系而与中性有关→因此，我们把中性看成一个用非聚合关系的（把某种微妙性质引进聚合关系的）强度构成的领域，我们因而要求不把中性设想、引申为强度的压缩，而是相反，应该视之为泛起的泡沫（香槟酒的泡沫）。

（4）提示一桩案例，一个例证，它 1）显示存在着结构性无定所形式，2）指明梯度的概念如何能够移用于（其相关性）伦理学方面，[[延展]] 他者眼中的话语行为（纪德：《小娘子实录》）：[[纪德，162]] "他说的'是'总有可能向'否'漂移，再延伸为'是'，没有任何逻辑和说明，全凭想象力给他突然开辟的前景，难以测度。"让我们把"心理学"放在一边，只保留这种分析中很少考虑的形式：延伸——可是这是个十分重要的形式，只要我们承认有一些主体对自己的欲望全然不知，或者辨认不出（至少不能立即辨认：我"随即"就明白自己的幻象，可是我的欲望呢？我把答案延伸到偶然事件，延伸到质疑欲望的问题上）。

（二）否定和头音省略

我们现在要抓住：中性—强度—结构（聚合关系），在一个十分微妙的领域内，反证神学的领域。刑事法官丢尼修（雅典刑事法庭成员，圣徒保罗使其皈依：故为公元 1 世纪人）：

两套词汇：（1）archè＝某某原则；例如，théarchie ｛神力｝，表示肯定的、正面的词语＝cataphase ｛肯定｝，指作为肇因的上帝

247

（所以我们才能够"言说"它）（圣托马斯）≠（2）带有 huper①或否定前缀 a 的词语＝表示否定的词语＝apophase｛否定｝，[[冈迪亚克②，34]] 它们指不可企及的神性本身。例如，超言传的—超本质的；或许还有完整的神性，比善更善，比神圣更神圣，比鲜活更鲜活，比智慧更智慧。使人想起热奈的"全上加全"③ →在我们看来十分有趣：apophase 融汇了表示最高级的前缀（huper）和否定前缀：既超出词语又有所欠缺＝同一区域：绝对最高级＝中性的方式，因为超越和打破了聚合关系，利用漫游其外→最高的强度跟非聚合关系的否定性不谋而合。

因为，如果第一步，否定（apophase）落入反证神学的一套聚合关系（≠cataphase｛肯定｝），那么第二步就会消除"是/否"的聚合关系：如果按照丢尼修的做法，[[365]] 我们就得把神秘的否定性（apophase）区别于逻辑的否定性（aphairésis④）：后者：区分，剥离，切除（ablotio）：在聚合关系之内，却在强度之外：这种强度就是否定前缀以及绝对最高级所表示的否定。

---

① 希腊语前缀，相当于法语里的 hyper-，表示（强度和数量等方面）"高于，超出"之义。——译者注

② 冈迪亚克（Maurice de Gandillac，1906—2006），曾长期担任索邦大学哲学教授，并曾指导吉尔·德勒兹的博士学位的主论文。——译者注

③ "由于要表达一种可能会招致一大堆举动或者声音的情绪，大姊们只说我们就是'全上加全呀'。"（让·热奈：《鲜花圣母》，95 页，1948）[让·热奈（Jean Genet，1910—1986），法国作家和政治活动家，曾因盗窃罪进过监狱。——译者注]

④ 希腊语，意思是"摘除、抽象、删掉的举动"，其结果之一是法语出现了 aphérèse｛头音节消失｝一词。

(三) 改名换姓

强度的课题（我们仅建立课题而已）：改名换姓，通过强度的发展或者削弱→语言学、词汇学过程，很有趣，因为通常一门语言的词汇不是按照强度原则，而是按照结构原则组织起来的，利用有/无，有标记/无标记：座位＋靠背＝扶手椅；座位－靠背＝凳子，等等。语言通过词汇承认强度的简单变化能够产生个体化的语义存在（需作词汇学调查），这种情形很少见（待核实）。强度的转换表现为值得注意的"悖论"→主要靠"好奇的"人找出一些例子，波德莱尔，培根，智者派：[[波德莱尔，37]]

(1) 波德莱尔："……一小块绿色果酱，核桃大小，气味奇特，甚至令人反感，稍感恶心＜说得不错：稍感恶心；参见不适＞，[[参见不适（愤怒）]]况且，一旦达到劲道和密度的极致，一切细腻甚至可人的气味全都如此。请允许我顺带提及，这句话其实也可以颠倒过来说，最令人厌恶的香料只要削减到最低量和最低限度，也可能变为一种快感。"（→波德莱尔的微妙的审美观：强度和颠倒。）[[F. 培根：《新工具》，174，Ⅱ，第 46 段]]

248

(2) 培根："大黄冲泡之后，第一个用处是导泻，然后是收敛的功能。相似的现象我们在用醋浸泡紫罗兰的时候也看到了；首先，散发出一种温柔雅致的气味，随后是花的入土部分的气味，并且导致香气消失。正因为如此，如果把紫罗兰浸泡一整天，我们只能闻到极其微弱的气味；但是如果只浸泡一刻钟便把花朵拿掉……将新的花朵浸入，一个半小时内如此反复六次，那么就会得到馥郁芬芳的浸泡效果；紫罗兰用不着泡在水中一个半小时以上，其精髓即能够发出令人心荡神驰的香气，绝对不比花朵差，而且能够长年不绝……"［此处重要的是时间梯度，强度的时间（持续）→整个音乐，尤其是对现代音乐的体验：在弗朗西斯·培根对紫罗兰的提示之下。］

（3）［［智者派，121］］ 最后，智者普罗狄科斯力图区分指称同一事物（享乐）的名词：喜悦（理性的欢欣），快感（不理性的欢欣），逸趣（耳闻产生的欢欣），满意（话语产生的欢欣）。这一点只证明词汇的微妙之处；可是，请看强度的变化造成的名称的变化："欲望翻倍便成为激情，激情翻倍便成为谵妄。"

（四）简约主义

与强度的级次不同，中性与限制、消除、最低限度发生神秘的联系：中性于是成为一道最低限度的闪光→这么说有一点点正确，然而大错特错。

249　　一个把中性当做简约主义的意象："最简艺术"，纽约，［［简约主义艺术］］ 20 世纪 60 年代：反对画作的抽象表现主义泛滥的艺术家；除掉一切超视觉的意指（文学；象征手法）：［［大百科］］ 对象必须放在一件简单明了的实证、一个无法辩驳的明白现实当中加以表现→非人格化的甚至机械化的表现手法→"中和"形式和色彩：杜绝一切情绪，一切趣闻逸事。→在我看来，把中性和简约主义相提并论是一种误解：（1）因为中性并不取消感受，只是对之加以引导，调节其"表现"。（2）因为简约主义的中性不涉及美学，只涉及伦理学。

的确，可以有一种简约主义的中性的思想，这种简约主义的位置：一种行事风格，尽量缩小主体与外界的傲慢态度的接触面（参见上文"傲慢"），［［参见"傲慢"］］ 但不是与世界、感受、爱情等

的接触：因此就会出现一种伦理的简约主义，然而绝不会是审美的
或者情感的简约主义：三点思考（当然还可能有很多其他的思考）：

（1）一般性问题：我的强度与外界（他者，另外一个人）的强
度的交锋：[[波德莱尔，41]]

1）波德莱尔就印度大麻提出的问题——很符合逻辑：吸食和
未吸食印度大麻的主体，→"音域和层次的分别"，即使无印度大
麻；社会的、社交的大量经验，主体从中突然感到合不上拍子，
"磕磕碰碰"，"不协调了"（层次，音域），跟别人相比，与现实脱
节，别人在他看来都显得行为过分，夸张，亢奋，虚假→退缩、蜷
身的机械反应：不要让人看到，别让人看出自己不想被看到＝极纯
净的简约主义。

2）按照斯宾诺莎的说法：[[斯宾诺莎，扎克，30]]我们的存
在的积极方面＝conatus（意志，食欲，生存的含糊的需求，维护自
身存在的努力）；然而，既然我们都得依赖世界上的其他存在物；
conatus 可强可弱：conatus 的某种可塑性①。

（2）一门正确的简约主义伦理学有助于使最大的内部强度（参
照超强意识）与最小的外部强度达到和谐→[[道]]道家的简约主
义。　[[参见意识]]的确，如果说，黑格尔辩证地对待否定性，
[[葛罗涅，51]]即一种走向充分自由和绝对知识的过程，并且褒
扬"多"——老子对于否定性的同一处理（一切事物内部均有否定

250

---

①　"冲动乃是事物的显在本质的动态侧面，导致每个事物都竭力维持其
存在。在外部原因的作用下，它会或多或少地发生变动，冲动是变动的。"（扎
克：《斯宾诺莎的道德观》，27 页）（拉丁词 conatus 既有"努力"的意思，又可
做"自发的倾向"解。斯宾诺莎的用意是这种自保的努力出于万物的本
性。——译者注）

性）却是玄秘的：归返无区分，褒扬"少"①→老子为最低限度辩护，就是为最简约的意象辩护。[[公鸡和母鸡]]这才有了咯咯叫的母鸡的特征②这在我们西方是奇丑的形象：[[道，葛罗涅，124～125]]我之所以多谈一些怀疑主义的悬置，正是出于这个理由——因为还有其他并非伦理学方面的悬置，纯属哲学的悬置：笛卡儿的悬置，尤其还有胡塞尔的悬置，放入现象学里（见胡塞尔：《纯粹现象学通论》，NRF 出版社，尤见 101 页，第 32 段）。③

（3）政治简约主义？那显然会与当下的政治的观念形态唱反调→我们实际上处在一种政治最奢靡主义的时代：1）政治攫取了经济、文化、伦理的一切现象；2）政治行为极端化：傲慢的语言，激烈的行动：无处不在政治极全主义（未必是极权主义）。→这种最奢靡主义就在资本主义（利用市场逻辑制造需求：主体在欲望当

---

① "黑格尔相信存在着一个通往充分自由和绝对真知的过程。老子却相反，只去求返回原基的、无分别的整体性。前者褒扬多，后者褒扬少。"（葛罗涅的诠释）（葛罗涅：《道家精义》，51 页，巴黎，Flammarion，1973。——译者注）

② "对自己的雄性力量有所意识（知道自己是只公鸡），却自愿维持雌性的低微地位（母鸡）；自甘伏身于帝国的底层。"（出处同上，124 页。——译者注）

③ 在写于 1950 年的这段关于现象学的"悬置"的话里，胡塞尔说："只有当我为世界的现实性加上括号之后，我才有权接受这样一个命题……这样一个世界现在已对我们无效了；我们不再检验它，也不再为其辩护，而是将其置入括号之中。同样，一切与此世界有关的理论和科学都将遭遇相同的命运，无论这些理论如何完美并拥有实证主义的或任何其他什么样的基础。"（这段译文引自李幼蒸翻译的胡塞尔：《纯粹现象学通论》，98 页，北京，商务印书馆，1992。——译者注）

中被整体掌控）和国家社会主义当中（群体性，压制个人主义，持异见者）→我们不妨理想主义地拿这种最奢靡主义对比一种最奢靡主义的社交性；凯奇不无天真地描述过："如果目标是达到一个可以为所欲为的社会，那么应当围绕着实用性加以组织。这一点我们现在利用科学技术就能够做到（实用性：浴缸，电话，水，空气，食物）。首先应当让每个人都拥有维持生活的必需品，别人无法剥夺任何东西。"①

休假

251

词源：休假/解雇。有趣，因为语义特征适切，即能够区分两种意义，并且使之形成对立的是：暴力。解脱≠中止某种服务。congé〈commeatus〉：前往某地，离去的行动→军旅用语：准予倦勤。（可是对我们来说：前往别处，派遣或自愿前往某地≠辞退〈意大利语：congedare（congedo）法语：congé〈休假〉〉。）

（一）悬置，平衡

1. 悬置 〈épéchein〉②
这个熟语的观念起源：épochè：希腊怀疑主义的根本概念＝中止（判断）："中止是一种既不否定，〔〔怀疑派，10，47，86，

①　见约翰·凯奇与丹尼尔·查尔斯的谈话：《为鸟而作》，53页，波士顿，Marion Boyars，1981。——译者注
②　希腊语动词，"悬置"之义。

206]]也不肯定的思想状态。"① （塞克斯都·恩庇里柯和《怀疑主义》，47 页）

请注意：époché 是埃涅西德姆的两种方式或比喻方法的结果②（粗略地说：对于相互矛盾的印象、见解、习俗、判断的实录）。悬置导致无忧，休息（《怀疑主义》，206 页）。

请注意：（1）悬置是判断的悬置，不是印象的悬置；不是一种反现实主义：怀疑主义者与他们感觉到的、他们认为感觉到的事物保持接触：他们并不质疑感觉，感知，通常只质疑伴随这种感觉而来的判断："让我们（塞克斯都·恩庇里柯）强调，当怀疑主义者提出一个命题的时候，他只满足于描写他自己的感性表象，并且说出他的感性状态，并不添加看法……"→因此，他仍然保持着感性诉求（感性状态）。→怀疑主义：并不是对各种强度的一种"弃让"：他仍然"把生活当做向导"（出色的提法）。

252　　（2）悬置有一个伦理学维度（以"幸福"、"正确"等为目标）。

2. 平衡

然而，必须认清（因为在这一点上我们也许会脱离怀疑主义的目标），怀疑主义的悬置被规定为一种类似物理学的操作：相反力量之间的平衡，导致某种稳定性：塞克斯都·恩庇里柯（12 页）：

---

① 《生动化方法》，第 1 卷，8～10 页；让-保罗·杜蒙引用了（10 页）。"搁置判断或'悬置'这个术语来源于一种判断的停滞状态，在这种状态下，由于寻求对象之间的均等力量，既无法肯定，也无法否定。"（《生动化方法》，第 1 卷，196 页；杜蒙的选文，47 页）

② "也可以用表示论证的近义词（logoi）或者表示场所的近义词（topoi）来指称二者。"（让-保罗·杜蒙）

"在一种极普通的意义上，让我们说，悬置是把事物对立起来的结果。"①

平衡：普通的字眼，我们在一些极为不同的行业和话语里都可以遇到；神秘的字眼，因为它"自发地"受到一种正面价值的影响：精神的、物理的平衡，心态的平衡，等等。→应当找出那些负面的不平衡的情形："平衡的政治力量"≠革命目标？平衡与固定不动，与安全之间的关系？作为危机的反义词的平衡，其他神秘的字眼？平衡与冒险：走钢丝演员？

此外还应当仔细辨明、建立一门关于平衡的分类学：寻找富于创见、不庸俗的有关平衡的思想（哲学家）；特别注意开掘（1）德勒兹（《尼采与哲学》，127 页）：积极类型：不光包含积极力量，而且包含在一个延迟反应的行动与一个促进反应的行动之间的正常关系：大师做出反行动 = 做出他的反应②；（2）弗洛伊德（让·拉普朗士，"让升华延伸"，《大学心理分析学杂志》，第 2 卷，第 8 期，1977 年 9 月，579 页）：我们可以称之为弗洛伊德的幻象生理学：生物能量被拿来与心理能量相提并论→内在能量 = 生物学标准的某一层次的常量可能受到的威胁，要么来自内在过程本身（例如，饥饿，产生需要），要么来自外部能量的不合时宜的侵入：温度调节→两个生物学例子→两种"失衡"的情形（心态的）：1）冲动，2）精神创伤。

我们可以提出一个与平衡的神秘意象相对立的意象：漂移的意

---

① "就定见而言，怀疑派由于不宣扬独断的意见，所以能够无动于衷和无忧无虑。"（让-保罗·杜蒙）

② 德勒兹："如果我们问，何为心存积怨者，我们就不应忘记这个原理：他不以行动做出反应。"

象：一组对立（冲突/聚合关系）既可能由于力量（聚合关系的各项）之间的平衡被冻结，也可能由于虚假而"中和"，从而远远漂离相互对立的两项。在平衡和漂移之间出现的差异、关键，显然是安全性。

（二）休假，漂移

　　漂移＝给对立放假——或者，向……静悄悄地告假。

　　使（我）难以把悬置理解为平衡的是，它实际上注定会遇到戏剧性的变化，因为世界根本不容忍它，[[拒绝悬置]]彻底地拒绝它（"彻底地"意为：不理解它）：我觉得，它是个被粗暴压制的对象。不见容于"社会"：

　　（1）拿"沟通"的神话当做借口，借助"提问"、问卷、调查等，侵入世界和人际关系的生活：与其说征询意见，不如说责令公开身份（计算机：把天下人都编入文档：思想立场的文档：左翼人士被一网打尽）→提问→明确地说，是与否，纵聚合关系的恫吓→对于不能接受的回答"我不知道"横加羞辱：总是视之为令人失望的"闪烁其词"，从来不被认为是负责任的（充分的、学理的、就事论事的）回答：[["我不知道"]]因为，说到底，如果说"我不知道"：例如核电站是否危险，普遍的不服从是否在任何情况下都不可取，等等（我有意提出几个"左"派的主题，我对之既有同感，也有怀疑，总是有人不惮费时地逼我非"知道"不可）→此处需在一部历史的"哲学"的层次上，在一部关于当前文明在资讯（知识）和决定（判断）的关系的理论层次上，作出一番广泛的、严肃的思考。从前，人类知识一个人便能掌握（当然得是精英）：莱布尼兹，最后一位"博雅君子"；后来便需多人才行，可是仍然能把握:《百科全书》。当今,资讯:广泛传播,无级次体系,囊括一切:一切都逃不出资讯,然而一切都不在思考当中→《百科全书》已成难以设想之物→我想说:资讯越发达,知识就越退步,而且,作出的决定就越片面(恐怖主义,独断主义)→"我不知道","我拒做判断":惊世骇俗,一种不合语法的说法:不属于话语的语言。→"我不知道"的变体。世界要你履行对一切"感兴趣"的义务:禁止漠不关心,暂时不关心也不行→一个知识分子(显然是针对他的)被要求、被敦促对一切都有个说法,也就是说,没有他不感兴趣的东西:某某人要我对他的有关科幻小说的撰述发表看法,似乎我始终对科幻作品有兴趣是不言而喻的,无论何时何地:他根本无法接受向兴趣和判断告假(这个熟语就是这么来的),哪怕是个短假。如何做到说出下面的话而不会冒犯别人呢?"我对科幻作品、儿童文学、标点符号等暂时没有兴趣。"(我提到的均为亲身经历过的"征询")"也许"、"暂时"之类的词语听起来不入耳。如何才能在我的住所或者思考地点的门口,挂上一块写着"适逢年节休假,恕暂停判断"的牌子?又有谁会接受我的这个说法:"负责任并非鄙人本职"?——或者戏用(而且更显冒犯)戴斯特先生的这句话:"负责任并非我的强项。"

"我不知道"招致一个贬义的意象,也是个缺少阳刚之气的意象:因为你被打发到那些可鄙的犹豫不决者之列,他们不知道投谁的票:遭人欺辱的晕头转向的老太婆:投你中意的票吧,只要投票就行;你知道什么并不要紧,但要知道→≠"哲学上":这里再次出现了怀疑派的挑战:[[怀疑派,45]]怀疑派的提法之一(塞克斯都·恩庇里柯):"我不懂":akatalèpt?("我把握不住"之义):

254

[[培根《新工具论》,1]] 亦即法语的 acatalepsie {不可知}①。

(2)同一桩丑闻(悬置)的另一个侧面:世界无法接受对于某一项要求,所有的要求搁置回答。

1)过度索取的现象:纪德的见证者描写得很好(《小娘子实录》,103 页,1948):"他用这种动人的口吻继续向我喋喋不休地讲述一切:各路人士都朝他要钱,他作出过欠考虑的许诺,然后又收回,根本不知道自己往哪儿走,不会做账目,莽撞行事,进而担心无法面对一切,对于自己的态度会促使他做出什么从来没感觉,却备受失望的内疚感的折磨,而且担心会由于厌倦一切而丧失送往迎来的自发的举止,而那实在是他所独有的。"还有(101 页):"亲爱的朋友,我已经感到经受不了了,人们要求我的东西太多,而且是一齐提出要求,我最后只好说同意,几乎是不经意之间说出的,好让别人让我安静下来……我感到疲倦,我最终把一切都想到了,为什么不呢?"(我们将会看到另一个"为什么不呢?",跟表达倦意的不同。)

索取过度导致某种精神病态,因为这是个典型的骗局+说"不"所需能量的巨大付出。索取过度:其定义是相对于满足所求之物,说"不"需耗费更大能量之时+靶子的幻觉。我觉得自己成了一些能量炮弹的靶子,它们想把我抓紧、逮住:信函,电话,要求,推荐。[[毫不容情]]参见施莱勃和神圣的光芒②:精神强迫症就是这么开始的呀!区别仅在于我清楚炮弹只是一种隐喻→每个人

---

① 另一种说法是:"我没有一套完整的表象。"(让-保罗·杜蒙)

② 弗洛伊德:《大总统施莱勃》,关于一个自传式的强迫症案例的心理分析,1910;后收入《心理分析案例五则》,巴黎,PUF,1954。施莱勃自吹能够轻而易举地让太阳停止运行。

都以为自己是唯一提出要求的人（≠绝对现实主义：自认为从不孤单，无论做什么事）。

2）然而，我从来无法"不作答"：拒绝是可以的，这在代码中已经有了；不回答却不行，因为在代码之外。我无法"搁置"我在世界上的存在（除非作出一个彻底的决策，决定性的：修道院，沙漠——隐居）；我无法暂时"搁置"我在世界上的存在；因为这个世界不停地向我提出要求，苛求：这世界毫不容情，没完没了→（某某在葬礼过程中仍要追问我对其文章的看法等：世界在继续）。

3）搁置（休假）的羞答答的初步计划：

（a）为了方便记忆，不回答的举动（参见熟语"回答"）：欧吕罗库横渡大河："回头见"①。

（b）同样也可以说：结结巴巴地（对……不对……唔）；接受考问时懵懂无知的漫画像＝"我不知道"：＝佯装答题的模样（能指是有的）但没有信息内容。不是避开回答，而是避开不回答。

（c）推迟答复：敷衍其辞者心中窃盼问题会消失（往往能实现），索求也会转移，那就用不着回答了。神经症方面：雅内②（巴什拉引用的，45页）："子虚乌有的行为"，"延迟的行为"：中断一个行动，后续情况便会延迟发生。生活信条："明天再说"；但此处并非神经症式的，而是策略性的延异（延期）（此外尚有一个新的课题：作为策略的神经症，神经症的各种喜剧）→闲话：当不作答或推迟答复仍然停留在一个恐怖主义体系里的时候（≠中性）：[[宗教裁判，35]]操控下的延期：宗教裁判所的计策：裁判官抵

256

---

① 见前文第 157 页。

② 皮埃尔·雅内（Pierre Janet，1859—1947），法国心理医生，专长精神分裂和心理创伤后的记忆力。——译者注

达一个村子，向全村人宣布：持异端邪说者必须在 15 日至 1 个月之内报到＝宽限期（自我举报者将不予惩罚，或者从轻和秘密发落）→这套规矩拒绝的是无限延期，因为拖延的实质是无限拖延下去的欲望：中性的主体窃盼 15 日后宗教裁判不复存在，那个纠缠不休的家伙将咎由自取！

(d) 游离于"为什么呢/为什么不呢?"之间→例如，为是否接受心理分析而犹豫不决：有人会心想：为什么不做呢？（干吗要避开呢?）然而一丁点犹豫也会让你说：为什么？不过，这个"为什么"应该是第二个问题（在"为什么不"之后）。真正的中性运动应该是禅宗的辩证法（见"礼仪"中的文字：山是……山不是……山还是……)[1]；相反的立场之间有交叉：第一种立场并不返回原地：→为什么？→为什么不？→为什么？→这种往返让人变得聪明起来；很重要，尤其当涉及心理分析的时候，因为拒绝它便总有受压抑的危险[2]；干脆拒绝心理分析的人：傲慢得令人无法忍受（理性的傲慢）；可是心理分析有傲慢之处→人们在两种傲慢之间兜圈子→这正是怀疑主义的口号：oudén mallon〔无杂物〕，非此非彼，既在此处，也在彼处→为什么/为什么不呢？

(e)"休假"的另一种形式：辞职。通常用于贬义，一个软弱的意象：某些辞职行为的"尊严性"：有尊严，但仍然不如力争"那么好"——或是一个极为负面的意象，缺少阳刚气概："推卸的态度"。→不过，也许只需一个形容词便能够打破这一局面：不妨设

---

① 见前文第 164 页。

② 原文…risque toujours d'être la refouler 既不合语法，也不通，显系误植。英译本 runs the risk of repressing it 当基于译者的误解。今按 risque toujours d'être refoulé 的理解译出。——译者注

想一种暴烈的（普遍的、激烈的、固执的）辞退。请注意：中性可以是暴烈的，可以接受形容词，但不接受名词。定见如何看待暴烈的辞退？想象得出吗？→这是一种反义修辞法，因而处于语言的极限。随即出现了神秘家的解脱之术（安捷鲁斯·西里西乌斯，98）：

> 被彻底遗忘者永远自由和唯一；
> 此君与上帝，何异之有？

畏惧

简短的熟语：不过很有必要。（1）因为这个概念——或者 pathos｛感性诉求｝，因为我们不是在谈哲学，顶多是在谈论一种有关感性诉求的哲学——的界定很清楚；[[参见意识]]（2）因为这是一种感性诉求，自然地浮现，而且使中性之欲闪烁光辉。Effroi｛畏惧｝＜exfridare（高卢拉丁语）＜fried 或 friede｛和平｝（法兰克语）：使脱离平静状态。（十分切合我们处理的熟语。）

（一）畏惧

（1）我们记得：皮浪的怀疑主义追求心静（无忧）。[[怀疑派，14]]可是，"中止"（悬置）并不排除不适→塞克斯都·恩庇里柯："可是，我们不认为怀疑主义者绝无不适，然而如果他遇到不适，那只是出于必然：[[怀疑派的不适]]他可能会感到寒冷、饥渴，以及类似的感觉，这我们是赞同的。"（→这不是斯多葛主义）→显然，至于我们，我们不能仅凭某些需要未获满足而停留在一种有关"不适感"的纯生理学的观念上。一般来说，文明已经不能只凭纯粹的"需要"来自省了：需要被欲望淹没了→发展出一种想象界→

畏惧＝想象界的一个强有力的熟语。

（2）畏惧是一种形式（因为"内容"会有变化），可是这种形式也有其形式，即一个适切的隐喻：疾驰（从文化方面，不妨想象一下所有那些地狱般的疾驰和纵马狂奔的原型：浮士德的骑行）→鸦片吸食者，第二阶段；突然遇到一个"可怕的物体"→畏惧"难以言说的酷刑"→[[疾奔]]"我像一匹奔赴深渊的惊马，[[波德莱尔，41]]心想停步，然而停不下来。这的确是一场可怕的疾奔，我的头脑完全被此时的境况和场景、这场变故，以及'偶然'一词所能够蕴涵的一切所俘虏，陷入了一场急风暴雨般的狂想"（rapsodie〈狂想〉：拼凑成的①：patch work〈拼缝物〉）→"可怕的物体"：想象界的产物：一个词，一个念头，社会和情感生活中微不足道的小事，意识当中蓦然浮现的事端→回响巨大，黑暗笼罩，许久才能平复（通常需一整夜）："疾驰"开始：这便是"畏惧"，是被逐出平静（辞源②）→关于情境使人身不由己，波德莱尔说得很好：那是被梅菲斯特骑劫的浮士德。

（3）弗洛伊德关注过畏惧，我觉得特别当他谈到达·芬奇的时候（见拉普朗士，提到埃伊斯勒关于达·芬奇的著作③，582页）。

---

① 希腊语动词 rhaptein 的意思是"缝纫"。

② 指西文 galop（疾奔）在辞源上的明确定义：一对斜对肢同步起落，另一对分别起落。这是奔马的最高速度。——译者注

③ 卡尔·埃伊斯勒：《列奥纳多·达·芬奇》，伦敦，Hogarth，1962。这本书的副标题是《心理分析研究》，已于 1980 年由 PUF 出版社译成法文出版。让·拉普朗士在《大学心理分析学杂志》上为此书撰写了评述。在当代梓行纪念学会资料卡片第 787 号上，巴尔特写有拉普朗士的这样一句话："埃伊斯勒将这种依赖关系〈勃起的有意识的意志〉与达·芬奇利用知识和机器达到控制的欲望——特别是控制飞行的欲望——之间建立起联系。"

达·芬奇：对精神创伤过度敏感，敏感于突如其来的刺激，即使强度不大。总是处于受伤害的临界点。能够容忍刺激的余地很小→不得不保护自己免受其害的情绪：不是焦虑，是畏惧①。大部分时间里都觉得自己要被一种突如其来的恐惧感所淹没②→畏惧＝突然的能量，超出任何自卫能力→这个隐喻的重要性：没顶之灾，承受不了：ueberwältigung〔势不可当〕→常常是诗意的或图画般的意象：奔腾的海浪；海浪奔腾。

（二）焦虑

弗洛伊德：焦虑≠畏惧（我觉得可以参阅《快感原则》③）→畏惧：强烈的（想象）活动≠焦虑＝（导致恐惧的）"局面"：例如，〔〔动物行为，33〕〕小白鼠被置于一个空旷的环形场所内，无凹陷，无参照物：小白鼠感到彻底暴露，易受天敌攻击，特别是易生焦虑：冲突性局面（参见 double bind〔双重制约〕）例如，夹在进食的动机和逃生的需要之间→焦虑感的情绪化反映：〔〔小白鼠〕〕大

259

---

① "畏惧这个术语……有心理分析学的历史，其中包含着弗洛伊德从一开始就提出来的畏惧与焦虑的区别：畏惧就像一股突如其来的能量，它立即超出一切可能的规定之外；畏惧制造出一种他称之为 ueberwältigung 的状态，而这个词很难翻译。"（拉普朗士）

② "埃伊斯勒提醒我们……达·芬奇所作出的那些吓唬他周围的人的尝试，而且首先是要吓唬他父亲。"（拉普朗士）

③ "焦虑带有某种能够抗拒畏惧的东西，并且因此也可以抗拒恐惧神经官能症。"（《快感原则之外》，见《弗洛伊德全集》，第 15 卷，282 页，巴黎，PUF，1996）

小便，还有，很奇怪，强迫性的梳洗动作①。谜：如何解释？但也许是——我为此才提出这个问题：我们完全搞错了，彻头彻尾地错了，只因我们陷入了拟人论和语言的羁绊（二者本为一回事）：也许那根本不是什么梳洗动作（参照鸟类的鸣啭往往被说成表达疼痛和愤怒）。

（三）祈祷

承认畏惧也许是中性的一部分：不从言语中排除它，这在我们这里十分少见："大男子主义"的文明：不显露畏惧是一种荣耀。我自己就不展露自己的畏惧：我显得很沉静自若，而且对此常有人对我颇有微词：他们不了解，一个声音背后可能有怎样的感伤（今天是 1974 年 8 月 21 日，一个阴沉的星期日，收听《佩利亚斯》第四幕时动情落泪②）。也许，要写小说的挥之不去的幻象包含这一点：鉴于没有甲壳，谁都看不见，十分希望拥有一个写作的空间，那样这股激情将不再隐藏于地下：小说会加以引证。

这方面有希腊人的经典智慧（迈斯特，76 页）：他们把畏惧变成一位神明，于是可以祭献它："无畏的斯巴达人祭献恐惧"（卢梭曾经在某处对此表示惊讶不已，原因我不清楚）；"亚历山大也祭献恐惧，阿贝拉战役③的前夕……"→祭献此时相当于一种 katharsis

---

① 这是一些"替代性行为"，关于动物行为的这部著作如是说。（即前引图卢兹第三大学《动物行为研究引论》，33 页。——译者注）

② "我这一生唯一的激情就是恐惧"：霍布斯的这句话作为题铭出现在《文本的愉悦》一书的扉页上。另见《意象》一文："万物的源头便是恐惧。"

③ 公元前 331 年，马其顿国王亚历山大大帝大败波斯国王大流士于阿贝拉（Arbelle）之役。另一说法是高加米拉（Gaugamela）之役。——译者注

〔净化〕→经过一番展示、谈论的东西：在祭献、召唤过程中→以为它不会再次出现，或再出现的方式不同：不妨说是祛除神秘：想象界被剥离、被疏远→异教，多神教：承认，指称，并且通过把"妖魔"变为小神灵来祛邪降魔，这种做法的深邃智慧。

本课概述[①]

文学符号学
罗兰·巴尔特先生，教授

课目：中性

很自然，文学符号学研究接受语言学所阐明的范畴的引导。我们于是从"中性"这个语法性属当中归纳出一个更为普遍的范畴。名称我们依然保留，然而我们致力于观察和描写的并非在语言现象里，而是在话语现象里。这是因为根据我们的理解，这

---

① 按照法兰西学院的制度，每一位教授在学年结束时都要为学院的《年鉴》撰写一篇年度报告式的课程概述，被称为"使命"（missions）的国外学术活动也不例外。故有此"概述"末尾关于在摩洛哥讲课的说明。——译者注

个范畴适用于一切靠意义结合起来的组合段：文学的、哲学的、玄秘术的文本，也包括编入社会代码的举动、行状和行为，以及主体的内心活动。就最后一点而言，我们再次申明，至少在涉及话语性的问题时，任何研究活动都必须承认本身的幻象性特点，因为人们研究的是人之所欲，或人之所惧；从这个方面看，当初如果采用"中性之欲"作为这门课的真正名字亦无不可。

本课程的理论根据如下：一切曲折变化，只要避开或打破意义的聚合性和对立性结构，以便搁置话语的冲突性现象〔inflexions〕，我们都认为属于中性。这些变化取自不可能巨细靡遗的语料；不过，我们自然特别重视东方哲学和神秘主义哲学的文本。中性的这些变化（或者参照系）在二十几个分别命名的熟语之下组织起来，顺序是随机地排列的（以避免为本课程硬性规定一个终极意义）。可是，为清晰起见，我们在这份概述里不妨把它们分成两大类：一类与话语的冲突性形式有关（断言、形容词、愤怒、傲慢等）。另一类与搁置冲突的状态和行为有关（善意、疲惫、沉默、优雅、睡眠、波动、引退等）。通过一系列探索、各种参照系（道家，鲍姆，乃至布朗绍）以及随意的闲话，我们力图使人理解：中性未必如定见所认为的那样，只反映一个平庸的、毫无内在价值的意象，相反地，它可以有重要的和积极的意义。

本课教授有时停下对于熟语的讨论，以"补充"的形式对于一些给他提出的书面意见作出评论。听众因而能够随着对话的进程积极参与课程的内容；这样的对话固然并非直接进行，却向各类反响随时开放。

使命："阅读理论"研修班，1978 年 2 月讲授于（摩洛哥）菲斯和拉巴特的文学院。

262

人名索引

（所注页码均为法文原书页码，即本书边码）

主题索引

Seuil 出版社刊行的罗兰·巴尔特著作：

1. *Le Degré zéro de l'écriture suivi de Nouveaux Essais critiques*《写作的零度》，附《批评新论》，1953

2. *Michelet*《米什莱》，1954

3. *Mythologies*《神话集》，1957

4. *Sur Racine*《论拉辛》，1963

5. *Essais critiques*《文艺批评文集》，1964

6. *Critique et Vérité*《批评与真理》，1966

7. *Système de la Mode*《时装体系》，1967

8. *S/Z*《S/Z》，1970

9. *Sade，Fourier，Loyola*《萨德·傅立叶·罗犹拉》，1971

10. *Le plaisir du texte*《文本的愉悦》，1973

11. *Roland Barthes*《罗兰·巴尔特自述》，1975

12. *Fragments d'un discours amoureux*《恋人絮语》，1977

13. *Poétique du récit（en collaboration）*《叙事诗学》（合著），1977

14. *Lecon*《法兰西学院就职讲演》，1978

15. *Sollers écrivain*《作家索莱尔斯》，1979

16. *Le Grain de la voix*《碎音》，1981

17. *Entretiens*：1962—1980《1962—1980 年间访谈录》，1999

18. *Littérature et Réalité*（en collaboration）《文学与现实》（合著），1982

19. *Essais critiques Ⅲ. L'Obvie et l'Obtus*《批评论文集之三：显义与隐义》，1982

20. *Essais critiques* Ⅳ. *Le Bruissement de la langue* 《批评论文集之四：语言的微响》，1984

21. *L'Aventure sémiologique* 《符号学历险》，1985

22. *Incidents* 《偶然事件》，1987

23. *OEuvres complètes* 《巴尔特全集》：*Tome* Ⅰ 《第一卷：1942—1965》；*Tome* Ⅱ 《第二卷：1966—1973》；*Tome* Ⅲ 《第三卷：1974—1980》。版本汇辑与推介：埃里克·马蒂，1993—1995

24. *Le Plaisir du texte*，précédé de *Variations sur l'écriture* 《文本的愉悦》，文前附有《写作的变换》，由卡尔罗·奥萨拉撰写前言，2000

25. *Comment vivre ensemble：cours et séminaires au Collège de France* 1976—1977《如何共同生活：法兰西学院 1976—1977 年度课程及研习班讲稿》，文本的编辑、注释和推介：克罗德·考斯特；指导：埃里克·马蒂，2002

26. *Le neutre：cours et séminaires au Collège de France* 1977—1978《中性：法兰西学院 1977—1978 年度课程及研习班讲稿》，éditions du Seuil/Imec，2002

27. *OEuvres complètes*： 《巴尔特全集》：*Tome* Ⅰ《第一卷：1942—1961》；*Tome* Ⅱ《第二卷：1962—1967》；*Tome* Ⅲ《第三卷：1968—1971》；*Tome* Ⅳ《第四卷：1972—1976》；*Tome* Ⅴ《第五卷：1977—1980》。新版审定、修订与推介：艾里克·马尔蒂，2002

28. *Écrits sur le théatre* 《有关戏剧的著述》，文本的汇辑与推介：让-鲁·利维尔，2002

其他出版社刊行的罗兰·巴尔特著作：

29. *L'Empire des signes*《符号帝国》，Skira，1970，1973

30. *Erté*《梯洛夫》，Ricci，1975

31. *Archimboldo*《阿齐波尔多》，*Ricci*，1978

32. *La Chambre claire：Note sur la photographie*《亮室：关于摄影艺术》，Gallimard/Seuil，1980，1989

33. *Sur la littérature（avec Maurice Nadeau）*《论文学》，PUG，1980

34. *La Tour Eiffel*《埃菲尔铁塔》（与安德烈·马尔丹合著），CNP/Seuil，1989，1999

35. *Jason*《伊阿宋》，Altamira，1999

附　论

罗兰·巴尔特：
当代西方文学思想的一面镜子

李幼蒸

　　对于告别了神学和形而上学的"后尼采主义"
西方思想界而言，如果用"虚无主义"表示其人生
观倾向，则可用"怀疑主义"表示其认识论倾向。
传统上，怀疑主义是西方哲学史上的一个主要流派，
现代以来成为文学理论的主要思想倾向之一。罗
兰·巴尔特则可称为 20 世纪文学理论世界中最主要
的怀疑主义代表，足以反映二战后西方文学思想的
主要趋向。以下从几个不同层面对此加以阐释。

1. 伦理和选择

　　罗兰·巴尔特和保罗·萨特两人可以代表二战
后法国两大"文学理论思潮"形态：文学哲学和文
学符号学。这两种相反的"文学认识论"，均相关于

近现代以至当代的两大西方文学和美学潮流：存在主义的道德文学观和结构主义的唯美文学观。一方面，巴尔特缩小了文学的范围，将通俗文学排除于文学"主体"之外；另一方面，他又扩大了"文学"外延，把批评和理论一同归入文学范畴，以强调"文学性"并不只体现于"故事文本"和"抒情文本"之中。巴尔特曾将近代西方文学视为无所不包的思想活动，申言"从中可获取一切知识"。1975年的一次访谈中，在被问及"30年来，文学是否似乎已从世界上消失了"时，他回答说，因为"文学不再能掌握历史现实，文学从再现系统转变为象征游戏系统。历史上第一次我们看到：文学已为世界所淹没"。他在此所指的"文学"，主要是以19世纪现实主义小说为代表的文学传统，其内容和形式相互贴合而可成为人类思想的重要表达形态。但是19世纪小说形态，自20世纪以来，一方面已为表达范围迅速缩小的主观主义小说所取代，另一方面则蜕化为不再属于"文学"主体而归入了作为大众文化消费商品的通俗小说（包括其现代媒体变形：电影电视）。然而在二战结束后被解放的法国，和英美"高级文学"的校园生存形态不同，其文学，特别是小说文学，一度重新成为社会文化活动的主流，并提出了有关"文学是什么"这类社会性大主题。主要由萨特和加缪发起的这场有关文学使命的争论，无疑是由二战期间法国知识分子所遭受的特殊刺激所引发，因此容易赢得受屈辱一代法国知识分子的共鸣。在疗养院读书6年后返回巴黎社会的巴尔特，也开始卷入"抵抗运动"文学家之间的理论论战中去。文学或小说文学，应该"干预"社会和政治问题吗？这个问题的提出也有一般性和特殊性两个方面：客观上，20世纪小说和小说家已经没有知识条件来面对社会政治问题的解决了；主观上，已经受现代派文艺一百年洗礼的文学家个人又有什么伦理学的理由来"参与"社会政治问题的解决呢？另外一个超越二战历史情境的现代文艺思想的"内部张力"则是，东西欧洲现代派文艺一直具有一种双重混合性：社会政治方向和反社会的个人主观方向的共在。于是，二战的外在历史遭遇和现代文学思想史的内在张力，共同成为萨特和巴尔特文学思想分歧的共同背景。简言之，关于文学和道德之间关系的争论，一方面涉及作家选择道德实践的理由，另一方面也牵扯到作家道德实践能力的问题。

在结构主义论述中，尽管同样充斥着意识形态因素，但其主要实践方式——文本意义分析——内在地相关于人类一切文本遗产解读中的共同认识论和方法论问题，也相关于人文社会科学的整体情境，从而蕴涵着较普遍的学术思想意义。此处所说的过去和未来，不是指其现实社会文化影响力，而是指其内在的精神性和知识性激发力。作为结构主义文学理论主要代表的巴尔特，一方面揭示文学家"社会参与"决定的内在逻辑矛盾，另一方面提出了一种脱离社会实践的文学伦理观：所谓"对语言形式之责任"。后者也是与20世纪西方文艺形式主义的一般倾向一致的。

我们可以说，二战政治经历和存在主义思想，二者共同形成了战后法国左翼知识分子的充满矛盾的道德观：放弃（神学的和逻辑的）超越性"绝对命令"之后，人们企图在"存在论的虚无主义"和"介入论的道德承诺"之间探索一种"合理的"个人信仰基础。萨特和加缪于是成为战后法国文化政治运动的领袖。在疗养院读书期间受到两人思想影响的巴尔特一开始也把此张力关系作为个人思考社会和文学实践方向的框架。加缪的荒谬人生观比萨特的存在主义更能符合巴尔特的认识论虚无主义。所不同的是，巴尔特不是把虚无和荒谬作为思考的对象，而是将其作为思考的边界。结果，巴尔特虽然同情和接受萨特和加缪有关"生存荒谬情境"的观点，却本能地拒绝任何相关的具体实践选择（政治）。这种二元分离的伦理学选择态度和策略，贯穿着巴尔特一生，其中亦充满着另一种矛盾生活态度：自言厕身于左派自由主义阵营（其特点是批评社会现状），却从不介入后者的具体政治实践（所批评的对象日益趋于抽象）。晚年（1977）在一次访谈中，巴尔特说，他与一些左翼文人的立场"非常接近"，但"我必须与他们保持审慎的距离。我想这是由于风格的缘故。不是指写作的风格，而是指一般风格"。用风格作为区分个人实践方向的理由，与其说是一种解释，不如说是一种回避，但却可反映巴尔特内心深处的一种当代信奉尼采者所共同具有的伦理学虚无主义。不过由于此虚无主义是以理性语言表现的，其理论话语遂对读者提供了一种较高的"可理解性"价值。

2. 意义和批评

巴尔特被公认为一名杰出的文学理论家，他也自视为一名"理论性批评家"，但其文学理论思维的特点是"非哲学基础性的"，也就是"符号学式的"。他曾说，如果"理论的"应当即是哲学的，他的理论实践不妨也称作是"准（para-）理论性的"。这是他愿意自称为符号学家的理由之一。在他看来，符号学是不同于哲学的一种新型理论思维形态。在1978年的一次访谈中，他说，自己从未受过哲学训练，但其思维仍然具有某种"哲学化"的特点，即属于理论化一类；他进一步阐明，他的思想方式，"与其说是形而上学的不如说是伦理学的"。我们可以看到，巴尔特将历史理论和伦理学，与历史哲学和道德哲学作出的区隔，具有重要的认识论意义（巴尔特少谈各种哲学名词，其深意在此）。

巴尔特在 20 世纪 50 年代从事媒体文化评论的前符号学时期，以其对消费社会和大众文化中的象征和记号现象进行"去神秘化"的文本意义解析而引人注目，其目的在于揭示出"资产阶级"和"小资产阶级"文化意识形态现象的深层意义或二级意义。文化意识形态作品（电影、戏剧、时装、广告、运动、娱乐等等）被其形容为"神话"，即视为消费社会中具有"欺骗性"、"误导性"的文化操纵之产物和效果。早期巴尔特的符号学实践大量针对文化意识形态意义层次的揭露，岂非也显示了另一种社会"介入观"实践？此时谁能够说巴尔特不关心社会公义和理想呢？但是巴尔特的意识形态符号学实践止于此"神话揭示"活动，并只将其视为一般文化意义分析工作的实验场（巴尔特往往喜欢用"历险"一词，以强调"思想实验"的不可预测性），而绝不进而转入其他社会性行动领域。无论对其伦理学立场的考察，还是对其文化批判立场的考察来说，我们正可从此似是而非之自白，体察其思想内部之矛盾和张力。

巴尔特的"文学思想实践"主要停留在"文本"意义构成的分析层次上（兼及具体文本解读和一般文本分析原则）。其最初的动机是批评和揭示所批评的论说之内在矛盾，结果在此层次上的纯属理智性活动，却强调着一种"中性"性质（巴尔特用"中性"代表他的非社会介入观，我们则不妨也用其指其推理方式本身的"不介入"性质）。虽然巴尔特自己绝非可以免除意识形态偏见，但他的不少分析、批评、主张都在相当程度上"体现着"一种准科学性的分析方法，从而使其最终成为一名符号学家。这也是巴尔特思想对我们的最大价值所在：他以其天才创造力为我们提供了大量分析和解读典籍文本的分析经验，这对于我们有关传统典籍现代化研究目标来说，比任何西方哲学方法都更直接、更有效。因此，在我们说巴尔特是当代西方思想的一面镜子时，首先即指他的分析方法"反映着"一种战后新理论分析方向，这是一种跨学科思想方式，它来自语言学、社会学、历史学、哲学、精神分析学等众多领域。而另一方面，不可讳言，他往往只是从不同学术思想来源凭直观和记忆随意摘取相关理论工具，而此思考方式的创造性价值在于：他可恰到好处地针对特定课题对象，自行配置一套相应理论手段，以完成具体课题的意义分析工作。

3. 小说和思想

巴尔特作为"文学思想家"，其含义有广狭两方面。首先，他是专门意义上的文学家，即文学研究者和散文作家；其次，由于他从事有关文学的一般形式和条件的理论探索，所以其工作涉及人类普遍文学实践的结构和功能问题。巴尔特对小说形式，特别是19世纪小说形式有着特殊兴趣，其中含有一种超越文学而涉及一般思想方式的方面。19世纪"小说"是现代综合思想形态的原型，其中涉及在常识的水平上对诸现代学科知识的综合运用（跨学科）和模仿生活的叙事话语的编织。当20世纪以来小说不再能履行此职能之后，如何在文学中继续进行综合性知识运用，就成为现代文学理论的课题之一。巴尔特于是把此"跨学科"知识吸取方式也贯彻到文学理论分析（包括小说分析）实践之中。就思想综合性推进的必要来说，古典小说和现代文学理论遂有着一脉相承的关联，巴尔特正是因此之故才同时维持着两种精神活动：古典小说赏析和现代理论分析。巴尔特对当代法国实验派的"反故事"小说的推崇，实乃对传统小说形式之未来价值的否定。在他看来，文学必须"干预"社会生活的理由欠缺伦理学上的正当性，而且文学干预社会的方法多可证明其无效，结果今日现实主义小说往往事与愿违，达不到有效解说的目的（至于小说作品作为文学外的鼓动工具现象，则与文学本身无关）。巴尔特往往从后者入手批评"介入文学"，以显示社会派小说的理路似是而非。小说的抱负和其社会声名往往外在于小说家的主观意图。另一方面，在现代社会和学术发展的条件下，严肃小说的确难以再成为社会性道德实践的有效工具；文学的观察分析能力和时代知识的要求全不相称。这一历史客观事实却成为巴尔特构想另一类文学秉性的借口或渠道。巴尔特表现其文学怀疑主义和唯美主义的新文学实践形式，仍然是文本批评分析。巴尔特屡次谈到文学的"死亡"，即传统小说的死亡。因为现代以来很少有严肃知识分子会再重视小说故事情节了。他自己就承认极难亲自构拟人物和情节。巴尔特说："我知道小说已经死亡，但我喜爱小说性话语。""小说性"被看做一种话语形式。他关心的是小说式话语、小说式经验本身，也就是人类叙事话语本身，而非用小说所表达的思想内容本身。巴尔特的"小说哲学"（有关现实主义小说的消亡和新小说的未来等）暗示着文学世界本身的消亡。他在各种先锋派作品表面之间游荡却难以实际投入；他的文学理论批评实践，也间接地反映着文学世界本身的萎缩状态。最后，小说这种对他来说既重要又可疑的文学形式，竟然成为他进入法兰西学院后的主要"解析"对象。实际上，巴尔特在法兰西学院的小说讲题系列，成为他的文学乌托邦和社会逃避主义的最后实验场。

4. 权势和压制

巴尔特和萨特的文学实践立场虽然表面上相反，但两人都是资本拜金主义和等级权势制度的强烈批判者。萨特所批判的是社会制度本身并提出某种政治改良方案，巴尔特的批判针对着西方文化、文学和学术性权势制度及由其决定的文学表达方式。如前所述，萨特的社会政治介入观不免导致后来易于察觉的判断失误，巴尔特的文化语言性批判反因其对象的抽象性和稳定性而获得了学术上的普遍性价值。巴尔特的文学"伦理学"在社会实践方面的逃避主义（不是指其实践学的怯懦，而是指其人生观和社会观的游移不定），使其权势批判只停留在抽象层次上。这种一个世纪以来对"资产阶级文化意识形态"普遍存在的批判态度，实际上反映着西方现代主义和先锋派文艺对唯物质主义工商社会及其唯娱乐文化方向的普遍反感。不过西方左翼知识分子的共同秉性均表现为观念的理想主义和实践的浪漫主义之混合存在，人生理想的高远和社会改进的无方，遂成为其通病。西方左翼知识分子亦为当代西方各种社会文化理论的主要创造者之一，而其共同倾向是反对不当权势之压制并憧憬正义理想。但是由于其"理论知识"普遍忽略了"现实构造"的多元化、多层化特点，以至于往往在权势的"当"与"不当"之间没有适当的判断标准，反而因此导致他们社会性理论论述易于发生某种"现实失焦症"：在理论和实践两方面脱离客观现实。而其正面效果则是：为理论性思考标志出难点和有效边界。结果，巴尔特在抽象层次上的反权势、反教条、反制度的意义分析活动，却可为世人提供一种具有普遍性的认知对象：有关权势压制制度和其对文化思想操纵方式之间的意义关系分析。

巴尔特的大量符号学的、去神秘化的文本分析实践，都在于揭示此种被操纵的意识形态文本的意义构造和功能。实际上，巴尔特对资本拜金主义的批判态度，根本上源于一种反权势立场，这是他对马克思主义产生同情的根源之一。但他从未有兴趣从社会学和政治学角度对此进一步探索。虽然和其他结构主义者一样，他也是有关各种学术机构化、制度化的权势现象批评者，包括所谓学院派的文学批评（拉辛论战）的批评者。作为符号学家，其根本的反思对象则是制约思想方式的文学和学术语言结构本身。巴尔特从事有关语言学、语义学、修辞学、风格学等各种类型的结构主义实践，其中都包含着对制约思想方式的文本内在意义机制的批评。这一态度是和心理、意识、思想等内容面的传统型解释说明方式相对立的。而由于其怀疑主义实践论，巴尔特对"权威"的批评也就日益从社会性层面转移到语言学层面和学术性层面。其批评之目的，实为摆脱传统权威对作家和学者思维形式创新所加予的拘束和限制。从政治性权威向学术性权威的转移，是和他从社会性意识形态关切向理论性意识形态关切之转变一致的。结果，唯美主义也成为反权威的一种方式，如其晚年着重宣扬的"文本欢娱"观等。这个和写作常常并称的难免空洞的概念，最后成为巴尔特现实逃避主义的最后媒介。文学为了写作本身，写作为了欢娱本身！所谓享乐主义不过是巴尔特用此身体感官性传统名词象征地表示的一种口实，用以避免对思想之实质进行更为透彻的分析。这样他就企图将文学实践还原为文学的物质性过程（写作）及其感官性效果（快乐）了，用传统上作为贬义词的感官主义暗示着对正统思维的一种"反抗"，以至于进而从感官享受过渡到更极端的"身体性目标"：如晚年提出了所谓"慵懒观"的正当性。身体的放纵和身体的慵懒，都是避免积极生存方向选择的借口。这只不过是巴尔特表面上回归享乐主义的灰暗心理之反映。

5. 理论和科学

巴尔特将他人的理论和方法视作自己分析的工具之零件，其独创性表现在如何拆解和搭配这些现成理论工具，以使其创造性地应用于各种不同研究课题。巴尔特被称作理论家，是指他的注重理论分析的态度和进行理论分析的实践，而非指其重视独立的理论体系建设。巴尔特在不同时期对采纳不同理论资源时表现的某种随意性，有时不免遭受专家诟病，但批评者有时忽略了他在一次分析工作中维持理论运作统一性的创造性表现。至于在不同课题和不同阶段内理论主题偏好的变动性，并未妨碍他在具体课题中完成文本意义分析的目的。一方面，文本意义分析成为人文科学话语现代化重整的必要步骤，另一方面，意义分析工作要求着人文科学各学科朝向跨学科乃至跨文化方向的继续发展。巴尔特的理论实践经验进一步反映着人类知识特别是伦理学知识的根本性变革的必要。在此意义上，无论是尼采的怀疑主义还是结构主义的怀疑主义都应该看做是朝向人类理性主义思考方向的重要精神推动力量。因为真理的动因之一即怀疑主义。

在巴尔特的"理论工具库"中，符号学当然是最主要的部分。巴尔特是所谓法国"最早一位"符号学家、最早一部《符号学原理》的作者以及高级学术机构内一位"文学符号学"讲座教授。作为现代意义学的基本学科，符号学当然是他文学理论研究中最直接相关的一种。他对任何现成符号学活动中的体制化、教条化（符号学作为元科学）的反对，反映了他绝非有兴趣在学术界追求某种所谓新兴学科符号学的创建。巴尔特企图超越学院派的"科学批评"而朝向自己的所谓"解释性批评"，不过，后者的批评"可靠性"却是以其文学分析论域的缩小为代价的。

6. 古典和前卫

巴尔特是文学唯美实验主义的倡导者，兼及创作和理论两个层面，其实践方式本身则成为西方先锋派、现代主义、后现代主义诸不同现代美学倾向的汇聚场，从而反映着西方文艺从古典时代向现代、向未来变迁过程中的面面观。巴尔特是将西方理性怀疑主义和反理性唯美主义并存于心并使之交互作用的文学思想家。由于其唯美主义是通过文本分析方式表达的，所涉及的唯美主义一般情境，表现出更深刻、更内在的理论认知价值。因此，巴尔特的理智性文学文本分析，是我们体察和了解现代西方非理性主义文艺作品特色的一面镜子。无论是其理论性分析还是其美学性品鉴，都表现出一种作品"内在主义"的思考倾向，这种思想方式的内在一致性，使其学术价值超出许多当代西方理论修养更为深厚的哲学美学家。受过古典语言和古典文学正规训练的巴尔特，首先是一位希腊罗马古典文学的专家，其次也是法国近代古典文学的研究者，最后更是法国民族文学思想的特殊爱好者（正是这一点使他不至于成为德国形而上学的俘虏：萨特和德里达的黑格尔主义和海德格尔主义、利科的康德主义和胡塞尔主义。但巴尔特也因此并不很熟悉英美现代派文学作品）。

我们应该注意另一种矛盾现象：巴尔特理智上对先锋派作品和东方哲理诗的推崇与他在感情上对法国古典文学的真正"喜爱"（米什莱和福楼拜）之间的对比。先锋派或现代派都是相对于传统和历史的"革命性"或"革新性"尝试，其"新颖性"主要体现于形式方面的变革。先锋派批评家在其中支持的主要是其摆脱传统的力度和方向；新的形式成为求新者（不满现状者）的一种精神"寄托"。先锋派作品的无内容性、"空的能指"，即巴尔特所说的不朝向所指的"能指的运作艺术"。巴尔特毕生在现代派文艺和古典文学之间的同时性交叉体验和实验,"客观上"反映了先锋派文艺的"否定性价值",实际上超过了其"肯定性价值",也就是说,"先锋派"之所以是一种实验艺术,主要代表着文艺家对"现状"的不满、逃避和解脱的努力。作家和理论家遂生存于已完成的传统历史之稳定性和待完成的未来历史之尝试性的张力之中。20世纪各种现代派文艺作品所包含的否定性方面远超过其肯定性方面,这就是何以其形式如此变动不居的原因之一。

7. 欲望和写作

巴尔特说,今日"不再有诗人,也不再有小说家,留下的只是写作"(《批评与真实》)。"写作"后来成为巴尔特最喜爱的一个文学理论"范畴",不过它也是一个最空洞的范畴(以至于激怒许多批评其偏爱"术语"的学人)。按其写作论,写作者不能按其思想的社会性价值或作用来规定,而只应按其对写作"话语"的意识来规定。他说,传统的小资产阶级将话语作为"工具",新批评则将其视为"记号或真理本身"。这一论证方式从空到空,难怪使大学教授(皮卡尔)不快。巴尔特执意强调的是文学话语不通向所象征的外在世界,而是通过符号学方式朝向语言本身。作为理论分析的对象,"写作"范畴也许是明确的,而作为文学实践的目标,"写作"却绝非明确的。巴尔特不强调写作内容的"正当性",而强调其"形式"的正当性。那么这种作为新文学观念的"文学形式之伦理学"究竟是什么意思呢?中性、零度、白色、不介入等脱离社会内容的写作方式,固然与各种现代派文艺理念相合,但为什么这就是正当的呢?巴尔特人生观的这一自我主义特点,导致他自始至终采取"中性"或"零度"的反文学介入观，而他在其一生中三次社会冲突尖锐时期（法西斯占领时期、战后反资本主义运动时期，和1968年社会大动荡时期）采取的脱离具体社会实践而最终将压制自由的根源说成是（资产阶级）语言结构本身的结论，无疑是一种伦理学逃避主义的表现。不妨说，相对于文学政治道德学，巴尔特试图为自己建立一种"文学（写作）的（反）伦理学"。

实际上，由于现代历史和社会的根本改变，巴尔特和其同时代人，获得了外在于历史的理由和条件，可不必参与各种人为的社会性实践（它们为各种隐蔽的意识形态力量所推动和操纵），而得以逻辑上合理地"实验"其"中性"而"快乐"的生存方式：所谓实践一种"写作伦理学"。而巴尔特说，他心目中想写的东西，其实常常是一些老旧的东西和古老的故事，并不一定是先锋派作品（他的枕边书永远只是古典类书籍）。所谓"写作"范畴因此不是相关于内容的，而是相关于形式的。他说："写作是提问题的艺术，而不是回答或解决问题的艺术。"巴尔特在法兰西学院四年中的最后阶段，本其"文本欢娱"哲学而陷入了一种极端唯美主义实践。他不仅在其最后一部作品中返回到最初一部作品中的写作主题，而且在其中返回自己最初曾热衷的"纪德自我主义"。这种伦理学的自我主义，结果以消除伦理选择主体的存在为目的，此主体的剩余部分遂成为被动的"美感享乐主义者"。伊壁鸠鲁主义式的享乐主义，遂成为躲避道德问题的借口。1977年在回答访问者的"你有一种道德观否"的问题时，他刻意加以回避问题本身而答称：这是"一种感情关系的道德，但我不能进一步说明，因为我有许多别的东西要说"。因此，巴尔特和众多当代西方的反主体论者，实质上是在进行着一种放弃伦理选择权的"选择"。巴尔特类型的反主体观，结果反而从反面使伦理主体的作用更加凸显。而巴尔特的文学理论思想之所以比大多数纯学者或哲学理论家的论述更重要，正因为他是能够从文学的理论和实践这两方面来思考和表现此一伦理危机情境的。此外，巴尔特理论话语的时代适切性，还表现在他的超越（18世纪）启蒙主义和超越（19世纪）现实主义的潜在思想前提上，因为这使他不必把启蒙时代不可回避的宗教问题和政治问题纳入自己的理论思辨构架之内，从而使自己的伦理学情境较为单纯。对于我们来说，巴尔特伦理思想中的虚无主义之本质，因轮廓更为清晰也就更具有普遍意义。

巴尔特对启蒙主义时代的负面评价，凸显了他和相当多当代西方知识分子对历史、政治、社会、文化错综复杂关系认知的简单化态度。一方面正是这种态度为其反介入伦理观提供了运作上合理的边界，另一方面也客观地反映了他这位对"历史形式"进行分析的思想家本人，未曾有机会亲历和深入较复杂的"历史内容"过程。当他揶揄伏尔泰积极进取的道德"快乐感"是来自君主专制时代历史之偶然时，这只不过反映着处于民主时代的西方知识分子伦理经验的单薄和肤浅；而主体意识本来是深植于人类伦理学情境本身的。在启蒙时代和19世纪，西方知识分子生存于丰满真实的历史社会张力场内而必须面对个人的伦理学选择；20世纪社会和知识条件的革命性演变使得知识分子脱离了此社会性选择张力场。其结果是，一者进行不适切的社会性反应；另一者拒绝进行社会性反应。理论知识和实践知识，遂陷入持久而普遍的结构性分裂之中。

时代思想的混乱和丧母之痛使得巴尔特陷入空前忧郁心境，但终于在辞世前完成了自己向学院和读者应许的一部"小说"作品，实为一部关于小说和文学的论述。巴尔特为文学赏鉴和文学分析而生，而非为故事编织而生；毕生以各种叙事文本为研究对象，却从不曾自行制作（文学的或历史的）叙事。小说是他的分析对象，一如电影是麦茨的分析对象，他们不是也不需是故事编写者。但重要的是：巴尔特确曾把自己"写小说"之意愿，当作一种计划加以期待、准备甚至宣布，并把最后一部作品定名为意义含混的"小说的准备"。是就一般小说理论而言，还是针对自己的小说写作意愿而言？巴尔特对听众抱歉道，即使期待中的小说不是由自己直接完成的，所勾勒的理念轮廓也可供其他作家参照。1977 年曾经主持 Cerisy 巴尔特研讨会并与作者熟识的研究专家安托万·孔帕尼翁（Antoine Compagnon）在不久前回顾说，在《小说的准备》原稿手迹上，他吃惊地看出巴尔特写稿时流露出来的深刻的忧郁和不安，这部作品似乎像是作者对自身死亡准备的一部分。巴尔特对此死亡意象的演示，表现出一个现代"无永生之念者"与其死亡预期的关系，从而凸显了反人本主义伦理学的内在困境。因此，巴尔特远不只是学者理论家，其内心蕴涵着（不合时宜的）诗学怀乡病，而其表面的主张不过是另一种生存愿望的变相表白。这种向往文学乌托邦境界的分析性表达，遂可成为我们再次反思人类一般伦理学情境和文学伦理学情境的一面镜子。巴尔特在《小说的准备》中援引但丁、渴望"新生"，实则正在积极地奔向自身的死亡，以使其最终达成一种美学虚无主义实践。

8. 文学和理性

德里达在其《论书写学》中说："理性这个词应当抛弃"。但是我们应该注意到有关现代西方"理性"的多元表达。作为理论家的巴尔特，正是以其推理的精细而成为现代人文科学意义论中不可多得的思想家的；对象的非理性性格和方法的理性性格应当加以区别。另外当然也有一个作为唯美主义"非理性"作家的巴尔特，此时他可跻身于福楼拜和马拉美以来的前卫作家行列。重要的是，在将理性的"巴尔特分析"对比于非理性的"巴尔特美感"时，二者的交互作用所产生的一种特殊的"可理解性"，遂成为特别具有解释学潜力的一种独特智慧。巴尔特自身文学唯美主义追求（古典诗人原型）和怀疑主义理性思辨（古典哲学家原型）的二重身份，使其文学思想具有一种特殊价值。巴尔特的文学探索相当于美学认识论问题的提出，而并非其解决。换言之，巴尔特是以对先锋派文艺的"肯定句式"来提出一种实质上是"疑问的"句式。因此，读赏古典和探索前卫，虽然存于一心，却属于两类精神过程。在此意义上，一个世纪以来的现代派、先锋派、前卫派文艺，代表着现代西方文化精神的动荡不安，其严重性和难以解脱性，也源于两种内外不同的冲力：唯物质主义的科技工商社会之永恒精神压力和传统价值信仰基础在理性面前的解体。对于 20 世纪人类历史的这一全新局势而言，巴尔特的这面文学怀疑主义之镜，对其作出了最深刻的"反映"。

图书在版编目（CIP）数据

中性/（法）巴尔特著，（法）托马·克莱尔文字辑录、诠解、推介；张祖建译.
北京：中国人民大学出版社，2010
（罗兰·巴尔特文集）
ISBN 978-7-300-11972-4

Ⅰ．①中…
Ⅱ．①巴…②张…
Ⅲ．①符号学-研究
Ⅳ．①H0

中国版本图书馆 CIP 数据核字（2010）第 062421 号

罗兰·巴尔特文集
中性
法兰西学院课程讲义（1977—1978）
［法］罗兰·巴尔特　著
　　　托马·克莱尔　文字辑录、诠解、推介
张祖建　译
Zhongxing

出版发行	中国人民大学出版社		
社　　址	北京中关村大街 31 号		邮政编码　100080
电　　话	010 - 62511242（总编室）		010 - 62511770（质管部）
	010 - 82501766（邮购部）		010 - 62514148（门市部）
	010 - 62515195（发行公司）		010 - 62515275（盗版举报）
网　　址	http://www.crup.com.cn		
经　　销	新华书店		
印　　刷	北京玺诚印务有限公司		
规　　格	148mm×210mm　32 开本	版　　次	2010 年 6 月第 1 版
印　　张	12.5 插页 3	印　　次	2019 年 6 月第 2 次印刷
字　　数	280 000	定　　价	45.00 元